Les grandes religions

Les grandes religions

Sous la direction de Philippe Gaudin

Soheib Bencheikh el Hocine

Claude Bressolette

Véronique Crombé

Michel Delahoutre

Brice Deymié

Philippe Gaudin

Colette Kessler

Robert Munnich

ellipses

EDITION MARKETING
EDITEUR DES PREPARATIONS
GRANDES ECOLES MEDECINE
32, rue Bargue 75015 PARIS

ISBN 2-7298-9503-5

Table des matières

Avant-propos

Ce livre est le fruit du travail d'une équipe. Il n'est pas purement et simplement la juxtaposition de textes fournis par des auteurs sans relations les uns avec les autres. Il n'est pas non plus leur texte commun. Ce qui fait son unité, c'est qu'il procède d'une expérience que tous ont bien voulu tenter et qui ne fait que commencer. De quelle expérience s'agit-il ? Celle qui consiste à participer au développement d'une association qui s'appelle « L'école laïque des religions ». Ce livre témoigne donc d'un effort déjà accompli et se donne pour tâche de préciser encore l'originalité et l'état d'esprit de cette initiative. Chaque auteur s'exprime bien entendu à titre individuel et non comme le représentant officiel d'une institution. Chaque religion connaît une grande complexité qui rend vaine toute prétention à une présentation unique, surtout lorsqu'il s'agit, comme ici, d'une initiation limitée aux cinq grandes religions qui font l'objet d'un enseignement dans le cadre de l'école. Il n'en reste pas moins que chacun a une certaine légitimité à parler ici, de par ses activités professionnelles et/ou confessionnelles. Mon rôle en tant que coordinateur de cet ouvrage et animateur du comité pédagogique de l'école est, outre cette présentation, de poser quelques questions concernant les relations entre les religions et l'homme contemporain ainsi que de proposer quelques directions de recherche.

Une école laïque des religions ! Ces simples mots placés les uns à côté des autres font sursauter et rompent nos habitudes sémantiques, en France surtout. L'école laïque se distingue des écoles à caractère confessionnel, quant aux religions elles sont enseignées dans le cadre d'institutions indépendantes de l'État. A vrai dire ce nom n'est ni le fruit d'une distraction, ni d'une provocation. Il énonce plutôt un fait : cette école est née sous l'impulsion de laïcs et s'adresse au plus large public, elle entend s'adresser à tous, « croyants ou incroyants », selon la formule consacrée ! Mais le fait qu'elle soit laïque dans sa nature juridique comme dans son esprit, n'implique en aucune façon que les religieux en soient absents ! Même si tous y parlent non religieusement des religions, comme il convient dans une association culturelle et non cultuelle, ce sont eux qui en parlent souvent le mieux et qui en font autre chose qu'un institut de recherche universitaire d'une part et qu'un organisme de formation ordinaire d'autre part.

Les premiers cours de cette école ont commencé en janvier 1993 après quelques mois d'élaboration de sa démarche. C'est Jacques Benoît, président de l'association qui lança cette aventure avec l'aide de Michel Malherbe et Régine Haxaire. « Les religions de l'humanité », livre de Michel Malherbe publié quelque temps plus tôt, avait ouvert la voie. Bien d'autres personnalités et compétences suivirent.

Quels sont les buts poursuivis et à qui s'adresse-t-on ? La première mission de l'école est bien entendu culturelle et vise à combler un manque de connaissances qui se fait de plus en plus cruellement ressentir. Nous vivons un âge planétaire où la méconnaissance des cultures étrangères à la nôtre n'est plus possible. Les religions y jouent souvent un rôle considérable, les connaître c'est déjà comprendre les autres dans tous les sens de ce verbe. Sans parler de leur rôle dans l'histoire et dans l'art. Ce sont aussi bien les particuliers, les écoles d'enseignement supérieur que les personnels de l'entreprise qui sont concernés. L'autre mission de notre école est d'être un petit laboratoire de l'avenir et de l'avenir de la laïcité en particulier. A ce titre nous espérons bien contribuer, en intervenant auprès des maîtres notamment, à la définition d'un enseignement de connaissance des religions dans le cadre de l'enseignement secondaire de l'éducation nationale. L'adjectif « laïque » est par ailleurs notre « antiseptique » dans un domaine aussi délicat et sensible que celui des religions. Nous devons nous garder en effet de tout fondamentalisme religieux (qu'on appelle, à tort ou à raison, aujourd'hui, « intégrisme ») qui est fatalement incompatible avec l'esprit de notre école, de tout syncrétisme à la mode qui dénature les religions et de tout esprit de secte qui cherche des adeptes. Notre comité pédagogique veille justement au recrutement des enseignants et à écarter tout comportement prosélytique.

Voilà bien du travail en perspective et beaucoup de promesses que nous nous faisons ! « L'école laïque des religions » n'est donc pas un centre de rencontres œcuméniques ou de dialogue inter-religieux, bien qu'il puisse y avoir naturellement des ressemblances. On ne peut néanmoins se résigner à voir des communautés s'ignorer et des individus se battre pour cause de religions (entre autres !). L'idée première de Jacques Benoît était sans doute celle-là et la paix doit rester la fin qu'il faut poursuivre. Il y a donc bien un terrain d'entente sans lequel cette entreprise est vouée à la ruine, je l'appellerais volontiers le « raisonnable », indépendamment du fait que chaque religion a sa raison d'être et donne ainsi un sens à l'existence. Cette tâche qui a quelque chose de spécifiquement philosophique est de pouvoir faire communiquer entre eux les croyants de différentes religions, mais aussi les croyants et ceux qui ne s'en remettent à aucune religion.

Au fond tout cela n'est que très banal, conforme à la défense de « droits de l'homme ». Vouloir œuvrer pour l'intelligence et la concorde est malheureusement vieux comme le monde, mais il est plus rare d'essayer de le faire que d'en parler !

Philippe Gaudin

Note sur la notion de laïcité

Si le laïc se contente d'appartenir au peuple et n'est pas membre du clergé, la laïcité[1] a d'abord eu un sens antireligieux et signifiait une sorte d'athéisme d'État. Tout le monde sent bien que le temps du conflit est passé même si en France les passions se rallument assez vite dès que l'on aborde ces questions de près ou de loin. Tous les spécialistes s'accordent pour dire qu'il y a une spécificité de la laïcité à la française. La révolution française ne se serait achevée qu'en 1905, date de la séparation des Églises et de l'État, en même temps que la France entrait dans une certaine stabilité républicaine après la valse des régimes politiques du XIXe siècle. On oppose généralement la laïcité à l'américaine (constitutive des États-Unis d'Amérique) ou la « société sécularisée », à la « laïcisation » de l'État à la française. La distinction des plans politique et religieux est un point de départ dans le premier cas (sans doute à mettre en relation avec l'histoire politique de l'Angleterre, l'influence culturelle du protestantisme et celle, paradoxalement, de la pensée française du XVIIIe siècle) ; elle est plutôt dans le second, le fruit d'un processus et d'une lutte. Mais c'est peut-être là la chance de la France qui se voit être presque malgré elle le lieu de l'innovation et de l'expérimentation.

La résistance de l'Église catholique en France à lâcher son emprise séculière a forgé une idéologie républicaine qui fut obligée d'être à la hauteur de son adversaire. Les écoles normales d'instituteurs étaient de redoutables couvents, les penseurs de la République de Ferry à Jaurès étaient de la plus grande exigence et l'on vit apparaître cette étrangeté qu'on a appelée la « sainteté laïque ». La République a ainsi hérité d'une certaine catholicité, du souci de rassembler, avec tout ce que cela représente d'intransigeance et de bienveillance maternelle à la fois.

Le danger menace aujourd'hui mais il est impensable que la France accepte de se voir transformée en une société morcelée, faite de plusieurs communautés étanches qui n'ont d'échanges que sur le plan séculier de la marchandise et de leurs intérêts égoïstes. Les valeurs démocratiques attachées à la liberté de l'individu ne doivent pas occulter les valeurs républicaines attachées au bien commun. La laïcité en France n'est donc pas un état figé mais un devenir. Maurice Barbier, dans la revue *Le Débat*[2], fait remarquer l'évolution de cette notion en France, de la laïcité-séparation de 1905 à la laïcité-neutralité qui évoluerait ensuite dans le sens d'une laïcité où l'État serait le garant et même le promoteur de la liberté religieuse.

Le pays de la « Déclaration universelle des droits de l'Homme et du Citoyen » de 1789 sera peut-être aussi le lieu d'émergence d'une laïcité renouvelée, soucieuse de liberté et de pluralité mais aussi d'unité. Il suffit de relire les articles 10 et 11 de la déclaration de 1789 pour se convaincre que l'essentiel y est déjà.

> Article 10 : « Nul ne doit être inquiété pour ses opinions, même religieuses, pourvu que leur manifestation ne trouble pas l'ordre public établi par la Loi. »
>
> Article 11 : « La libre communication des pensées et des opinions est un des droits les plus précieux de l'homme ; tout citoyen peut donc parler, écrire, imprimer librement, sauf à répondre de l'abus de cette liberté dans les cas déterminés par la Loi. »

La laïcité comme indépendance de l'État et de la religion n'est possible que sur le fond de la modernité politique qui distingue elle-même l'État et la société civile sans laquelle la notion de droits de l'homme n'a aucun sens. Il faut en effet que

1. Le mot n'apparaît qu'en 1871.
2. Revue n° 77, Gallimard, novembre/décembre 1993.

l'individu soit d'abord homme (c'est-à-dire quelconque et universel), avant d'être citoyen (c'est-à-dire soumis à la loi de l'État). Mais il faut souligner que l'homme et le citoyen vont ensemble de la même façon que les droits ne peuvent se passer de devoirs. On a donc remarqué que dans les articles cités plus haut tout dépend de ce que l'on veut bien mettre dans le cadre de la Loi. A nous d'élaborer le foisonnement de la liberté dans le respect de l'unité républicaine.

Ph. G.

La signification d'une étude des religions aujourd'hui

par Philippe Gaudin

Quelle nécessité y a-t-il à comprendre les religions aujourd'hui ? Comment se placer vis-à-vis d'elles d'un point de vue non strictement religieux ? Nous ferons dans un premier temps une brève analogie entre le domaine des religions et celui de l'art que Malraux nous a aidés à comprendre au XXe siècle. L'art a été surtout une expression de la vie religieuse dans le passé de toutes les civilisations. C'est peut-être encore vrai en profondeur, mais force est de reconnaître que nous le considérons aujourd'hui avec un regard profane et en étant souvent étranger à la culture et aux croyances dans lesquelles virent le jour, telle sculpture égyptienne par exemple ou tel temple grec. De même, l'homme du XXe siècle se doit d'entrer en relation avec des religions dans lesquelles il n'a pas été éduqué.

On a pu penser à une époque que les religions disparaîtraient comme une sorte de maladie infantile de l'humanité au fur et à mesure des progrès accomplis par la civilisation matérielle. Le monde contemporain semble démentir cette croyance. Sans la critique radicale de l'attitude religieuse, menée par un Marx, Freud ou Nietzsche, pas de liberté d'esprit possible. Nous essayerons cependant d'indiquer, dans un deuxième temps, les raisons essentielles de l'échec d'une tentative de réduction totale du phénomène religieux à ses conditions économiques, sociales, historiques ou psychologiques de production.

L'exemple de Malraux

Il est une présence objective et insistante du religieux : celle des œuvres d'art. Toutes ne furent point des objets cultuels et il y a longtemps qu'elles sont devenues profanes. Malraux comme penseur du surgissement de « l'art mondial » au XXe siècle nous fit cependant comprendre quelque chose d'essentiel : la raison d'être de l'art fut longtemps de figurer les dieux ou le divin. Que faut-il entendre par « art mondial » ? Celui de toutes les civilisations, aussi bien dans l'espace que dans le temps, comme faisant partie de l'Art. Notre civilisation en ressuscitant les autres et tout particulièrement celles du passé, ressuscite les œuvres sacrées. Qu'est-ce qu'une œuvre d'art ? Malraux répondait que c'est un objet qui a un *présent*. Elle appartient bien comme objet matériel au passé dans lequel elle a été fabriquée et comme objet culturel à celui dans lequel elle a été conçue, mais elle témoigne d'autre chose encore qui lui donne justement le pouvoir de quitter son passé et de rester parlante pour l'humanité en traversant le temps et l'espace.

Nous ne voyons plus l'art aujourd'hui comme la parure de la vie et le « plaisir esthétique » ne suffit pas à rendre compte de ce mystérieux pouvoir qui rend présentes à nos yeux ces œuvres lointaines. Les anciens Grecs désignaient du nom de mortels les hommes pour mieux les distinguer des dieux. La petite histoire bouddhiste a beau nous rappeler que la vie de l'homme est « comme la barque, qui, partie de bon matin, ne laisse aucun sillage », il semble qu'il ne puisse se passer des œuvres de l'esprit comme contrepoison au temps et à la mort. L'œuvre est divine si elle ne meurt point, rien d'étonnant donc à ce que l'art ait voulu représenter le divin au travers des formes que les religions lui ont données ou autorisées. Malraux précise :

> « Notre monde de l'art, c'est le monde dans lequel un crucifix roman et la statue égyptienne d'un mort peuvent devenir des œuvres présentes... Aucune civilisation avant la nôtre n'a connu le monde de l'art créé par des artistes pour qui l'idée d'art n'existait pas[1]. »

Le musée comme espace matériel n'a été possible et n'a connu son explosion au XXe siècle qu'à partir du moment où l'idée d'art prenait elle-même un sens. Les bâtisseurs de cathédrales voulaient sans doute faire quelque chose de « beau », mais enfin, ce que nous voyons spontanément comme *architecture*, ils le percevaient d'abord comme *louange* et lieu de *prière*. L'art mondial ne pouvait donc surgir que dans une civilisation qui, certes, en réalisait ses conditions matérielles de possibilité, mais aussi et surtout dans la mesure où son dévoilement allait avec le retrait progressif des croyances qui l'avait fait naître. Si les dieux sont morts, force est de reconnaître que nos modernes dieux sont justement les chefs-d'œuvre du passé auxquels nous rendons un culte dans nos modernes temples que sont nos musées. Ce qui crée donc cette fascination, au point de faire naître comme une religion populaire et universelle, est aussi ce qui fait penser Malraux qui poursuit :

> « ... la signification que prend la présence d'une éternelle réponse à l'interrogation que pose à l'homme sa part d'éternité, lorsqu'elle surgit dans la première civilisation consciente d'ignorer la signification de l'homme[2]. »

Ce qui n'empêche en aucune façon que l'individu ou la communauté à laquelle il appartient trouvent cette signification, mais nous vivons désormais, sur le plan collectif, dans une civilisation agnostique. N'est-ce pas là la modernité, ce monde laïcisé, sécularisé, « désenchanté », « sorti de Dieu » ? Au fond notre propos est de montrer que ce qui s'est passé pour l'art est en train de se passer pour la religion. C'est en tout cas une interprétation possible. Si l'on a pu parfois comparer les musées à des tombeaux, ils sont quand même un moyen d'accès à l'art et le XXe siècle vit aussi une explosion d'artistes. Si la foi ne peut plus et ne doit plus, nous semble-t-il, s'imposer aujourd'hui, cela ne préjuge en rien de sa vitalité.

L'athéisme moderne

Comment les religions ont-elles pu devenir l'objet d'une étude *non* religieuse ? Pourquoi est-ce que la fin du XXe siècle voit un renouveau de cette attitude ? La religion en tant que telle ne devient une question ou un problème qu'à partir du moment où l'athéisme est possible. Athéisme qui ouvre en quelque sorte malgré lui plus de questions qu'il ne prétend apporter de réponses au fur et à mesure qu'il montre, non sa caducité bien sûr, mais ses limites. Il conviendra donc de réfléchir sur les racines de l'athéisme du XIXe siècle. Si les premières tentatives d'un Durkheim ou d'un Weber furent fort peu relayées avant une époque récente, c'est sans doute qu'elles se heurtaient à une collusion des points de vue des présumés antagonistes que sont la foi et l'athéisme. Marcel Gauchet dans *Le Désenchantement du monde*[3] nous dit :

> « Ainsi, à partir de motifs diamétralement opposés, l'indifférence et la passion, l'appartenance et l'extériorité, l'hostilité et l'adhésion se retrouvent-elles au service d'un même déni du religieux dans l'histoire. »

On devine alors l'ampleur et la difficulté de la tâche[4] :

---

1. A. Malraux, *La Métamorphose des dieux*, Le surnaturel, Gallimard, p. 3.
2. A. Malraux, *op. cit.* p. 35.
3. M. Gauchet, *Le Désenchantement du monde*, Gallimard, 1985, p. 5.
4. M. Gauchet, *op. cit.* p. 6.

> « L'hypothèque à lever est donc double. Il ne suffit pas de s'inscrire en faux contre la reconstruction apologétique dictée par les intérêts de la foi, qui, pour sauver la perpétuité transhistorique de l'*homo religiosus* relativise autant que faire se peut ses attaches et sa dépendance envers le contexte. Il faut tout autant se déprendre de l'illusion où l'athéisme nous plonge, en nous donnant spontanément à penser que le vrai de la dynamique collective se joue forcément à part et au-dessous de ces émanations fantasmagoriques, qui en disent long peut-être sur la psychologie profonde de l'espèce humaine, ou sur le fonctionnement sauvage de la pensée, mais fort peu sur la nature du lien social et sur le moteur réel de l'histoire. »

Le trio Marx, Freud, Nietzsche était fort à la mode dans les années 60 et 70 pour connaître ensuite une disgrâce certaine. Quels que soient ces mouvements d'opinion, il reste une référence implicite pour tout ce qui concerne la critique radicale de la religion et c'est pour cela qu'il n'est pas inutile d'y revenir un peu.

Marx

L'athéisme de Marx fut sans doute le plus célèbre et aussi le plus efficace...

> « La religion est le soupir de la créature accablée, l'âme d'un monde sans cœur, de même qu'elle est l'esprit d'un monde sans esprit. Elle est l'opium du peuple[1]. »

Nul ne conteste qu'elle ait pu jouer ce rôle, qu'elle le joue, et qu'elle le jouera encore demain. En bref, la religion prospère dans la pauvreté et l'ignorance. Toute la question est de savoir si cette vérité psychologique et sociale *épuise* sa nature. Le XXe siècle fut l'occasion d'un formidable voyage dans le temps à l'occasion des voyages dans l'espace et l'ethnologie révolutionna beaucoup de problèmes fondamentaux. Les sociétés sans État sont peut-être tout autre chose que nos propres sociétés à l'état embryonnaire et le concept marxiste de communisme primitif faute de plus-value à s'approprier est sans doute bien pauvre pour rendre compte de leur complexité sociale et politique.

Le livre de Pierre Clastres, « La société contre l'État[2] » porta un coup décisif à un certain matérialisme historique qui voit dans les productions culturelles le reflet de leurs conditions économiques de production. Si certaines sociétés ne sont ni riches, ni étatisées, ce n'est pas l'effet d'une impuissance mais d'une volonté et d'une intelligence. Les activités nécessaires à la subsistance comme la chasse sont organisées de telle sorte qu'il y ait du temps libéré pour d'autres activités sociales. Tout dans les coutumes semble être fait pour que ne puisse pas naître un État, c'est à dire une coupure du corps social entre ceux qui commandent et ceux qui sont commandés. Le chef indien (Clastres a vécu dans des tribus d'Amérique du Sud comme les guayakis) qui est plutôt un sage, un faiseur de paix et un homme de parole, occupe une position à part, il est comme à l'extérieur du groupe tout en faisant l'unité. Le rituel de la torture a un rôle initiatique qui est comme l'écriture des sociétés sans écriture, qui marque les individus d'une loi qui leur a été littéralement incorporée. La tradition dans toute la vie sociale, le rôle des hommes et des femmes, des jeunes et des vieux etc. semble s'imposer avec une force extraordinaire : il y a bien une norme, une ligne de partage entre ce qui doit être et ce qui ne doit pas être. C'est que la norme est sans doute intériorisée si fortement qu'elle n'a pas besoin d'être extériorisée par un système juridique et coercitif. La coercition est pour ainsi dire culturelle, dans les mentalités. L'explication est peut-être à trouver dans le *religieux* ou dans ce que l'on appelle la religion primitive dont le propre est, comme

1. K. Marx, *Critique de la philosophie du droit de Hegel*, Aubier, p. 51.
2. P. Clastres, *La Société contre l'État*, Éd. de Minuit.

on le dit de l'organisation politique primitive, qu'elle est immanente au social lui-même, étrangement *absente* en tant que religion distinguable avec ses dieux, ses prêtres, ses dogmes... et étrangement *puissante* parce que la vie quotidienne est comme ritualisée et conforme à un ordre des choses et des hommes reçu et sacré en tant que tel, ainsi que la parole des ancêtres que chef et chamane transmettent.

L'adjectif « primitif » mérite d'être discuté.

On distingue après Claude Lévi-Strauss l'ethnocentrisme secondaire de l'ethnocentrisme primaire qui consiste à voir dans la coutume d'autrui la barbarie. Le « secondaire » est beaucoup plus subtil et consiste à se prendre pour la fin vers laquelle convergent les autre cultures. Il conduit à ne rien percevoir d'une autre culture que son « sous-développement » ou son effort pour ressembler à l'observateur. Soit, mais on peut tomber dans l'excès différentialiste et exotique qui fait qu'on ne voit plus très bien ce que l'on a en commun et que l'on retrouve, à trop vouloir s'en garder, les conséquences pratiques du premier ethnocentrisme. Comment sortir de cette contradiction ? Primitif veut dire qui vient en premier et non pas primaire : les sociétés sans État et les animismes ont précédé les sociétés étatisées et ce que l'on appelle les grandes religions. Ceci cesse d'être une dévalorisation dès que l'on rompt avec notre conception de l'histoire universellement répandue qui consiste à y voir un *développement progressif*. S'il y a au contraire une évolution faite de *ruptures*, tout change. La société sans État est *contre* l'État, de même que la religion première résiste à toute transcendance.

Nous aurons l'occasion de revenir sur la signification de cette religion première ne serait-ce que parce que les « grandes religions » en sortent, au sens où elles en procèdent et où elles la quittent. Au fur et à mesure, donc, que se développent les recherches ethnologiques et historiques pour ne pas parler des mouvements de l'actualité, le religieux, s'il n'est jamais totalement indépendant de la réalité économique et sociale, apparaît comme étant une structure mentale et pratique extrêmement profonde ayant une grande *autonomie* et pouvant même, au-delà de sa persistance, jouer le rôle d'un facteur de compréhension de la dynamique historique.

Freud

Voyons l'athéisme de Freud.

> « Les idées religieuses, qui professent d'être des dogmes, ne sont pas le résidu de l'expérience ou le résultat final de la réflexion : elles sont des illusions, la réalisation de désirs plus anciens, les plus forts, les plus pressants de l'humanité ; le secret de leur force est la force de ces désirs[1]. »

Selon lui Dieu est « ... un père plus puissant. » Comment nier ce que nous oserions appeler le formidable bon sens dont Freud fait preuve en la matière ? Mais de même que la fonction idéologique d'opium du peuple n'épuise en rien la fonction sociale de la religion, la fonction psychologique de régression infantile ne rend pas compte en profondeur de la signification de la croyance ou de l'attitude religieuse de l'individu. Nous ne pouvons, ici aussi, qu'esquisser quelques questions et directions de recherche.

Comme tout médecin Freud se situe entre la médecine comme *art* et (dans son cas) la recherche en neurologie comme *science*. Praticien ou clinicien comme thérapeute, théoricien comme scientifique. L'idée même de la science moderne depuis Descartes procède de la distinction radicale entre la pensée et l'étendue, l'âme et le corps. L'homme (le sujet) se représente la nature (l'objet). Rien d'étonnant donc à ce que Descartes se représente le corps comme une machine, fort complexe certes,

1. S. Freud, *L'Avenir d'une illusion*, PUF.

mais une machine quand même. La neuro-biologie d'aujourd'hui, en partant à la conquête du cerveau, ne fait que *continuer* ce programme mécaniste. La médecine moderne, « occidentale », celle qui a fait des progrès décisifs depuis la seconde moitié du XXe siècle, est une médecine strictement somatique et matérialiste. On comprend tout de suite pourquoi la psychiatrie n'est pas une branche comme les autres de la médecine dans la mesure où elle pose un problème épistémologique. On peut penser en effet que les progrès en ce domaine sont strictement indexés sur ceux qui concernent la chimie du système nerveux et donc nier qu'il y ait une différence de nature entre les troubles nerveux ou « mentaux » et les désordres somatiques. Freud lui-même disait parfois que l'on pourrait un jour rendre compte vraiment scientifiquement (c'est à dire expérimentalement) de tout ce qu'il étudiait avec d'autres moyens. Mais cela reste un acte de *foi* rationaliste et optimiste face à des désordres qu'on appelle fonctionnels faute de pouvoir les montrer lésionnels. Tout le monde comprend bien que le débat, d'abord scientifique, devient vite métaphysique. Le corps matériel est-il la totalité de la personne humaine et les fonctions psychiques, jusqu'à la pensée abstraite, un mécanisme de la nature ; ou bien la vie est une sorte de miracle qui ne peut se comprendre sans l'intervention d'un principe surnaturel qui s'exprime chez l'homme tout particulièrement.

Ce qui est passionnant chez Freud c'est qu'il restera toujours fidèle au matérialisme en tant que chercheur mais que l'invention de la psychanalyse comme pratique thérapeutique semble *renverser* l'ordre des choses, puisque c'est le « malade » qui doit faire acte de sujet par la parole et que c'est à partir de ce processus de langage qui n'est pas immédiatement somatique qu'il doit recouvrer sa santé globale. Une des notions clés de la psychanalyse qui fait bien sentir toute son ambivalence philosophique est celle de pulsion. Elle est :

> « comme le représentant psychique des excitations, issues de l'intérieur du corps et parvenant au psychisme, comme une mesure de l'exigence de travail qui est imposé au psychisme en raison de sa liaison avec le corporel[1]. »

Le psychisme conscient se comprend donc à partir du psychisme inconscient (la pulsion reste de nature psychique), qui se comprend lui-même à partir de la constitution somatique. Toute la psychanalyse tente de dévoiler que le corps et la santé ne sont qu'une manière de parler de l'âme qui ne cesse de retentir sur lui via le corps fantasmé, c'est à dire ce corps qui est l'image ou la représentation inconsciente que l'on en a et qui s'est faite à notre insu à l'occasion de nos échanges de paroles et de gestes avec les autres et le monde. Néanmoins elle ne peut, théoriquement, qu'en revenir au corps empirique comme *premier* par rapport au corps érotique et relationnel qui est le corps spécifiquement humain. Ouf ! le matérialisme est sauf selon la définition d'Auguste Comte : l'explication du supérieur par l'inférieur. Sur le plan pratique au contraire, la psychanalyse est née et se vit d'un pari sur la liberté humaine (même si elle ne prononce pas le mot), c'est à dire la souveraineté toujours susceptible d'être rétablie du sujet sur lui-même et son monde. Le prophète de l'inconscient ne se départira jamais de cette tradition vertueuse et volontariste qui croit que l'homme peut avoir prise sur lui-même et qu'il le doit surtout à la connaissance.

Il existe aujourd'hui un nombre non négligeable de psychanalystes croyants qui non seulement ressentent qu'il n'y a pas d'incompatibilité entre la foi et leur savoir, mais trouvent que l'une et l'autre se nourrissent mutuellement dans la découverte que la parole et la vie sont liées. Après les excès puritains du refoulement sexuel, il faudrait peut-être diagnostiquer le malaise persistant de la civilisation et s'attaquer, cette fois, au *refoulement spirituel* !

---

1. S. Freud, *Métapsychologie*, coll. « Idées », Gallimard, p. 18.

Nietzsche

Voyons Nietzsche, pour en finir avec les trois maîtres du soupçon selon l'expression de Paul Ricœur. Il n'est pas certain que l'athéisme soit l'étiquette qui lui convienne le mieux, pas plus que le cri « Dieu est mort » veuille dire qu'il n'existe pas. Dans sa rage antichrétienne, il est sans doute un des seuls philosophes à avoir donné autant d'importance à la religion en général et au christianisme en particulier.

> « N'avez-vous pas entendu parler de ce fou qui allumait une lanterne en plein jour et se mettait à courir sur la place publique en criant sans cesse : je cherche Dieu ! je cherche Dieu ! Mais comme il y avait là beaucoup de ceux qui ne croient pas en Dieu son cri provoqua un grand rire...[1] »

La nouvelle de la mort de Dieu n'est donc pas pour les athées. Il règne même une franche gaîté autour de cet insensé qui ne sent plus Dieu présent. Les bons esprits positifs de cette fin de XIXe siècle sont déjà nombreux et jouissent d'un certain aplomb, la science progresse comme une lumière viendrait sécher des coins obscurs, humides et insalubres.

L'humanité en se débarrassant petit à petit de son ignorance, se débarrasse aussi de ses vices : bref le progrès sous toutes ses formes est bel et bien là. Le Socialisme et la paix s'installeront petit à petit sur la surface d'une terre où l'humanité se sera réconciliée avec elle-même. Caricature bien sûr, mais enfin la tendance des esprits est plutôt celle-là. Quant à Nietzsche, le solitaire nomade, il attend un XXe siècle qui sera le siècle de guerres qui se feront selon lui pour la domination de la terre au nom de grandes philosophies. Il dit ailleurs :

> « Nous devons désormais nous attendre à une longue suite, à une longue abondance de démolitions, de destructions, de ruines et de bouleversements : qui pourrait en deviner assez dès aujourd'hui pour enseigner cette énorme logique, devenir prophète de ces immenses terreurs, de ces ténèbres, de cette éclipse de soleil que la terre n'a sans doute encore jamais connues ?...[2] »

Suivez mon regard pourrait-on dire et remarquer que le philosophe ne s'est guère trompé. L'optimisme dont on a parlé plus haut masquait en quelque sorte, en même temps qu'il allait contribuer à l'accomplir, l'événement de la mort de Dieu. Événement qui selon Nietzsche :

> « ... est beaucoup trop grand, trop lointain, trop en dehors des conceptions de la foule pour qu'on ait le droit de considérer que la nouvelle de ce fait — je dis simplement la nouvelle de ce fait — soit parvenue jusqu'aux esprits ; pour qu'on ait le droit de penser, à plus forte raison, que beaucoup de gens se rendent déjà un compte précis de ce qui a eu lieu et de tout ce qui va s'effondrer maintenant que se trouve minée cette foi qui était la base, l'appui, le sol nourricier de tant de choses : toute la morale européenne entre autres détails. »

Il nous semble que ce temps pour que la nouvelle parvienne à tous les esprits est accompli, même si, bien sûr, tous ne lui donnent pas le même nom. Novembre 1989, le mur de Berlin tombe, un siècle après l'écriture de ces textes. Le bloc soviétique qui figeait l'espace, figeait en même temps l'histoire et le monde s'est trouvé entre une utopie effondrée et un système économique inapte à combler le vide, étant désormais privé de sa justification de « monde libre ». Sentir ce vide, voilà la nouveauté.

---

1. F. Nietzsche, *Gai Savoir*, coll. « Idées », Gallimard, parag. 343.
2. F. Nietzsche, *op. cit.*

Ce qui n'est en rien déprimant puisqu'il est gros de toutes les possibilités que Nietzsche appelait de ses vœux :

> « ... voilà qu'enfin, même s'il n'est pas clair, l'horizon, de nouveau, semble libre, voilà qu'enfin nos vaisseaux peuvent repartir, et voguer au devant de tout péril ; toute tentative est repermise au pionnier de la connaissance, la mer, notre mer, de nouveau, nous ouvre toutes ses étendues ; peut-être même n'y en eut-il jamais si pleine mer[1]. »

La « mort de Dieu » au sens où Nietzsche en parle, ne proclame donc pas l'insignifiance de la relation religieuse au monde, pas plus que son arrêt brutal. C'est au contraire à partir de cet événement que l'on peut mieux expérimenter et pas seulement comprendre son importance essentielle, de même qu'explorer à partir de lui de nouveaux chemins. La question brutale que Nietzsche nous pose et à laquelle nous tenterons de donner des éléments de réponse à la fin de cet ouvrage, est celle de savoir s'il peut y avoir une morale qui tienne sans la clé de voûte de Dieu.

La vertu irremplaçable de la modernité est de nous livrer de nouveaux espaces de connaissance et de nous pousser hors de notre confortable ignorance. Confrontation bénéfique avec d'autres traditions et croyances que les nôtres, athéisme purificateur aussi, qui nous ramène à l'essentiel.

---

1. F. Nietzsche, *Gai Savoir*, coll. « Idées », Gallimard, parag. 343.

PARTIE I

LE JUDAÏSME

Moïse et les Tables de la Loi,
Juste de Gand et Pedro Berruguete, 1476 env.

CHAPITRE 1

Un aperçu de l'histoire juive

par Robert Munnich

L'histoire du peuple juif est à la fois la plus longue et la plus mouvementée. Elle s'étend sur trente-cinq siècles... On trouve des juifs dans des dizaines de cités antiques bien avant l'ère chrétienne ; aujourd'hui ils sont citoyens d'une centaine de pays dans le monde. On peut, pour simplifier, distinguer trois périodes :

– l'époque biblique du XIIIe siècle av. J.-C. jusqu'au IVe ap. J.-C.,

– la Diaspora,

– la période contemporaine XIXe et XXe siècle.

L'époque biblique

Abraham

Abraham était originaire de Our en Chaldée (Mésopotamie) région qui correspond à l'Irak d'aujourd'hui. Il vivait, sans doute, à l'époque d'Hamourabi, fondateur du premier empire de Babylone (XVIIIe siècle av. J.-C.). Il a dû connaître la brillante civilisation sumérienne de cette époque. Son histoire est relatée longuement dans le livre de la Genèse, (premier livre du Pentateuque). Abraham et sa famille, obéissant à l'ordre de Dieu, quittent Our pour le pays de Canaan. Celui-ci se situe entre les deux puissances qui dominent le Moyen-Orient, la Mésopotamie au Nord et l'Égypte au Sud, tant par le rayonnement de leur culture que par leur prospérité.

Ses descendants, dont les douze fils de Jacob, son petit-fils, sont contraints par la famine à quitter ce pays et à se réfugier en Égypte où ils connaissent d'abord la prospérité, grâce à Joseph, fils de Jacob, puis plus tard la servitude. Mais Dieu a fait à Abraham la promesse de les délivrer un jour et de les ramener en Canaan.

Moïse

Les Hébreux ont conservé en Égypte leur identité et leur singularité. Un nouveau Pharaon qui règne sur l'Égypte les frappe d'une série de mesures répressives et les réduit à un dur esclavage. Moïse, un Hébreu élevé à la cour de Pharaon, donne le signal de la révolte et les persuade de quitter le pays (l'Exode). Ils traversent miraculeusement la Mer Rouge et s'engagent dans le désert de Sinaï. Dieu se révèle à Moïse sur le Mont Horeb et devant tout le peuple assemblé (600 000 âmes) Il prononce les « Dix Paroles » qu'Il inscrit lui-même sur les Tables de la Loi.

Pendant 40 ans les Hébreux marchent dans le désert sous la conduite de Moïse et du Grand-Prêtre Aaron, son frère. Plusieurs fois le peuple se révolte contre cette vie errante, mais chaque fois les rebelles sont frappés par l'intervention divine. Toute la génération sortie d'Égypte mourra dans le désert. Après la mort de Moïse, les Hébreux livrent plusieurs batailles et prennent possession de la terre promise (Canaan), sous la direction de Josué.

Les rois. Le Premier Temple

Le pays est partagé entre les douze tribus qui portent les noms des fils de Jacob. La paix et la concorde ne règnent pas toujours entre elles et les conflits sont nombreux. L'institution de la Royauté, patronnée par le prophète Samuel, ramène une certaine unité. Saül est le premier roi d'Israël. David lui succède. Il fait de Jérusalem la capitale. Son fils Salomon, après lui, construira le Temple où sont déposées les Tables de la Loi héritées de Moïse.

L'Exil de Babylone

Après la mort de Salomon, les divergences éclatent. Le pays se scinde en deux royaumes ; au nord le royaume d'Israël avec pour capitale Samarie (aujourd'hui Naplouse) et au sud, le royaume de Juda, avec pour capitale Jérusalem (722 av. J.-C.).

En 586 av. J.-C., le royaume de Juda est conquis par Nabuchodonosor, roi de Babylone. Le Temple est détruit et les habitants emmenés en captivité.

En Babylonie, la situation des juifs est relativement bonne. Ils éprouvent un besoin de cohésion, de communauté. La synagogue remplaçant le Temple devient le centre de la vie juive.

Le retour. Le Second Temple

En 539 Cyrus s'empare de Babylone et fonde l'empire Perse. Le nouveau maître va traiter les juifs avec une grande bienveillance. Il leur permet de revenir à Jérusalem et de rebâtir le Temple.

Sous l'impulsion de Ezra et Néhémie l'enseignement religieux s'intensifie. Une nouvelle liturgie commune est fixée (lecture publique de la Torah).

Avec la conquête d'Alexandre (326 av. J.-C.) la Judée passe de l'état de province de l'empire Perse à celui de province de l'empire Macédonien.

Le conquérant laissa aux juifs leurs libertés traditionnelles, ce qui équivaut à une autonomie de fait. Ils en profitèrent pour approfondir les études sacrées, ce qui donna naissance à différents courants de pensée, souvent opposés.

– *Les Saducéens* se recrutaient surtout parmi les Grands Prêtres et les notables. Ils repoussaient la loi orale et n'acceptaient que la loi écrite (Tanak').

– *Les Esséniens* prêchaient l'égalité sociale. Ils menaient une vie monacale, pratiquaient l'agriculture et l'artisanat, l'amour de Dieu et des hommes.

– *Les Pharisiens* se nommaient eux mêmes « peroushim » (séparés) parce qu'ils se démarquaient des sectes précédentes. Ils appartenaient à la classe populaire et acceptaient, avec la loi écrite, toute la loi orale.

Ces différentes tendances s'inscrivent dans l'effervescence spirituelle de cette époque. Mais parallèlement la classe dirigeante, sensible à la culture hellénistique adopta progressivement les coutumes, la langue et les comportements des conquérants grecs.

Ceux-ci voulurent contraindre les juifs à renoncer à leur spécificité religieuse, ce qui entraîna la révolte. En 162 av. J-.C., au temps des Hasmonéens, éclata une guerre de libération et la Judée redevint indépendante.

La conquête romaine

En 63 av. J.-C. la Judée est occupée par Pompée. Hérode est nommé gouverneur de la Galilée, puis roi de Judée. Il impose avec une brutale énergie le pouvoir qu'il tenait de Rome. Vers la fin de la période de colonisation romaine, l'esprit de révolte gronde : les mutineries, les soulèvements populaires sont de plus en plus fréquents. En 66 av. J.-C., c'est la grande révolte. La garnison romaine est décimée, une armée dépêchée de Syrie est défaite par le peuple juif.

En 70 ap. J.-C. Titus assiège Jérusalem, la réduit en cendres et détruit le Second Temple. Cet événement catastrophique a tellement frappé les esprits qu'il est commémoré encore de nos jours chaque année par une journée de jeûne et de deuil (9 Ab). Quelques points de résistance subsistèrent jusqu'en 73. C'est alors que la dernière forteresse, Massada, fut prise ; le suicide collectif de ses défenseurs qui ne voulaient pas tomber vivants aux mains des Romains allait faire de Massada le symbole du courage militaire et de l'honneur. Ce fut la fin de la première guerre des juifs qui a été longuement rapportée par Flavius Josèphe.

Un nouveau soulèvement eut lieu en 132 et déclencha la deuxième guerre des Juifs aussi impitoyable et désastreuse que la première. Elle fut dirigée par un chef emblématique, Bar Korba, soutenu par un illustre rabbin, Rabbi Akiba. Bar Korba périt à Bétar, le dernier bastion de résistance en 135.

La Diaspora

Pour qualifier la dispersion des juifs, deux termes sont couramment utilisés : l'un hébraïque : « galout » (ou golah), l'autre grec : « diaspora ».

Durant la période perse, l'implantation des exilés est limitée à deux pays, la Babylonie où beaucoup des exilés ont choisi de se fixer, et l'Égypte où se sont réfugiés de nombreux juifs après la destruction du Second Temple. Ces deux mouvements esquissent déjà les deux axes majeurs de la Diaspora, d'une part l'Europe et l'Occident, d'autre part l'Asie et l'Orient.

Dès avant le début de l'ère chrétienne de nombreux auteurs notent leur surprise quant à l'extraordinaire dissémination des juifs, l'Empire romain en comptant 4 millions, non compris la Palestine. On peut estimer à 8 millions l'effectif total. Leur nombre était près de quatre fois celui de la population juive qui résidait en Judée.

Deux aspects majeurs marquent l'histoire de cette diaspora qui conservait intactes sa spécificité et sa culture, l'un positif : l'approfondissement de la pensée juive d'une part[1], l'autre tragiquement négatif : les persécutions et les expulsions d'autre part.

Les persécutions

L'histoire rapporte que, vers l'an 958, Bulan le roi des Khazars, dans les Balkans, voulant purger son royaume de l'idolâtrie, fit venir trois ambassadeurs étrangers, un chrétien, un musulman et un juif afin de choisir la meilleure religion pour son peuple. Après avoir longuement écouté les arguments des uns et des autres, il opta finalement pour la religion d'Abraham, la religion juive, et tous ses sujets se convertirent après lui.

En dehors de cette expérience aussi curieuse qu'exceptionnelle, l'histoire des Juifs d'Europe au Moyen Age n'est que douleur, souffrances et martyrs. Voici un aperçu de ces persécutions dans différents pays.

Espagne

Les Juifs d'Espagne accèdent aux plus hautes dignités pendant la période de la domination musulmane, époque considérée dans les annales du judaïsme espagnol comme l'Age d'Or de la communauté. Maïmonide, le plus grand savant juif du XIIe siècle, écrit en arabe son œuvre philosophique fondamentale, « Le Guide des égarés », destiné à ceux des juifs qui s'éloignent de leur tradition. L'Age d'Or voit également naître le mysticisme juif, la Kabbale, et son traité principal, le Zohar. Mais, au cours de la période de la reconquête chrétienne, au début du XIe siècle, la situation s'aggrave. Considérant comme anormale la présence de juifs dans un pays chrétien, l'Église ne ménage pas ses efforts pour les convertir. Ils aboutiront aux tortures de l'Inquisition. Le décret de 1492 oblige les juifs à adopter la foi chrétienne ou à quitter le pays. Pendant de longs siècles, la vie juive ne se manifestera plus

---

1. Voir chapitre 2.

librement en Espagne. Les réfugiés se dispersent à travers les communautés juives — dans le sud de la France, en Afrique du Nord, en Italie, en Sicile, en Hollande, en Turquie — formant leurs groupements propres dits séfarades (en hébreu : espagnols).

France et Allemagne

Dès le premier siècle de l'ère chrétienne, des communautés juives s'implantent en Gaule. Aux Xe et XIe siècles, une culture originale, une vie spirituelle intense s'épanouissent au nord de la France, de même qu'au-delà du Rhin. Ces juifs, appelés ashkénazes, (en hébreu : allemands) tolérés, confinés dans leur milieu, en marge de la société (ghetto), échappent aux influences extérieures. Une législation restrictive leur interdit toute fonction administrative. Les juifs sont surtout commerçants ou colporteurs ; ils n'entretiennent avec leurs voisins que des rapports marginaux. Le travail de la terre et de nombreux métiers leur sont inaccessibles. L'Église interdisant aux Chrétiens le prêt à intérêts, les juifs sont confinés dans ce négoce — ce qui leur sera violemment reproché et leur vaudra des persécutions cruelles.

Les croisades apporteront aux juifs des souffrances inouïes : les Croisés se rendant en « Terre Sainte » pour la délivrer des Sarrasins, mettent à sac et détruisent des comunautés entières.

En 1348, tandis que fait rage la peste noire qui devait réduire d'un tiers la population européenne, les juifs sont accusés d'avoir empoisonné les puits.

Ils sont souvent inculpés de meurtres rituels d'enfants chrétiens. Ces calomnies servent de prétexte à des massacres, à des persécutions sanglantes.

Lituanie

Au XVIIe siècle, les Juifs de Lituanie se trouvent enserrés entre deux forces rivales : le gouvernement polonais et les Cosaques, dont les bandes s'acharnent sur la population juive avec une cruauté et une barbarie sans précédent. Des milliers de juifs sont torturés, des communautés entières sont exterminées, les victimes se chiffrent par dizaines de milliers. Le désespoir et l'épouvante pèsent sur la population juive.

La Russie et les pogromes

Dans la Russie tsariste, les juifs sont persécutés, astreints à des zones de résidence, soumis à une législation restrictive. Les tsars multiplient les décrets qui les frappent ; les prêtres fanatiques attisent parmi les paysans la haine des juifs. Cette politique devait aboutir aux terribles pogromes de la fin du XIXe siècle. En 1881 le plus meurtrier d'entre eux est celui de Kiev ; en 1903 Kichinev et Odessa. Ces manifestations d'antisémitisme découragent même ceux qui avaient mis tous leurs espoirs dans l'assimilation. La réaction des jeunes juifs sera de se joindre au mouvement révolutionnaire ou aux groupes nationalistes juifs, ou d'émigrer, surtout vers les États-Unis.

Les expulsions

Chassés tantôt d'un pays, tantôt d'un autre, au gré des souverains du moment, les juifs ont vécu une vie errante et migratoire, retournant souvent là d'où on les avait chassés, avec une extraordinaire obstination.

On a cité plus haut l'expulsion des Juifs d'Espagne il y a 500 ans. La France ne s'est guère montrée plus accueillante.

Pendant six siècles, du XIIIe au XVIIIe siècle, c'est une suite ininterrompue d'expulsions suivies d'autorisations de retour. Cependant il est certain qu'une présence même sporadique de juifs en France n'a jamais complètement cessé.

La période contemporaine

L'émancipation

L'idée de l'émancipation des juifs se répand au siècle des Lumières, en Prusse, en Autriche, puis en France. Elle traduit une réaction contre la réprobation générale qui s'attache aux juifs du fait de leurs coutumes, de leur langue et de leur culture.

Un brillant philosophe juif de Berlin, Moïse Mendelsohn (1729-1786) et, autour de lui, une école d'humanistes juifs, les Maskilim, donnent l'exemple, et cherchent à persuader les juifs de briser leur isolement, d'étudier aussi les sciences profanes et de fréquenter les écoles laïques et les Universités.

En 1787, Mirabeau publie un ouvrage intitulé : « de la Réforme politique des juifs ». L'émancipation est en fait une conséquence normale de la « Déclaration des Droits de l'homme » qui proclame la liberté religieuse. Soutenue courageusement par l'Abbé Grégoire et le Comte de Clermont Tonnerre, l'émancipation est votée par la Constituante le 28 septembre 1791.

L'affaire Dreyfus

Le juif est désormais citoyen à part entière. Pour la première fois toutes les carrières et les plus hauts postes de l'administration lui sont ouverts sans discrimination.

En 1870, un juif, Adolphe Crémieux, Ministre de la Justice, fait voter un décret accordant la nationalité française aux Juifs d'Algérie. Cependant les préjugés antisémites n'ont pas disparu pour autant, surtout dans les partis de la droite conservatrice.

L'affaire Dreyfus éclate en 1894. Jeune officier à l'État Major, Alfred Dreyfus est accusé faussement d'avoir livré à l'Allemagne des documents secrets. Il est condamné pour haute trahison, dégradé publiquement et envoyé au bagne à l'Ile du Diable, en Guyane. Émile Zola publie dans l'Aurore, le fameux article « J'accuse » où il dénonce cette scandaleuse erreur judiciaire.

L'opinion française est profondément divisée pour ou contre Dreyfus. Après de nombreuses péripéties la vérité éclate enfin et l'innocent sera réhabilité en 1905.

La Shoah

La première moitié du XXe siècle a été marquée par les deux événements les plus marquants de l'histoire des Juifs au cours des deux derniers millénaires : le génocide nazi et la création de l'État d'Israël.

Hitler arrive au pouvoir en 1933. Dans l'idéologie nazie, le juif appartient à une race inférieure ; il convient de le supprimer pour sauvegarder la pureté de la race aryenne. C'est « la solution finale ».

Dans les années qui précèdent la Deuxième Guerre mondiale, ils sont arrêtés, déportés en même temps que les Tziganes et internés dans les camps de concentration. La propagande nazie s'étend à tous les pays occupés dont la France. Le gouvernement de Vichy promulgue en 1940 le Statut des juifs qui les exclut de toutes les fonctions publiques, des professions libérales et des écoles. Allant au devant des exigences de l'occupant le gouvernement organise des rafles massives. Enfants, vieillards et malades sont entassés dans des wagons à bestiaux en direction des camps. Auschwitz, en Pologne, reste le symbole des dizaines de camps de la mort où ils sont gazés et brûlés. 700 000 juifs, Français de vieille souche ou réfugiés de l'Europe de l'Est, sont ainsi exterminés dans l'indifférence d'une partie de la population. Quelques voix cependant se sont élevées pour protester contre cette monstruosité, le Cardinal Salièges et le Pasteur Boegner entre autres. Des milliers de Français ont aussi caché des juifs chez eux au péril de leur vie. Au total 6 à 7 millions de juifs — sur 15 millions — ont ainsi disparu en fumée. Parce qu'il a été méthodiquement et légalement organisé, ce génocide est le plus grave que l'histoire ait jamais connu. Il est improprement appelé « holocauste ». Les juifs l'appellent en hébreu Shoah qui signifie « anéantissement. »

L'État d'Israël

A travers des siècles de dispersion, les juifs n'ont jamais perdu l'espoir de revenir un jour en Palestine. Il y a, en fait, toujours eu des juifs, sans aucune interruption, sur cette terre. Au XIXe siècle, à la suite des pogroms, de nombreux juifs russes se fixent en Palestine et y créent des colonies agricoles. C'est la naissance du Sionisme.

En 1895, un journaliste autrichien, Théodore Hertzl qui vient d'assister à la dégradation, en public, du Capitaine Dreyfus, écrit à Paris « l'État juif ». Il met en exergue : « Si vous le voulez, ce ne sera pas un rêve ».

En 1917, le gouvernement britannique, en reconnaissance pour les sacrifices de la Brigade Juive qui a combattu aux côtés des Alliés, s'engage à établir un « Foyer National Juif en Palestine » : c'est la déclaration Balfour.

A la suite de la Deuxième Guerre mondiale, des réfugiés arrivent par milliers en Palestine. Ils réclament la création d'un État juif indépendant.

En novembre 1947, l'ONU accepte le partage de la Palestine : deux États souverains seront créés, un État juif et un État palestinien. En mai 1948 l'État juif est proclamé. Les Arabes refusent la partition : c'est la première guerre Israélo-Arabe. Une partie des Palestiniens se réfugient en Jordanie.

Pendant plus de quarante ans, plusieurs conflits opposent Israël aux pays arabes voisins sans aucun résultat, à l'exception notable d'une paix séparée avec l'Égypte en 1979 (Accords de Camp David).

En 1991 à Madrid une conférence internationale décide l'ouverture de négociations avec l'OLP[1]. Ces négociations débutent réellement en 1993 à Washington et aboutissent en 1994 à un accord sur l'autonomie de Gaza et Jericho.

La Paix est en marche…

Les juifs dans le monde aujourd'hui

Répartition géographique

La population Juive mondiade compte environ 20 millions d'individus. Ce nombre comprend tous ceux qui se déclarent juifs, étant bien entendu qu'une grande majorité d'entre eux ne pratiquent pas ou peu la religion. Ces 20 millions se répartissent approximativement comme suit :

– Israël 5 millions,
– Amérique 7 millions (dont 6 aux USA),
– Europe 5 millions.

Il y avait probablement 2 à 3 millions de juifs dans l'ex-URSS. Après la *Glasnost* et les bouleversement intervenus depuis, 600 000 juifs ont émigré vers Israël.

Dans le reste de l'Europe la première communauté se trouve en France (650 000) suivie par la Grande-Bretagne (400 000).

Les juifs en France

Après la Révolution et l'émancipation une page a été tournée. Napoléon les dota, comme il le fit dans de nombreux autres cas, de structures organiques

---

1. Organisation de Libération de la Palestine.

officielles. Il a créé le Consistoire des Israélites de France tel qu'il existe aujourd'hui. Chaque ville importante a un Consistoire local qui gère les lieux du culte et le personnel rabbinique. Toutes ces communautés sont affiliées au Consistoire Central à la tête duquel se trouve le Grand Rabbin de France élu pour sept ans.

La principale communauté est celle de Paris qui compte 80 synagogues. La plupart de celles-ci, implantées en banlieue ont été construites après 1962, à la suite de l'afflux des juifs maghrébins rapatriés.

Les Juifs séfarades originaires des pays méditerranéens ont vécu, dans le passé, dans un environnement musulman. Ils représentent sensiblement la moitié de la population juive.

Les Juifs ashkénazes sont originaires d'Europe.

Malgré des différences dans les usages et les coutumes les uns et les autres sont unis par des liens très profonds et les particularismes sont appelés à s'estomper rapidement.

La plupart des associations à caractère social ou éducatif sont affiliées au Fonds Social Juif Unifié (FSJU).

Ces associations ainsi que les organismes à caractère proprement religieux sont réunies au sein du « Conseil Représentatif des Institutions Juives de France » (CRIF) qui veut être le porte parole de tous les juifs de France indistinctement.

Deux jeunes garçons en prière devant le mur, vestige du Temple de Jérusalem.

CHAPITRE 2

Doctrines et pratiques

par Colette Kessler

Origine et signification du terme « judaïsme »

« Le judaïsme est l'âme dont le peuple juif est le corps » (Samuel s. Cohon).

Le terme « judaïsme » se rencontre pour la première fois dans un texte juif de langue grecque (II Maccabées 2,21 et 8,1 et 14, 38), datant sans doute du Ier siècle av. J.-C. Dans le Nouveau Testament, il se trouve dans la bouche de Paul (Galates I,13-14) : « Vous avez certes entendu parler de ma conduite jadis dans le judaïsme... ». Le terme hébreu *Yahadout* est, dans la période rabbinique, très rare ; dans la littérature médiévale, il est pratiquement inexistant. Il est très fréquent dans la terminologie moderne.

« Juif », en hébreu *Yehoudi*, signifie originellement celui qui descend de la tribu de Juda (*Yehouda*). Après le schisme du royaume de Salomon en deux royaumes, Israël au Nord, Juda au Sud (722 av. J.-C.), le mot juif désigne l'habitant du royaume de Juda, le « Judéen ». C'est dans le livre biblique d'Esther (2,5 et 5,13) que le terme va prendre la connotation religieuse qu'il possède étymologiquement, c'est-à-dire « celui qui rend grâce au Dieu unique ». Le mot est passé en araméen, en grec, puis en latin. Mais tandis que les non-juifs l'employaient couramment, les juifs parlant hébreu à l'intérieur de la terre d'Israël, préféraient s'appeler « Israël ». Ceci est attesté par divers documents : manuscrits du désert de Juda, apocryphes hébreux, et surtout par l'ensemble de la littérature talmudique.

Cette donnée sémantique permet une remarque importante : les temps de formation, d'expansion, de consolidation du judaïsme, qui entourèrent les débuts du christianisme furent ceux au cours desquels les juifs tinrent à marquer leur identification, leur prise en charge de tout ce qui appartenait à la période fondatrice dans laquelle ils avaient été appelés « peuple hébreu », « peuple d'Israël ».

Le destin juif a toujours interrogé les hommes, « barré l'histoire » (Leon Bloy), depuis les temps bibliques (cf. livre d'Esther) jusqu'aux temps modernes (antisémitisme, Shoah) en passant par la réflexion chrétienne sur le « mystère d'Israël » (saint Paul).

Pour les juifs eux-mêmes et surtout en notre temps, il existe de multiples manières d'affirmer leur appartenance au judaïsme.

Certains revendiquent un attachement culturel ou national. Ils insistent sur les liens qui les unissent les uns aux autres, solidarité avec le passé, communauté de destin avec les autres membres du peuple juif tant dans l'État d'Israël que dans les différents pays de la Diaspora. Ils s'attachent à l'étude de l'hébreu comme langue vivante et véhicule privilégié de ce lien avec le peuple juif passé et présent, aux valeurs éthiques contenues dans leur patrimoine.

D'autres, tout en professant ce même sentiment d'appartenance, mettent l'accent sur le fait religieux comme fondement et moteur de tout le judaïsme depuis les temps bibliques jusqu'à nos jours. Ils perçoivent le lien entre Dieu et les juifs dans le nom même d'Israël qui signifie « lutteur pour Dieu », dans leur mode de vie soumis à la Loi et rythmé par le calendrier religieux, dans la présence du fait religieux à travers les plus grandes œuvres littéraires du judaïsme de tous les temps.

Pour comprendre cette diversité et en percevoir néanmoins l'unité, il faut remonter aux sources mêmes du judaïsme, pénétrer ses textes de base, son mode de vie, sa perception de Dieu et de l'homme, du temps et de l'espace, son histoire plus que trimillénaire.

Comme disait Hillel, un de nos plus grands sages (pharisien, Ier siècle av. J.-C.) à un païen qui lui demandait de lui résumer toute la Torah pendant qu'il se tenait sur un seul pied : « Ne fais pas à autrui ce que tu ne voudrais pas qu'on te fasse. C'est là toute la Torah. Maintenant va et étudie. »

Les textes de base

La Bible

La Bible juive, que les chrétiens appellent l'Ancien Testament, écrite toute entière en hébreu — à l'exception de quelques chapitres ou versets qui sont en araméen, langue sémitique voisine de l'hébreu — est le livre le plus traduit et le plus lu du monde. C'est le livre du peuple hébreu et pourtant le livre le plus universel qui soit. Tous ceux qui s'y réfèrent comme à un livre privilégié, unique, savent qu'ils le doivent aux juifs. Israël a gardé et transmis ce livre ancien. Les premiers maîtres d'Israël, les pharisiens, l'ont reçu comme Parole du Dieu vivant.

Le mot Bible a une origine judéo-héllénistique. Il signifie : Livre. La Bible est une collection de livres ; le mot hébreu *sefarim* (livres) apparaît en Daniel (9,2) pour désigner l'ensemble des livres saints. Il suffit de parcourir la Bible pour constater la variété des styles, des contenus, des cadres géographiques et historiques. La Bible est donc en fait une bibliothèque. La rédaction des 24 livres qu'elle contient s'est échelonnée approximativement du XIIIe au IIe siècle av. J.-C. En tournant les pages de la Bible, on y perçoit l'histoire d'un dialogue tout à fait particulier, celui entre Dieu et les hommes, et plus particulièrement entre Dieu et Israël. Bien qu'écrite par des auteurs divers en des temps successifs, la Bible se donne tout entière comme trace, transcription de la Parole d'un Auteur s'adressant aux hommes de tous les temps.

Le TaNaKH – Structure de la Bible

Une désignation hébraïque précise la structure tripartite de cet ensemble de livres. C'est le terme *TaNaKH* qui indique la division des Écritures en *Torah (Torat Moshé* : les cinq livres de Moïse, le Pentateuque), *Neviim* (les Prophètes) et Ketouvim (les Écrits ou Hagiographes). Cette structure correspond à trois moments historiques de la réception des livres comme « Écritures saintes » (*Kitvé Kodesh*).

♦ La Torah

Pour la tradition juive, Moïse lui-même reçut toute la Torah au Sinaï. Certes, dans la Bible elle-même, le mot Torah est utilisé de façon plurielle (lois individuelles, groupes de lois sur un sujet déterminé, oracle prophétique, message de prophète ou instruction de prêtre). Mais finalement ce mot vint effectivement à désigner le corpus entier de la législation divine transmise par Moïse (Deutéronome 4,44 et 33,4 ; Malachie 3,22).

Pour les commentateurs contemporains qui acceptent les acquis de l'exégèse critique moderne en la reliant à la tradition et dans le respect religieux du texte, c'est à l'époque d'Ezra, prêtre et scribe, au retour de la captivité de Babylone, qu'il faut remonter pour assister à la véritable émergence d'un texte unifié du Pentateuque à partir de ses diverses sources ; certains de ces écrits, bien sûr, peuvent remonter à Moïse lui-même. La Bible elle-même donne à l'événement de la lecture publique de la Torah en un jour de fête de Souccoth, par Ezra, un caractère très solennel (cf. Néhémie VIII) et le Talmud dira : « Si Moïse n'avait pas donné la Torah à Israël, c'est Ezra qui la lui aurait transmise. »

L'événement du Sinaï est perçu par tous comme un événement fondateur et la forme finale du Pentateuque comme unifiée par l'inspiration du dernier Rédacteur. Comme l'écrivait Franz Rosenzweig, un des plus grands penseurs du judaïsme contemporain, en 1927 : « Même si la position de Wellhausen était exacte, le texte de la Torah a été doté d'une telle unité par le Rédacteur final que, sans réticences, nous pouvons continuer à appeler l'auteur de la Torah Rabbénou, notre Maître, comme la tradition appelle Moïse, Moché Rabbénou, Moïse notre Maître.

♦ Les Neviim : les livres prophétiques

Les héritiers d'Ezra, désignés par la tradition rabbinique sous le nom de « Grande Assemblée », perçurent que toutes les paroles des prophètes, ces grands inspirés de Dieu, apportaient un éclairage absolument nécessaire pour comprendre le message de la « Torah de Moïse ». Des rouleaux circulaient déjà (premiers prophètes), relatant l'histoire d'Israël depuis Josué jusqu'à la chute successive des deux royaumes d'Israël et de Juda (722 et 586 av. J.-C.), ainsi que les recueils de discours vibrants de ceux qui, à partir du VIIIe siècle av. J.-C. ne cessèrent, en porte-parole de Dieu, d'interpréter les événements à la lumière des exigences divines (derniers prophètes). Chacun dans son style propre, selon les besoins de son temps, invitait Israël à se conformer à un monothéisme absolu, à revenir à Dieu par une conduite religieuse et éthique, à approfondir le sens de son élection au service du Dieu unique et de l'humanité toute entière, à préparer le jour où serait réalisé l'âge universel de justice et de paix.

C'est vers le IIe siècle av. J.-C. que la prophétie sera considérée comme ayant cessé (une allusion est faite à cette interruption de la prophétie, notamment en Psaume 74,9 : « Nos signes ont cessé, il n'est plus de prophète, et nul parmi nous se sait jusques à quand ». Ce temps, comme le montre le livre de Daniel (qui en définitive sera lui-même classé dans la troisième partie de la Bible), on peut en fixer le terme. C'est au moment où un culte idolâtre, « l'abomination de la désolation » (Daniel 11,31 et 12,11), souillait à Jérusalem le Temple reconstruit et où le peuple juif, bien que vivant sur sa terre, n'était pas libre de vivre selon la Torah que la prophétie cessa[1].

Le rouleau des « douze prophètes » se termine par Malachie. Remarquons que tout ce corpus prophétique commence et s'achève par une évocation de la Torah de Moïse (Josué 1,7 ; Malachie 3,22).

Le Talmud (Meg. 14a-15a) qui donne la liste des livres bibliques, identifiera, Mardochée, le juif du livre d'Esther, avec Malachie, mettant ainsi en évidence le passage de la prophétie à la sagesse, la fermeture du second rayon de la Bible (« bibliothèque ») et l'ouverture du troisième.

♦ Les Ketoubim : les écrits ou hagiographes

Ce troisième rayon du TaNaKH avait déjà commencé à se garnir. En effet, les Psaumes, que l'on attribuait au Roi David, avaient reçu une fonction liturgique dans le Temple et étaient considérés comme « Écrits saints ». Le Siracide (non canonique pour la Bible hébraïque, mais souvent cité dans le Talmud) parle « de la Loi, des prophètes et des autres livres des ancêtres », et dans le Nouveau Testament Luc désigne nommément « la Loi de Moïse, les prophètes et les Psaumes » (Luc, 24,44). Assez vite les Proverbes, typiques des écrits de Sagesse, avaient reçu leur autorité en raison de leur attribution à Salomon ; le livre de Job, si universel et intemporel, avait été attribué à Moïse. Les livres d'Ezra, Néhémie et des Chroniques ont trouvé place dans les Ketoubim, non pas à proprement parler comme histoire d'Israël, mais plutôt comme lecture théologique de cette histoire, on peut dire, comme *Midrash* de

---

1. Cf. aussi I Maccabées I,21-24 et suivant.

l'histoire. (Le terme *Midrash* apparaît d'ailleurs en II Chr. 24,27. C'est un des genres typiques de l'interprétation de l'Écriture qui trouvera son essor dans la période post biblique — voir plus loin : La tradition rabbinique). Pendant longtemps, jusqu'au milieu du IIe siècle ap. J.-C., les rabbins ont débattu du rejet ou de l'insertion de certains livres. Esther, l'Ecclésiaste et le Cantique des Cantiques semblent avoir causé le plus de débats. On sait que c'est à Rabbi Akiba (vers 130 ap. J.-C.) que l'on doit l'acceptation définitive du Cantique des Cantiques. Il était, disait il, saint entre tous, car il était par excellence le chant de l'amour entre Dieu et Israël. Les rabbins rejetèrent un grand nombre de livres qui, selon eux, n'entraient pas dans la cohérence structurale et doctrinale de l'ensemble et qu'ils ne considéraient pas comme animé par l'esprit saint, le *Rouah Hakodesh.*

Le corpus des écrits commence au Psaume 1 par une méditation sur la Torah de Moïse et s'achève sur un verset des Chroniques dont le dernier mot est « il montera », ouvrant ainsi sur l'histoire à venir du peuple juif et sur l'interprétation de cette histoire.

♦ Le Canon biblique

Les 24 livres du TaNaKH constituent le « Canon biblique ».

Le terme « Canon » est un mot grec formé à partir d'une racine hébraïque signifiant roseau ou règle. Il évoque la norme, le caractère intangible d'un document. Dans la terminologie hébraïque, le terme employé pour dire qu'un livre peut être inclus dans le Canon est : « qu'il souille les mains ». Cela signifie que celui qui le touchait se mettait dans une position de sainteté rituelle, et qu'en retournant à des occupations profanes il devait se laver les mains. Les 24 livres de la Bible, dans ses trois parties, sont donc bien des « Écritures saintes ».

♦ La Mikra

C'est ce corpus unifié qui reçut chez les rabbins, et surtout dans la littérature du Moyen Age, le nom de « MiKRa' ». Ce terme vient d'une racine hébraïque qui signifie « lire » ou « appeler ». Il met l'accent sur le fait qu'à partir de ce texte doit résonner un appel pour la collectivité comme pour chaque individu, pour entendre, à travers l'Écrit, la Voix qui vient d'au delà de l'Écrit et qui ne s'épuise pas en lui. La Bible a besoin d'être constamment interprétée, actualisée, scrutée, amplifiée pour délivrer son sens (telle sera, comme nous le verrons, la finalité de presque toute la littérature juive postérieure).

♦ La Bible entière comme Torah

On rencontre dans la littérature rabbinique le terme Torah pour désigner aussi toute la Bible (Mek. Beshallah 9 etc.). Le terme est aussi employé en ce sens dans le Nouveau Testament (Jean 10,34). Cette désignation exprime que c'est l'ensemble du Tanakh qui doit être considéré comme Parole de Dieu, comme vérité révélée, que le texte lui-même désigne par Torat Hashem (Ezéchiel 7,10 ; Ps. 19,8). La Parole de Dieu n'est pas réduite à la parole humaine, mais elle se transmet à travers la finitude de réceptacles humains. Elle est *dans le texte*. Elle n'est pas *le texte*. Celui-ci est de Dieu *et* de l'homme.

Quelle que soit la sainteté et l'importance que revêt pour eux le reste de la Bible, il ne fait aucun doute que pour tous les juifs religieux, de quelque tendance que ce soit, le Pentateuque est, aujourd'hui encore, spécialement vénéré, considéré comme le fondement de leur foi et de leur existence. La Torah, écrite sur un rouleau de parchemin appelé Séfer Torah, est chantée chaque Shabbat comme « l'arbre de vie pour tous ceux qui s'y rattachent ». L'étudier, la vivre en accomplissant ses préceptes, c'est marcher dans les traces des « Pères », Abraham, Isaac et Jacob. C'est suivre la voie de Vie et de Vérité que Dieu a donnée aux enfants d'Israël pour faire d'eux, au milieu des hommes, « un peuple de prêtres, une nation sainte » (Exode 19,7).

La tradition rabbinique

♦ Le Talmud

Au chapitre 8 de Néhémie, que nous avons déjà mentionné plus haut, il est écrit au verset 8 : « Ils lisaient distinctement dans le livre de la Loi de Dieu, ils en donnaient le sens pour faire comprendre ce qu'ils avaient lu. » C'est à cette compréhension que s'adonnèrent les scribes, disciples d'Ezra, connus par la tradition sous le nom de « Grande Assemblée ». Quelles que soient les difficultés historiques à situer l'époque de celle-ci, il ne fait aucun doute qu'à partir du IIe siècle av. J.-C. les pharisiens, connus aussi sous le nom de Hahamim, les sages, furent engagés dans une double activité : l'interprétation de l'Écriture et la formulation des lois pour que les actes accomplis dans la vie civile et religieuse, individuellement et collectivement, soient en accord avec cette interprétation. Les rabbins, successeurs des pharisiens, poursuivirent cette double activité. Pendant quatre ou cinq siècles, leurs enseignements furent transmis oralement de maîtres à disciples. Ils devaient rester oraux et par conséquent fluides et ouverts, sans être confondus avec les paroles qui avaient trouvé leur place dans les « Écrits Saints », la « Torah écrite ». Mais les pharisiens définissaient leurs enseignements comme « Torah orale » (Shabbat 31b) liée intimement à la Torah écrite, assurant par la même à celle ci la garantie d'une richesse créatrice. Ils faisaient remonter à Moïse non seulement la Torah écrite mais encore la Torah orale, transmise ensuite par les prophètes et par les sages (Pirké Avoth 1,1).

♦ La Michna

L'abondance du matériel et les circonstances historiques défavorables (occupation romaine de la Judée, persécution des juifs, puis dispersion) obligèrent les maîtres à mettre par écrit leurs enseignements, sans pour autant que disparaisse le statut propre de la « Torah orale ». Le premier recueil qui vit le jour (vers 200 ap. J.-C.) fut une formulation de la législation qui reçut le nom de Michna. Elle est écrite en hébreu, divisée en six « traités » et touche tous les domaines de l'existence : religieux (lois sur les prières, les fêtes...), social (le mariage, les dommages causés à autrui...), civil, rituel (lois de pureté), etc. Certains traités, comme les Pirké Avoth (Maximes des Pères) sont uniquement des principes et adages fondamentaux religieux et éthiques. Ils résument l'essence de la pensée pharisienne sur la prière, la Techouva (repentance), la Shekhina (présence de Dieu). Dans d'autres, un chapitre est consacré à énoncer les principes essentiels de la Torah (Michna Sanh. XI) comme l'affirmation des notions de Révélation, de Providence et de Résurrection des morts, ou celle de la sainteté absolue de toute vie humaine (Michna Sanh. V,4).

♦ La Guemara — Halakha et Aggada

Bien qu'écrite, la Michna ne conduisit pas pour autant à un enseignement figé. Dans les Écoles de Terre Sainte ou de Babylonie, des générations de maîtres se penchèrent sur la Michna pour la discuter et par là toucher tous les domaines de la pensée et de l'action des juifs (et parfois des non-juifs) de leur époque. Ils élaborèrent ainsi de volumineux commentaires qui furent mis par écrit vers le IVe siécle en Terre sainte, vers le VIe en Babylonie, et qui se nomment Guemara (achèvement). L'ensemble de la Michna et de la Guemara constitue le Talmud. Il existe un Talmud de Jérusalem et un Talmud de Babylone (ce dernier connut une diffusion et acquit une autorité plus grande que celui de Jérusalem).

Deux voies sont mêlées dans le Talmud : la Halakha et l'Aggada. La Halakha définit les exigences de la Torah. Rigoureuse par essence, par le système des déductions opérés selon la méthodologie rabbinique, elle n'apparaît, dans la période initiale, ni monolithique ni immuable. Elle correspond à sa signification étymologique « marche ». Elle est la marche que doit suivre le peuple Israël pour qu'il accomplisse la volonté de l'Éternel son Dieu. L'Aggada tient dans le Talmud un rôle tout aussi essentiel. Elle est réflexion, méditation, apologue sur le sens de la vie et de la Loi. Elle vise à mettre en lumière l'unité de la Torah. Elle parle à l'esprit et au cœur. Elle invite à prendre exemple sur la vie des patriarches, à retrouver le souffle de la prophétie. Comme le dit Abraham Heschel : « Le judaïsme ne consiste exclusivement ni en Halakha, ni en Aggada. C'est l'interférence des deux éléments qui en constitue le cœur ».

Nul n'est tenu de recevoir tout ce que les maîtres ont proposé ou suggéré en matière d'Aggada, mais grâce à elle se trouvent ouverts de nouveaux développements de la pensée juive. La question d'une possibilité continue de flexibilité et de remise en question de la Halakha, tant dans les formes que sur le fond, est un des domaines ou s'expriment les divergences les plus profondes entre les différentes tendances du judaïsme religieux contemporain.

♦ Le Midrash

Le Midrash représente le second mode d'expression de la tradition orale. Le Midrash part de l'Écriture et l'interprète verset par verset, mettant en rapport entre elles les différentes parties de l'Écriture. La méthode est fondée dans la Bible elle-même. Deux versets sont devenus classiques pour l'exprimer : Le psalmiste s'écrie : « *Une fois* Dieu a parlé, *deux fois* j'ai entendu, car la force est à Dieu » (Ps. 62,12). Le prophète Jérémie s'exprime ainsi : « Ma parole ne ressemble-t-elle pas au feu, dit l'Éternel, au marteau qui fait voler en éclats le rocher » (Jér. 23,29). De même que, sous l'effet du marteau, jaillissent de la roche de multiples étincelles, de même un seul verset, un seul mot du texte donne naissance à des interprétations multiples. Le Midrash consiste à rechercher ces interprétations. Nous avons signalé plus haut une occurrence du mot Midrash dans les Chroniques et le verset de Néhémie (VIII,8) stipulant la nécessité de « faire comprendre, de donner le sens » d'un texte après sa lecture. Le mot Midrash vient de la racine hébraïque DaRaSH qui signifie scruter, mais aussi : demander, exiger. Les maîtres ont perçu que la Parole de Dieu, pour délivrer ses sens aux générations successives, devait être sollicitée, interrogée. Pour que cette exégèse soit faite dans la cohérence de la Bible, de la tradition, de la vie, de l'attente du peuple, ils ont formulé des règles d'herméneutique précises, successivement élaborées par les scribes (*Sofrim*) successeurs d'Ezra, par Hillel (vers le Ier siècle av. J.-C.) et par Rabbi Ishmaël (IIe siècle ap. J.-C.).

Il existe un Midrash Halakha, basé en général sur les parties législatives de la Torah, et un Midrash Aggada très abondant. Beaucoup de ces textes proviennent de sermons et d'enseignements qui étaient donnés par les maîtres, spécialement dans les synagogues au cours des offices du Shabbat et des fêtes. On trouve dans les *Targumim*, traductions interprétatives de la Torah, en araméen en particulier, la trace très ancienne de certains développements midrashiques. La collection la plus importante est appelée Midrash Rabba et inclut le commentaire des cinq livres du Pentateuque et des « Cinq Rouleaux » (Cantique des cantiques, Ruth, Lamentations, Esther, Ecclésiaste).

La littérature midrashique s'est enrichie à travers tout le Moyen Age. Sans exagérer, on peut dire qu'elle se poursuit de nos jours, grâce aux œuvres de tous ceux — penseurs, poètes ou rabbins — qui, par leurs paroles ou leurs écrits, participent à la pensée créatrice du judaïsme en commentant la Bible. Ainsi, l'événement fondateur du Sinaï, aussi mystérieux soit-il, peut délivrer un message de vie pour Israël jusqu'à la rédemption finale de toute l'humanité. En ce sens on a pu parler de « Révélation continue ».

La littérature juive postérieure

Après la clôture du Talmud et l'édition des grands ensembles de textes midrashiques, la littérature juive est devenue si vaste, si significative du développement continu du judaïsme tout au long de son histoire, que nous nous bornerons ici à citer quelques domaines particuliers et à mentionner les auteurs ou les livres les plus marquants.

Les commentaires de la Bible abondent, parfois très différents les uns des autres, se penchant soit sur le sens littéral du texte, soit sur ses autres sens : midrashique, allusif et mystique. Le plus classique et le plus populaire de ces ouvrages est le commentaire de Rashi (Salomon Ben Itzhak) qui vécut à Troyes en Champagne (1040-1105) et qui est devenu le compagnon d'étude de la Bible de chaque juif pieux dès son enfance.

Toute une littérature de codes surgit pour aider les juifs à systématiser la législation talmudique et ses prolongements, et pour leur permettre d'y être fidèles dans toutes les occasions de la vie. Ainsi vit le jour le *Mishné Torah* de Maïmonide (1135-1204) et le code édité au XVIe siècle par Joseph Caro : le *Shulhan Arukh* — la « table dressée » qui aujourd'hui encore fait autorité dans tout le courant orthodoxe du judaïsme.

L'expression philosophique du judaïsme fleurit tout au long des siècles. Elle commence avec Philon d'Alexandrie au Ier siècle ap. J.-C. Au Moyen Age, le géant de la pensée juive fut Moïse Maïmonide, auteur du « Guide des Égarés » qui suscita beaucoup de controverses, mais demeure un sommet de la pensée.

C'est en Espagne, au XIIIe siècle, que fut composé par Moïse de Léon le grand Midrash mystique qu'est le *Zohar*, dont on attribuait la paternité à un maître du IIe siècle, Rabbi Shimon Bar Yohaï. Ce livre eut, après la Bible et le Talmud, la plus grande influence sur l'âme juive. C'est Guershom Sholem (1897-1982) qui permit de nos jours à un large public de redécouvrir les richesses enfouies de la Kabbale.

Parmi les modernes, et à partir du grand rationaliste, précurseur de la pensée moderne, que fut Moïse Mendelssohn (1729-86), citons Martin Buber (1878-1965) et Franz Rosenzweig (1886-1929), auteur de l'« Étoile de la Rédemption », Abraham Yoshoua Heschel (1907-73) qui fut très influencé par le Hassidisme et le Rabbin Abraham Kook qui fut le plus profond penseur de l'orthodoxie juive.

En France, ce sont les paroles et les écrits de Léon Askenazi, et surtout d'André Néher et d'Emmanuel Lévinas, qui ont redonné souffle au judaïsme d'après la Shoah.

Le message

Le sens de Dieu dans le judaïsme

La Bible et le Talmud ne démontrent pas l'existence de Dieu, ils l'affirment. Maïmonide, dans son *Michné Torah*, considère la foi en Dieu comme le premier de tous les commandements : « Le premier commandement est l'ordre qui nous a été donné de croire en Dieu… comme il est dit (Exode 20,2 ; Deutéronome 5,6) : Je suis l'Éternel ton Dieu… »

Dieu restera toujours au-delà de ce que nous pourrons dire de Lui. Néanmoins, à travers la Bible et le Talmud, et à travers les textes des prières, s'expriment de façon constante la quête de Dieu par l'homme et l'appel de Dieu à l'homme. Dans la Bible Dieu « se révèle » comme Dieu unique, Dieu créateur, Dieu qui communique avec les hommes, Dieu qui fait alliance avec eux, parce qu'Il les aime.

♦ Dieu est Un

L'Unité absolue de Dieu est l'affirmation fondamentale de la Bible et du judaïsme. Depuis la période du Second Temple, le passage biblique (Deutéronome

6,4-9) connu par son premier mot comme étant le *Chema*, qui commence par la phrase « Écoute Israël, l'Éternel notre Dieu, l'Éternel est Un » est devenue la profession de foi juive, la première phrase enseignée à l'enfant juif dès qu'il sait parler, la dernière prononcée par l'homme juif sur son lit de mort, le credo des martyrs d'Israël sanctifiant le nom divin jusqu'au sacrifice suprême. Cette affirmation de l'unité de Dieu fut répétée à l'envi par les prophètes d'Israël dans leur infatigable combat contre l'idolâtrie. Certaines de leur paroles percutantes sont entrées dans la liturgie, comme celle d'Élie au Carmel (I Rois 18,39) : « L'Éternel, lui seul, est Dieu. » La vocation d'Israël est dès l'époque biblique de porter, de vivre, de creuser toutes les harmoniques contenues dans l'affirmation de cette unité. Le prophète Isaïe s'écriait : « Vous êtes mes témoins, y-a-t-il un autre Dieu que Moi ? » (Isaïe 44,8), ce que la prière quotidienne du matin chante en ces termes : « Heureux sommes nous ! Que notre part est belle, que notre sort est agréable ! Heureux nous sommes car soir et matin, deux fois chaque jour, nous répétons : « Écoute Israël, l'Éternel est notre Dieu, l'Éternel est Un ». Cette association de l'unité de Dieu et de celle d'Israël est formulée ausssi dans la bénédiction intercalaire de la Tefila (prière essentielle) de l'après-midi de Shabbat : « Tu es Un, Ton Nom est Un, et qui est comme Ton peuple Israël peuple Un sur la terre ? »

Il n'est pas de proposition plus importante que celle de l'unité de Dieu. Le Talmud (Meg. 13a) ne dit-il pas : « Quiconque renonce à l'idolâtrie peut être appelé juif ». Il n'est pas d'affirmation plus exigeante, plus englobante, dont découlent de multiples conséquences sur Dieu, sur l'unité de l'homme et sur celle du genre humain, comme nous le verrons plus loin. Cette unité absolue de Dieu exclut tout dualisme, tout panthéisme, mais elle n'exclut pas les différents noms de Dieu, et ses différents attributs. Citons à titre d'exemples parmi les noms d'origine biblique : *Elohim*, Dieu dans sa présence immanente à l'ordre naturel ; *Chaddaï*, indiquant sa toute-puissance, et YHWH, le tétragramme (à prononcer *Adonaï*). Le tétragramme est le nom par excellence, révélé à Moïse comme Celui qui est, a été et sera, Celui qui est présent dans toute souffrance, source de toute espérance. YHWH est la présence divine active dans l'histoire, mais dont l'essence même reste cachée (les mystiques parlent de la réalité de Dieu jamais atteinte comme de l'*Ein Soff*). YHWH est donc par excellence un Dieu personnel ; c'est pourquoi le Talmud et la liturgie lui donneront encore d'autres appellations : Le Roi des Rois, Le Saint béni soit-Il, Notre Père, Notre Roi, Notre Père qui est aux cieux...

♦ Dieu Créateur

L'unité du cosmos dérive du fait que non seulement Dieu est Un, mais qu'Il est le créateur. Selon la Bible et la tradition, c'est Abraham qui le premier a reconnu Dieu comme créateur en observant l'univers. De plus, attentif au mal, à la perversion éthique qui régnait dans cet univers de Babel où il vivait, il eut la certitude que Dieu, le créateur, était concerné par ce monde en crise. Pour Abraham, pour la Bible et la tradition juive, Dieu n'est pas simplement cause première qui resterait indifférente à sa création, mais Il est la Providence du monde, comme il est dit dans l'office du matin : « Par sa bonté, Il renouvelle chaque jour l'œuvre de la création. » Par la conduite du Shabbat, le juif reconnaît le Dieu Créateur. En s'abstenant, le Shabbat, d'une quelconque action créatrice, le juif veut témoigner « qu'en six jours l'Éternel a fait le ciel, la terre et tout ce qu'ils renferment » (Exode 20,11) et qu'il se confie à Sa force créatrice continuellement à l'œuvre.

L'affirmation de Dieu créateur implique celle de l'éternité de Dieu : « Avant que les montagnes fussent nées, avant que fussent créés les cieux et la terre, de toute éternité tu es Dieu », chante le psalmiste (Ps. 90,2) et dans l'hymne *Adon Olam* (Maître du Monde), de la liturgie quotidienne il est dit : « Comme Dieu existait avant le monde, il existera encore quand tout aura cessé. »

Certes, la Bible et le judaïsme, tout en tenant fermement que créateur et créature sont radicalement séparés — c'est un des sens de l'attribut de sainteté de Dieu — disent en même temps que Dieu entre en relation avec l'homme, Il lui parle, Il s'adresse à lui. C'est précisément dans la rencontre avec Dieu que l'homme est constitué dans son identité d'homme.

♦ Dieu juste et Dieu d'amour

Dieu se manifeste par ses attributs de justice et d'amour. Juge, « Il rend des arrêts de vérité » (Ps. 96,13), car « il voit le cœur et non les apparences » (I Samuel 16,2 ; Jérémie 17,10), Il est le « juge de toute la terre » comme s'écriait Abraham pour implorer la miséricorde divine pour les innocents des villes pécheresses de Sodome et Gomorre (Genèse 18). Sa justice est tempérée par sa miséricorde. Quand Moïse reçut la révélation de la Gloire de l'Éternel, ce fut pour lui faire connaître ce que la tradition nomme Ses treize attributs d'amour : « YHWH, YHWH est un Dieu de miséricorde et de grâce, lent à la colère, grand en amour et en vérité, qui conserve son amour jusqu'à mille générations, qui pardonne... (Exode 34,6-7). Ces versets font partie de la liturgie du matin de toutes les grandes fêtes et sont répétés 26 fois tout au long des offices de la journée de Kippour. Le Talmud (Ber. 7a) prête à Dieu cette parole : « Priez pour que Ma clémence l'emporte sur Ma justice, afin que je ne puisse être que grâce envers Mes enfants sur la terre. » Dieu, le Très Haut, le Saint, du haut du ciel regarde les humbles. Il se penche sur eux, comme il est dit : L'Éternel est élevé au-dessus de tous les peuples, sa gloire dépasse les cieux... Il redresse l'humble couché dans la poussier, fait remonter le pauvre du sein de l'abjection... » (Ps. 113,6...), ce que le juif prie trois fois par jour en ces termes : « Tu nourris les vivants par amour, tu ressuscites les morts... tu redresses ceux qui tombent, tu guéris les malades et délivre les captifs... » Un des plus grands maîtres du IIe siècle, Rabbi Akiba, mort martyrisé par les Romains en confessant sa foi, avait dit : « C'est par amour que Dieu a créé l'homme à son image, c'est par amour qu'Il a donné la Torah à Israël et qu'Il l'a appelé "enfant de Dieu" » (Pirké Avoth 4,18).

Ces certitudes n'ont pas empêché les hommes, déjà dans les livres bibliques canoniques et non canoniques, de s'interroger sur l'angoissant problème du mal et de la souffrance du juste (cf. Ps. 22 ; Isaïe 53 ; le livre de Job ; II Maccabées 5,17-20...). Les rabbins, quant à eux, à travers le Midrash notamment, se basant sur Isaïe 55,8 (« Mes pensées ne sont pas vos pensées et Mes voies ne sont pas vos voies »), ont avoué qu'il ne nous est pas donné de comprendre la souffrance des justes et la prospérité des méchants (Pirké Avoth 4,19). Ils ont perçu, en parlant des *issouré ahava* (« châtiments d'amour »), que Dieu aime ceux des justes qui souffrent et, en parlant de *tsiddouk hadin* (« justification du jugement »), ils ont enseigné que même celui qui souffre doit pouvoir reconnaître que Dieu est juste.

♦ La présence de Dieu au monde

La présence de Dieu est si réelle pour la pensée rabbinique et mystique, qu'un mot a été forgé pour la désigner, celui de *Shekhina*. Il est dit que, quand Israël souffre, la Shekhina souffre, que quand les juifs sont persécutés c'est comme si la Shekhina était persécutée et qu'il appartient à la piété de l'homme de la faire habiter sur la terre. Ainsi, « quand trois personnes sont occupées à étudier la Torah, la Shekhina demeure au milieu d'eux ». Elle apparaît quand le malade est visité, quand celui qui est nu est vêtu, quand on accomplit le devoir d'enterrer les morts. C'est la trace la plus tangible du Dieu vivant.

Enfin et surtout, la présence de Dieu est perçue, depuis l'événement du Don de la Torah au Sinaï, comme une « présence prescriptive ». C'est en mettant en acte, dans tous les domaines de la vie, religieux, moral, social et politique, les ordres, les commandements donnés par Dieu, qu'Israël confesse son *Emouna*, sa foi, sa confiance, sa fidélité à Dieu. C'est par cette acceptation que l'homme exprime son amour pour Dieu, comme il est dit dans le Deutéronome (11,1, par exemple) : « Tu aimeras l'Éternel ton Dieu, tu observeras ses lois, ses préceptes et ses statuts en tous temps ». C'est l'acceptation de cette présence prescriptive qui permet à Israël d'actualiser en chaque génération les événements fondateurs de son existence en étant « avec Dieu » (en hébreu *Immanouel*), et de préparer les fins ultimes pour lui-même et l'humanité tout entière.

Malgré les souffrances endurées à travers l'histoire, en dépit de la lancinante question après la Shoah : que faisait Dieu, pendant que l'on assassinait à Auschwitz, beaucoup parmi les juifs ont voulu et veulent continuer à professer leur confiance en Dieu et leur espérance en l'avenir. Ils lisent le verset de Job (13,15) selon une des lectures possibles qu'en donne la tradition : « Même s'Il me tue, j'espère en Lui », sans pour autant cesser de s'interroger sur la théodicée classique. L'abondante réflexion juive après la Shoah l'atteste.

Souvent avec une foi renouvelée en Dieu, ou, même en l'absence de cette foi, les juifs ont en général voulu continuer à témoigner de leur fidélité à leur peuple, à leur histoire, à leur destin et donc « au Dieu de leurs pères ».

L'alliance et l'élection

Toutes les sources du Judaïsme, et en particulier la liturgie, mettent en évidence la notion d'Élection, attachée au peuple juif. L'affirmation si souvent répétée est fréquemment mal comprise. L'idée même d'une différence entre les hommes ne s'oppose-t-elle pas à celle également énoncée par la Bible et la tradition de l'égale dignité de toute personne humaine ? N'est-elle pas dépassée par des spiritualités qui se proclament universalistes ou des idéologies qui voudraient effacer toutes différences entre les hommes ?

En créant l'homme à Son image (Genèse 1,26), en le plaçant sur la terre « pour la travailler et la garder » (Genèse 2,15), Dieu fait de l'homme son coopérateur, son associé dans l'œuvre de la Création. Le Talmud a accordé une grande importance à la mention de la création d'un seul homme par le récit de la Genèse. Il a voulu y voir l'indice de l'égalité absolue entre tous les hommes, quelle que soit leur race, leur appartenance. Comme il est dit : « Pourquoi Dieu n'a-t-Il formé qu'un seul homme lors de la Création ? C'est dans l'intérêt de la paix, pour qu'aucun homme ne puisse dire à un autre : "Je suis de plus noble race que toi."... Un seul homme a été créé à l'origine ; c'est pour nous enseigner que quiconque attente à la vie d'un seul homme commet un acte aussi grave que s'il avait détruit le genre humain tout entier. » (Sanh. IV,5).

Avec Noé (Genèse 9,9), Dieu conclut une « alliance », promettant que désormais aucune destruction globale n'anéantirait la création ; l'arc en ciel en est le signe (Genèse 9,8-17). Cette promesse faite par Dieu est assortie selon le Talmud (Sanh. 48b) de sept commandements (interdiction de l'idolâtrie, du blasphème, de l'inceste, du meurtre, du vol, de la cruauté envers les animaux ; établissement de tribunaux pour exercer la justice). Mais cette alliance noahique ne pouvait être qu'un début, car Noé, « Juste en sa génération », ne s'était pas engagé à faire appliquer ces lois par ses descendants.

Dieu doit encore patienter pour que se réalise ce que le midrash (et la kabbale) nomme « le projet de Dieu sur l'homme ». Dieu veut que s'engendre par l'homme un monde vrai, un monde juste. C'est par rapport à ce projet universel, initial et final, qu'émergera l'alliance avec Abraham et avec sa descendance, avec un peuple à venir, prototype de l'humanité entière.

Abraham fut « trouvé juste et fidèle », mais aussi empli de foi-confiance en Dieu (Genèse 15,6 ; Chr. 9,7-8). Dieu lui promet une postérité, une terre. Il lui annoce que sa descendance deviendra « bénédiction pour toutes les familles de la terre » (Genèse 12,1-3). L'alliance est conclue. Son signe charnel est la circoncision (Genèse 17,1-14), son sens est symbolisé par la circoncision du cœur (Deutéronome 10,16 et Jérémie 4,4), et par le changement de nom d'Abram en Abraham ou une lettre du nom divin s'incarne. Désormais, ses descendants seront voués à « garder la voie de Dieu, en accomplissant la justice et le droit » (Genèse 18,17).

C'est au Sinaï que le peuple tout entier s'engage dans l'alliance et reçoit sa mission spécifique : « Si vous êtes docile à ma voix, si vous gardez mon alliance, vous serez pour moi un royaume de prêtres et une nation sainte, car toute la terre est à moi » (Exode 19,5-6). Le peuple s'engage, lui et toute sa descendance après lui, en disant : « Nous ferons et nous écouterons » (Exode 24,7). Il répond au projet de Dieu en s'engageant dans la voie sainte et difficile d'une mission à porter parmi les nations.

Les prophètes rappelleront au peuple les exigences de l'alliance et l'indéfectible amour de Dieu : « Voici mon serviteur que Je tiens par la main, mon élu en qui mon âme se complaît, sur lui J'ai répandu mon esprit, pour qu'il révèle aux nations ce qui est juste » (Isaïe 42,1). Ils connaissent les infidélités du peuple, mais ils savent que l'alliance est permanente : « Dieu n'oubliera pas l'alliance de tes pères, l'alliance qu'il leur a juré » (Deutéronome 4,31 ; Lévitique 26,45…). L'alliance ne peut être révoquée ou dénoncée. Elle est *Berith Olam* — Alliance éternelle (Genèse 17,7 ; Exode 31,16…).

Ceci ne signifie pas pour autant qu'Israël puisse s'y installer dans une sécurité assurée. L'alliance demeure conditionnée par la réalisation qu'il en fait ou l'échec qu'il lui fait subir. Dans la fidélité de Dieu réside l'appel à la fidélité d'Israël. L'alliance ne signifie pas non plus une supériorité d'Israël. Le Talmud (Hul. 89a), commentant le verset du Deutéronome chapitre 7, verset 7 : « Si l'Éternel vous a préférés, vous a distingués, ce n'est pas que vous soyez plus nombreux que les autres peuples, car vous êtes le moindre de tous », explique que c'est dans l'humilité sans limite que réside le fondement de l'Élection. (C'est dans cet esprit que la tradition midrashique ancienne interprétera le serviteur souffrant, humilié, blessé du chapitre 53 d'Isaïe comme désignant entre autres Israël.) L'Élection n'est donc pas supériorité, elle est responsabilité afin qu'Israël devienne témoin (Isaïe 43,12-44,8) et « lumière pour les nations » (Isaïe 42,2-7), « pour établir la justice sur la terre ». Cette responsabilité l'engage devant Dieu, comme dit le prophète Amos (3,2) : « Je vous ai choisi parmi les nations, c'est pourquoi je vous demande des comptes. » L'alliance a fait d'Israël un peuple autre, différent, mis à part. C'est le sens du mot *Kadosh*, que l'on traduit par « saint ». Martin Buber dit : « Israël est un peuple théopolitique. » En tentant d'être fidèle à cette consécration particulière dans son existence collective, ethnique, charnelle, Israël, « fils premier né de Dieu » (Exode 5,4 ; Os. 11,1) devient alors le moule où se forge l'espérance de l'humanité et où se prépare l'attente de Dieu sur l'homme. Si Israël est élu, c'est en définitive « qu'il est signifiant de l'humanité » (L. Askénazi).

Prendre conscience de l'essence de l'Élection et de la signification de l'alliance doit préserver le juif de deux risques contraires qui l'ont toujours guetté au cours des âges. Le premier est de s'enfermer dans un judéocentrisme exacerbé, en oubliant qu'être juif c'est être exemplairement homme et, par là même, être éveillé à toute détresse humaine. La Torah ne répète-t-elle pas : « Vous ne molesterez pas l'étranger ; tu aimeras l'étranger comme toi-même ; vous connaissez l'âme de l'étranger, car vous fûtes étranger au pays d'Égypte » (Lévitique 19,33…). Le second risque est de vouloir fusionner avec les autres, réduire le particulier, oublier l'appartenance à Israël. Dans un cas comme dans l'autre, c'est oublier que nous n'avons pas entre nos mains la clef ultime de notre destinée, car « c'est l'Éternel qui nous maintiendra comme sa nation » (Deutéronome 28,9). C'est ne pas voir que, comme l'écrivait Edmond Fleg, « c'est dans l'histoire d'Israël que peut se dévoiler une preuve de l'existence de Dieu ».

La mission d'Israël n'est pas de « convertir » à la foi d'Israël les individus ou les peuples. Mais elle entre, comme nous l'avons mentionné plus haut, dans « le projet de Dieu » sur l'humanité. Citons encore le prophète Isaïe (49,6) : « Je veux faire de toi la lumière des nations, Mon salut doit atteindre toutes les extrémités de la terre. »

Le messianisme

L'affirmation de Maïmonide dans les « Treize articles de foi » : « Je crois d'une foi parfaite en la venue du Messie, et même s'il tarde j'attendrai sa venue », présente dans la liturgie, exprime l'une des croyances les plus profondes du judaïsme. Il n'est pas exagéré de dire que toute l'aventure d'Israël témoigne d'une invincible espérance : Le monde créé par Dieu est inachevé ; il appartient à l'homme de coopérer avec Dieu pour qu'un jour le bien triomphe sur le mal. En dépit de tous les échecs de l'histoire, face à la violence et à la haine, l'étincelle de cette espérance a constamment brillé dans la conscience juive. Diffuse à son origine, l'espérance s'est tissée tout au long des âges et s'est exprimée dans ce qu'on appelle « l'attente messianique. »

Le terme messie, *MaCHiaH*, vient de la racine MaCHaH qui signifie oindre. Le MaCHiaH, c'est l'Oint. Dans la Bible, il désigne des personnes consacrées par l'onction d'huile à des fonctions de responsabilité comme celle de roi, de prêtre ou de prophète.

Dans la Torah, (Pentateuque), le terme n'est pas explicite, mais l'idée-force qui s'en dégage invite à une lecture messianique. La notion même d'alliance de Dieu avec Israël, comme nous l'avons vu plus haut, est en elle-même l'expression d'une attente. Dans le Midrash, les rabbins ont pu dire que « l'esprit du Messie préside à la création » (Genèse Rabba 2,4) et que certains versets de la Genèse renferment des allusions à la venue du Messie (cf. Genèse 49,10 ; Nombres 24,17-19).

Dans les Prophètes, sous l'influence des événements politiques, en particulier des dangers courus par Israël, des menaces d'exil et de destruction, l'idée messianique se précise. La dynastie davidique est haussée au niveau d'une catégorie modèle, capable d'une part de rétablir l'indépendance nationale : « Les rachetés de l'Éternel reviendront et rentreront à Sion en chantant une joie éternelle sur leur tête » (Isaïe 35,10) et d'autre part d'instaurer pour Israël et pour tous les peuples de la terre, une ère de justice, de paix et de fraternité universelle : « Un rejeton sortira de la souche de Jessé, sur lui reposera l'esprit de Dieu, l'esprit de sagesse et d'intelligence, de conseil et de force, de science et de crainte de Dieu... La justice sera la ceinture de ses reins, et la loyauté l'écharpe de ses flancs... Plus de méfaits, plus de violences sur toute ma montagne sainte, car la terre sera pleine de la connaissance de Dieu » (Isaïe 11,1-9). Les peuples abandonneront à jamais l'idolâtrie et reconnaîtront le Dieu unique : « En ce jour, le Seigneur sera Un et son nom sera Un » (Zacharie 14,9) et Jérusalem, la ville choisie par Dieu, deviendra un centre spirituel où afflueront toutes les nations avec Israël, et où s'élèvera une « maison de prières pour toutes les nations » (Isaïe 56,6-7). Quels que soient les échecs, les infidélités, « un reste subsistera » (cf. Isaïe 10,20-22) pour qu'Israël suive la route tracée dès l'origine en vue du perfectionnement du monde. Ce moment pourrait d'ailleurs être précédé de catastrophes, de grands bouleversements (Sophonie 3,8 ; Ezéchiel 38,39 etc.).

Combien de souffrances devront être subies pour que le monde comprenne que l'histoire ne progresse « ni par la force, ni par la puissance, mais par Mon esprit, dit l'Éternel » (Zacharie 4,6). C'est sans doute le Second Isaïe qui, en traçant la figure du « serviteur de Dieu » (Isaïe 44 et suiv.) et spécialement celle du serviteur souffrant (Isaïe 53), a façonné le plus durablement *la conscience messianique du peuple d'Israël* : Israël, par son engagement dans l'alliance, est serviteur de Dieu, peuple souffrant, peuple désigné, responsable, élu, donc « messie ». Il accepte et revendique son destin pour assurer la régénération de l'humanité en vue de la paix universelle sous le « règne de Dieu ».

Les rabbins du Talmud ont, dans leurs commentaires, soulevé des questions précises : Qui sera le Messie ? Quels seront ses noms ? Quand viendront les temps messianiques ? Viendra-t-il pour Israël, pour l'humanité ?...

A travers l'ensemble de leurs opinions, que nous ne pouvons pas examiner ici en détail, la tonalité essentielle réside peut-être dans un commentaire fait par Rabbi Yehochoua (IIIe siècle ap. J.-C.) sur le verset d'Isaïe 60,22 : « Moi l'Éternel, *Je hâterai* ces choses en *leur* temps ». Ce verset a été compris ainsi : l'avènement messianique sera dû à la convergence de l'initiative de Dieu et de l'action des hommes conçue comme réponse à l'attente divine. Dans la littérature rabbinique, à une exception près, le messie personnel attendu est un descendant de la Maison de David, dont le prophète Élie, selon la finale du prophète Malachie (3, 23-24) sera le précurseur. Par ailleurs, un rabbin a précisé : « Maintenant tout dépend du repentir et des bonnes œuvres » (Sanh. 97b).

Dès l'époque des pharisiens (vers le IIe siècle av. J.-C.), la liturgie synagogale était remplie de l'expression confiante et ardente de l'attente de la venue « du rejeton de David » et du retour de la présence de Dieu à Jérusalem, de l'espérance en la venue du règne de Dieu sur la terre.

Maïmonide, reprenant une des opinions du Talmud (Ber. 34b), dit : « La seule différence entre le temps présent et les temps messianiques est qu'Israël sera délivré du joug des nations et qu'injustice et violence auront cessé ».

Les mystiques nourrirent l'attente messianique de toute la sève de leur conception de Dieu, de l'homme et du monde. La notion de rédemption prit pour eux une dimension cosmique. A la suite de la destruction de la Création par le péché qui œuvre dans l'histoire depuis l'origine, et qu'ils ont appelé la brisure des vases », la rédemption fut comprise comme la « restauration » de l'harmonie de la création. Chaque action de l'homme accomplie dans la droiture et la Kawana (intention pure) a pour effet de recueillir les étincelles de sainteté éparpillées depuis cette brisure des vases et de les rassembler dans l'unité, contribuant ainsi à rendre un peu plus proche la venue du Messie.

L'espérance d'Israël s'est aussi traduite au cours des âges par l'apparition de faux messies, comme Sabbataï Tsvi au XVIIe siècle, entraînant dans leur sillage l'adhésion, puis la déception, de nombreux juifs. Le mouvement, également bien connu, de groupes allant s'établir en terre sainte pour y vivre, y prier, y mourir, possède sans aucun doute des harmoniques messianiques.

Après l'émancipation et surtout dans les débuts du mouvement réformé (appelé aussi libéral) au XIXe siècle, l'accent fut mis sur le caractère universel de l'idée messianique, moins sur la personne du messie que sur l'attente d'une époque messianique. Il faut noter qu'à la même époque le mouvement de renaissance nationale juive mettait l'accent sur la dimension opposée du messianisme, à savoir, le retour à Sion.

Après la tempête de la Shoah, qui a déferlé sur le peuple juif, on est en droit de dire que le désespoir ne l'a pas submergé. S'il a repris vie partout dans le monde et aussi sur la terre d'Israël depuis 1948, c'est qu'il est toujours habité par une indéfectible espérance dans le triomphe du bien sur le mal, issue de son attente millénaire. Plus que jamais les juifs sont conscients que le monde n'est pas encore rédimé, que tant qu'un cri de douleur se fera entendre, émanant des hommes quels qu'ils soient, il faudra œuvrer, dans la fidélité religieuse et éthique à la Torah, avec tous les justes des nations, tous ceux qui se réclament d'Abraham, pour que nous méritions que Dieu hâte les temps de la venue du Messie.

L'amour de Sion

La possession d'une terre (Canaan) fait partie de la promesse de Dieu à Abraham, renouvelée aux deux autres patriarches, puis au peuple d'Israël tout entier, comme il est dit à Moïse : « Je vous introduirai dans la terre que J'ai juré de donner à Abraham, à Isaac et à Jacob, et que Je vous donnerai à vous en patrimoine, Moi l'Éternel » (Exode 6,8 ; cf. aussi 3,8). Ce n'est qu'après avoir reçu la Torah, après avoir erré quarante ans dans le désert, que le peuple prendra possession de la terre promise, de la terre « ruisselante de lait et de miel ». Elle sera véritablement reçue comme un don de Dieu.

Dans cette terre, Dieu choisit Jérusalem, comme lieu de sa résidence. Le roi David y fera venir l'arche d'alliance, et après lui son fils Salomon y construira le Temple. Les prophètes et les psalmistes chériront cette ville qu'ils nommeront « ville de justice, cité fidèle ». Elle sera pour eux le lieu du grand jugement (Josué 4,9-17) et le lieu de la grande réconciliation entre tous les peuples (Zacharie 14,16-18). L'implantation d'Israël sur sa terre est liée à sa fidélité à la Torah, comme l'a déclaré le prophète Jérémie : « Si vous améliorez réellement vos voies et vos œuvres, si vous avez un vrai souci du droit entre vous, si vous n'opprimez pas l'étranger, l'orphelin et la veuve, si vous ne répandez pas le sang innocent en ce lieu, alors Je resterai avec vous en ce lieu, dans le pays que J'ai donné à vos pères depuis si longtemps et pour toujours » (Jér. 7,3.5-7).

Même une fois le Temple détruit, les exilés n'oublient pas Jérusalem (Ps. 126), et Dieu n'oublie pas son peuple (Jérémie 29,11-14). Daniel se tournait vers elle pour prier, ce que les juifs font encore aujourd'hui. D'après un verset des Chroniques (II Chr. 3,1), le Moria, lieu où Abraham prouva sa foi inconditionnelle en Dieu, (cf. Genèse 22), fut identifié au Mont Sion, cette colline de Jérusalem où avait été bâti le Temple. Jérusalem fut ainsi considérée comme le lieu d'où tout est parti et où tout doit aboutir.

A travers toutes les dispersions, l'amour pour Jérusalem ne s'éteindra pas. Il sera ardemment chanté à travers toute la liturgie : « Reviens vers Jérusalem, Ta ville avec miséricorde, fais-en ta résidence comme Tu l'as promis... » est-il dit dans la prière tri-quotidienne, la Tefila, et chaque année au Séder pascal retentit le cri « l'an prochain à Jérusalem ».

Pour les rabbins du Talmud, il existe une Jérusalem céleste étroitement liée à la Jérusalem terrestre. Ils font dire à Dieu : « Je n'entrerai pas dans la Jérusalem céleste avant d'être entré d'abord dans la Jérusalem terrestre. »

La cité de Jérusalem est aujourd'hui reconstruite, Puissent les prières et les efforts de tous permettre qu'elle se fortifie dans la paix, dans l'unité des différentes composantes de sa population, « pour que sa justice éclate en pleine lumière et que son salut resplendisse comme un flambeau » (Isaïe 62,1), pour que Dieu puisse pour toujours y établir sa demeure et qu'il puisse ainsi enfin résider à jamais dans la Jérusalem céleste.

La quintessence de la Torah

Certains rabbins ont tenté de résumer par l'énoncé d'un seul verset, d'une seule *mitzva* (commandement), la quintessence de la Torah. Au premier siècle av. J.-C., le pharisien Hillel répondait à un païen disposé à se convertir au judaïsme s'il pouvait lui enseigner la Torah pendant qu'il se tenait sur un pied : « Ne fais pas à autrui ce que tu ne voudrais pas qu'on te fît, c'est là toute la Torah, le reste n'est que commentaire. Maintenant, va et étudie » (Shab. 31a). Au Ier siècle ap. J.-C., Rabbi Akiba voyait dans le commandement énoncé dans la Torah au Lévitique, chapitre 19, verset 18 « Tu aimeras ton prochain comme toi-même » le plus grand principe de toute la Torah : (Sifra 89b), Mais son collègue Ben Azzaï maintenait qu'il fallait chercher dans le verset de la Genèse (5,1) : « Ceci est le livre des engendrements d'Adam. Quand Dieu créa l'homme, c'est à l'image de Dieu qu'Il le créa » un principe encore plus grand que celui-là. L'opinion de Ben Azzaï vient renforcer celle d'Akiba. C'est parce que le prochain, quel qu'il soit, est un homme créé à l'image de Dieu qu'en l'aimant on s'engage dans la voie qui mène à l'amour de Dieu.

Un maître du IIIe siècle, Rabbi Simlaï, affirmait dans un texte aggadique bien connu que 613 mitzvoth avaient été données à Moïse au Sinaï, dont 248 commandements positifs (des obligations) et 365 négatifs (des interdictions). Le chiffre 365 est mis en parallèle avec le nombre de jours de l'année. Le chiffre 248 évoque symboliquement le nombre des membres du corps humain. Ce rabbin voulait ainsi exprimer que l'ensemble des commandements de la Torah touche tous les domaines de la vie dans le temps et dans l'espace. Mais il ajoutait: « Vint David qui les réduisit à 11 (Ps. 15), Isaïe à 6 (33,15), Michée à 3 (6,8) et enfin Amos (5,4) à UN : « Cherchez le bien et non le mal, et vous vivrez » (Makoth 23b-24a). Ce dernier texte montre que l'intention fondatrice de toute la Torah est essentiellement d'orienter l'homme vers une conduite éthique, que c'est ce comportement que Dieu demande.

Si l'ensemble des mitzvoth, c'est-à-dire du judaïsme, peut se résumer dans tel ou tel principe, il n'en demeure pas moins que la conduite humaine a besoin d'être sanctifiée, guidée par l'observance de l'ensemble des commandements. « Vous vous souviendrez de tous les commandements de l'Éternel et vous les accomplirez... afin d'être saints pour votre Dieu. Je suis l'Éternel votre Dieu, qui vous ai fait sortir du pays d'Égypte pour être votre Dieu. Je suis l'Éternel votre Dieu (Nombres. 15, 40-41).

L'homme juif devant dieu

Quatre chemins vers Dieu

La bénédiction

Il n'est pas exagéré de dire que chaque expérience de vie personnelle ou communautaire, heureuse ou malheureuse, quotidienne ou accidentelle, incite le juif à prononcer une *Berakha* (bénédiction), formule qui commence par l'expression : « Béni sois tu, Éternel notre Dieu, Roi du monde » et que nous devons à un maître du IVe siècle ap. J.-C.

Dans la Genèse, la bénédiction accordée à Adam et Eve, quand Dieu leur dit « croissez et multipliez » (Genèse 1,27-28) les éveille à leur responsabilité dans l'engendrement des générations. A Abraham Dieu confie le pouvoir de bénir afin qu'il devienne dans ce monde, selon l'expression du midrash, le relais de Dieu « en tant que source de bénédictions » (Genèse Rabba 39). Par la Berakha le juif est appelé à reconnaître en toute chose, en toute occasion, le Dieu vivant comme Maître de Tout. Bénir Dieu, c'est rectifier sa propre volonté pour qu'elle coïncide avec le projet divin, c'est reconnaître que la vie dont on est gratifié, les objets dont on dispose sont un don de Dieu. Avant la Berakha, tout appartient à Dieu ; après la Berakha, on peut user de ce que nous offre la Création.

Selon la tradition, c'est Abraham qui le premier enseigna aux hommes le sens de la gratitude pour la nourriture accordée : après avoir mangé et bu, il faut « bénir le Dieu de l'univers grâce auquel nous avons mangé » (Sota. 10a) ; c'est Moïse qui institua l'obligation de réciter la bénédiction après les repas, comme il est écrit explicitement dans la Torah : « Tu mangeras, tu te rassasieras et tu béniras l'Éternel ton Dieu » (Deutéronome 8,10). On voit à quel point les patriarches et les prophètes sont présents dans la vie quotidienne du juif religieux. L'histoire sainte est revécue par la vie sanctifiée.

Par la bénédiction prononcée avant l'accomplissement d'une mitzva, le juif concentre son esprit et oriente son cœur sur le sens de l'acte à accomplir : par exemple, avant d'allumer les bougies du Shabbat, la femme juive dit : « Béni sois tu Éternel notre Dieu, roi du monde, qui nous a sanctifié par ses commandements et nous a ordonné d'allumer la lampe du Shabbat. »

La bénédiction est également conçue pour accueillir avec gratitude tous les événements heureux de la vie, et pour transformer en louange les interrogations face à l'injustice, à la souffrance ou à la mort. Ainsi, lors de la perte d'un être cher, il est prescrit de dire : « Béni soit le Juge équitable. »

Dans le court énoncé de la Berakha sont mis en évidence les deux modes de notre relation à Dieu : par le tétragramme YHWH Dieu est évoqué comme Dieu d'amour, avec lequel nous établissons une relation personnelle, nous adressant à lui en lui disant TU, comme à un père ou à un ami. Par l'expression « roi de l'univers », Dieu est perçu comme maître infiniment élevé au-dessus du monde et des hommes. Ainsi, dans le geste le plus quotidien se remémore l'expérience fondatrice de la rencontre de Dieu et de Moïse au buisson ardent (Rashi sur Exode 3,2).

Même si aujourd'hui le juif non pratiquant ne prononce plus toutes ces formules, il en a au moins conservé quelques-unes pour les moments les plus solennels ou les plus graves de sa vie ; il n'oublie pas en général l'esprit qui les sous-tend et qui demeure un fondement de la conception juive de l'existence : l'unité entre le sacré et le profane, l'importance de chacun des actes de la vie, la participation à la grande symphonie du monde.

La prière

Dans toutes ses parties, la Bible renferme des prières, c'est-à-dire des paroles exprimées par des hommes et des femmes qui firent l'expérience d'un rapport immédiat et mystérieux entre l'homme et Dieu. Un élan spontané pousse l'homme à se tourner vers son Créateur, ainsi qu'il est écrit : « Comme le cerf brame sur les eaux des torrents, mon âme brame vers Toi, Elohim, mon âme a soif de Dieu, du Dieu vivant » (Ps. 42,2).

Ainsi, on trouvera dans la Torah et les prophètes des formes de prières variées : harcelante intercession d'Abraham pour autrui (Genèse 18), chant de gratitude de Moïse et d'Israël au bord de la mer Rouge (Exode 15), cri de Moïse en faveur de sa sœur Myriam (Nombres 12,13), repentir de David (II Samuel 24,10), longue et belle oraison du Roi Salomon à l'inauguration du Temple (I Rois 8,12-66). C'est enfin tout le psautier qu'il faut citer comme modèle insurpassable de la prière individuelle et collective, spécifique à Israël et valable pour tous les hommes.

Les pharisiens, puis les rabbins, ont donné à la prière sa véritable dimension, celle qui lui confère impact et force et qui lui a permis de dépasser la subjectivité individuelle ou la magie du sacré. La prière se fonde et s'enracine dans la prophétie, c'est-à-dire dans le dévoilement du sens de l'histoire et de la vie.

De tous les termes bibliques qui désignent la prière : *Tehina* (supplication), *Tehila* (louange), *Hodaah* (action de grâce), *Bakasha* (demande) etc., le vocable retenu pour désigner la prière par excellence est celui de Tefila. La racine hébraïque PiLLeL dont il dérive signifie « juger ». Prier, c'est se laisser juger, dans une confrontation avec Dieu, avec l'exigence qui nous interpelle. Cette même racine a aussi pour sens « espérer » (cf. Genèse 48,11). Prier, c'est donc poser le principe d'un changement possible de son être dans la rencontre authentique avec l'Autre. Mais Tefila peut aussi dériver du verbe NaFaL qui signifie : tomber. Prier, c'est abdiquer tout orgueil, c'est reconnaître que c'est « un cœur brisé et contrit » que Dieu accepte et attend.

Le culte collectif d'Israël dans les temps anciens était centré au Temple de Jérusalem, et s'exprimait par des sacrifices animaux. Les prêtres offraient les sacrifices prescrits, mais ces offrandes étaient accompagnées de chants de psaumes par les lévites, de la formule de la bénédiction sacerdotale prononcée par les prêtres (Nombres. 6,22-25). Selon la Michna (Tamid 5,1), à l'époque du Second Temple, il devint habituel d'inclure dans le service du Temple d'autres prières, ainsi que la récitation des « Dix Commandements » et du Chema. Par ailleurs, à cette même époque, des synagogues existaient déjà en tant que lieux de réunion pour la prière et la lecture de la Torah.

Après la destruction du Temple, les pharisiens, reprenant à leur compte les nombreuses exhortations des prophètes relatives à la supériorité du culte de la prière sur celui des sacrifices (comme par exemple Osée 14,3) affirmèrent que jamais les portes de la prière et de la repentance ne sont fermées, et que l'expression « servir Dieu de tout son cœur » (Deutéronome 11,13) désigne la prière. Ce sont donc eux qui furent à l'origine de ce « petit sanctuaire » (Ezéchiel 11,16) portatif, qui depuis lors accompagna les juifs dans toutes leurs pérégrinations qu'est d'une part la synagogue, d'autre part le foyer familial.

Prière communautaire et prière privée constituent deux pôles opposés et complémentaires de la vie spirituelle.

Par la prière communautaire, le juif est replacé dans ce que Rav Soloveichik (maître contemporain du judaïsme orthodoxe) appelle la « communauté d'alliance » ; elle l'insère dans son passé, le relie aussi à tous les juifs de son temps qui prient avec lui et portent le même message. De ce fait, la prière s'énonce la plupart du temps à la première personne du pluriel. Elle n'est admise comme prière publique que lorsqu'un quorum de dix hommes majeurs religieusement (*Minian*), dans le courant orthodoxe (dix personnes chez les libéraux), est réuni. (Les fondements bibliques du nombre 10 sont : Nombres 14,27 et Ps. 82,1.) Cette valeur de la prière collective est souvent mise en évidence par le Talmud, comme dans l'adage : « La prière commune est toujours exaucée » (Ber. 8a).

La prière privée permet à chacun de retrouver devant Dieu le sens de la spécificité de chaque personne humaine. Elle est espace de liberté. Il est dit dans le Talmud que dans les temps anciens les hommes pieux venaient à la synagogue une heure avant le début de l'office public, pour que chacun médite en son cœur. La prière biblique d'Anne (I Samuel 2,1-11) est citée comme exemple même de la prière ; or, elle est strictement personnelle.

Les temps fixés pour la prière synagogale sont matin, après-midi et soir, permettant au juif de vivre en harmonie avec les trois phases essentielles du temps de la journée. Ils correspondent au rythme des sacrifices quotidiens qui avaient lieu au Temple de Jérusalem.

C'est selon le Talmud « les hommes de la Grande Assemblée » qui jetèrent les bases du déroulement et de la composition des prières (Ber. 33a). Il est certain qu'aux alentours de l'ère chrétienne, beaucoup des textes essentiels étaient déjà élaborés, que la synagogue avait jeté les bases de ce qui allait devenir le *Siddour* et le *Mahzor*, les « rituels de prières ». Ces livres, qui connurent un ample développement au cours des siècles avec des ajouts particulièrement importants de poèmes religieux, tout au long du Moyen Age, et d'intentions mystiques chez les kabbalistes. Les livres de prières sont des joyaux qu'il faut étudier et méditer pour réellement comprendre l'âme juive.

Pour qu'une prière publique ou privée réponde à son but il faut qu'elle soit faite avec *Kawana*. La Kawana est concentration profonde, intention, orientation de l'être tout entier vers son créateur, vers « son père qui est au ciel » . Le Talmud dit : « C'est le cœur que Dieu demande » (Sanh. 106b) et ajoute : « Une prière sans Kavana est comme un corps sans âme. » Parmi les textes essentiels de la prière juive, nous citerons :

Le ***Chema Israël*** (composé de 3 passages de la Torah : Deutéronome 6,4-9 et 11,13-21 ; Nombres 15,37-41). Le premier paragraphe commence par la proclamation solennelle : « Écoute Israël, l'Éternel est notre Dieu, l'Éternel est Un », par laquelle selon l'expression des rabbins le « juif accepte pour lui-même le joug du royaume des cieux ». Ce verset est suivi du répons non biblique : « Béni soit à jamais le nom glorieux de son règne » et le reste du passage s'ouvre par le verset : « Tu aimeras l'Éternel ton Dieu, de tout ton cœur, de toute ton âme et de tout ton pouvoir », passage qui selon l'expression des rabbins confirme pour le juif son acceptation des mitzvoth. Le Chema est précédé et suivi de bénédictions qui expriment les trois aspects majeurs de la présence divine : Dieu créé, Il se révèle, Il rédime.

Au Chema Israël, par son texte même, sont liées trois pratiques religieuses importantes, trois mitzvoth : Le *Talith*, les *Tefilin* et la *Mezouza*.

– Le *Talith* est une sorte de grand châle, garni de franges (tsisith) à nombre et valeur symbolique. Revêtu du talith pendant la prière du matin, le juif est comme enveloppé de la Présence divine et appelé à se détourner des mauvaises tentations pour agir selon la Torah.

– Les *Tefilin* (phylactères) également portés à l'office du matin les jours non fériés, au front et au bras gauche sont des petits cubes de cuir noir attachés par des lanières et contenant, écrits sur parchemin, quatre paragraphes de la Torah. Les tefilin sont signes du lien d'alliance entre Dieu et Israël et ont pour but de rappeler que toute la pensée de l'homme (le front) doit être guidée par les principes de justice et d'amour et que toute son action (le bras) doit être soumise au service de Dieu.

– La *Mezouza* est un petit étui abritant un parchemin sur lequel est écrit entre autres le premier paragraphe du Chema : « Tu les écriras (les paroles de Dieu) sur ta porte. » On place la mezouza aux portes des maisons. Elle a pour but de rappeler que la maison, le foyer est un lieu privilégié pour sanctifier la vie quotidienne en appliquant les préceptes de la Loi divine.

La ***Tefila***, c'est la prière par excellence, appelée simplement « prière » ; c'est le moment culminant de tous les offices. La *tefila* se dit silencieusement, debout (d'où son autre appellation : *Amida*), avec un recueillement particulier. Celui qui prie est véritablement « debout devant Dieu ». La Tefila est introduite par un verset de psaume (51,17) : « Mon Dieu, ouvre mes lèvres et ma bouche racontera ta louange. » Elle s'ouvre par trois bénédictions longues, chantant la louange de Dieu, se poursuit par des demandes (l'intelligence, le repentir, le salut, la guérison, la paix...), et se termine par des actions de grâce. Le Shabbat et les jours de fête, les demandes sont remplacées par une évocation particulière du jour festif. La Tefila se termine, comme elle avait débuté, par un verset de psaume : « Que les paroles de mes lèvres et la méditation de mon cœur trouvent grâce auprès de Toi, Seigneur, mon Rocher et mon Rédempteur » (Ps. 19,15).

Le ***kaddish*** est une des prières les plus populaires, car il scande les différentes parties de l'office. Il est aussi récité à la fin de chaque office comme « prière des orphelins ». Il exprime la soumission à la volonté divine, l'amour de Dieu et l'espérance en la venue du règne de Dieu sue la terre.

C'est par l'***Alénou*** que se clôturent tous les offices synagogaux et donc par une note d'indéfectible espérance puisque sa dernière phrase est la citation de Zacharie (14,9) : « En ce jour l'Éternel sera Un et Un sera son nom. »

L'étude

S'il est une mitzva qui ne connaît pas de limites, qui s'impose au juif voulant perpétuer le judaïsme, c'est celle de l'étude et son corollaire immédiat, l'enseignement ; l'importance de l'étude se lit dans la Torah : « Écoute Israël, les lois et les statuts que je vous fais entendre aujourd'hui, étudiez-les et appliquez-vous à les suivre. De même, l'obligation de l'enseignement est exprimée et donc répétée quotidiennement dans le Chema Israël... Ces paroles que je te prescris aujourd'hui, tu les enseigneras sans cesse à tes enfants » (Deutéronome 6,7).

Le judaïsme a fait de cette Mitzva une obligation pour tous. Les sages affirment : « L'étude de la Torah équivaut à l'ensemble de toutes les Mitzvot » (Michna Péah 1,1) et dans un aphorisme imagé ils affirment : « Il est interdit d'interrompre l'enseignement, fût-ce pour aller rebâtir le Temple de Jérusalem ! » (Meg. 16b). Ils disaient aussi qu'une synagogue peut être transformée en maison d'études, mais que l'inverse n'est pas possible (Meg. 27a). L'étude est véritablement considérée comme un devoir de piété.

Pendant des siècles le foyer familial fut le lieu premier et privilégié où les parents transmettaient à leurs enfants, par la vie sanctifiée par les commandements, les racines de la foi sur lequel venait se greffer l'enseignement proprement dit dispensé au « Beit hamidrash » à la maison d'étude dès l'âge de cinq ans. Dès l'époque des pharisiens, avant l'ère chrétienne, un véritable programme d'enseignement obligatoire avait été élaboré. La manière dont Maïmonide concevait l'étude au XIIe siècle demeure valable encore aujourd'hui : « Tout homme en Israël est astreint à l'étude de la Torah, qu'il soit pauvre ou riche, bien portant ou malade, jeune ou vieux... il doit se fixer un temps pour l'étude de la Torah, le jour et la nuit. »

Le judaïsme serait véritablement en danger si les juifs ne se pliaient plus à l'étude de la Bible, de la tradition, s'ils ne trouvaient plus les moyens de trouver dans ses textes si anciens et si modernes leur capacité de fidélité créatrice.

La pratique des commandements (mitzvoth)

Le mot Mitzva est avec le mot Torah un mot clef du judaïsme. Pour les juifs pratiquants, la vie entière est scandée par des mitzvoth, interdits ou préceptes positifs. Le midrash dit : « Sans mitzvoth, l'homme est nu » (Genèse Rabba 3,7). Le juif non pratiquant en pressent l'importance quand il associe le mot à l'idée de « bonne action », quand il se joint à la communauté à l'occasion des actes les plus importants de sa vie pour les accomplir.

Les mitzvoth — même si elles ont pu être dénombrées (cf. p. 33) — ne peuvent être considérées comme un code fixé à l'avance, mais comme des actes à accomplir avec la conscience qu'une mitzva authentique suppose une tension entre la matérialité de l'acte et l'esprit qui l'inspire (*Kawanat Halev*). L'accomplissement des mitzvoth ne peut être en aucun cas considéré comme un aboutissement, mais elles sont, comme le dit Martin Buber, « une mise en marche sur un chemin infini ». Dans leur sens plein, elles ne devraient jamais dégénérer en un système d'actes routiniers. Le Talmud avertit que, « face à une même parole de la Torah, selon la façon de la comprendre et de l'accomplir, un homme peut devenir bon et l'autre méchant » (Taanit 7a). L'accomplissement des mitzvoth est la traduction de la conception juive où action et foi sont intimement liées, où est affirmée l'unité fondementale de l'être humain, du lien entre le corps et l'âme. L'unité de la communauté, du peuple est aussi scellée par l'accomplissement d'actes communs. Même si, selon les rabbins eux-mêmes et selon les maîtres du Moyen Age qui cherchèrent à justifier rationnellement les mitzvoth, le sens précis de chacune ne peut être trouvé, on peut dire que jusque vers le XVIIIe siècle tous les juifs soumettaient leur vies aux mitzvoth.

Les commandements éthiques ordonnant la conduite vis-à-vis du prochain demeurent au principe de toute vie spirituelle : « Tu ne tueras pas » (Exode 20,13). « Tu aimeras ton prochain comme toi-même » (Lévitique 19,18). « Tu aimeras l'étranger comme toi-même » (Lévitique 19,34) etc.

Les changements survenus depuis l'émancipation dans la société globale comme dans la société juive ont développé un sens critique plus aigu de la tradition, une volonté de pouvoir assumer la fidélité à la tradition, sans pour autant imposer de multiples restrictions à la vie moderne. Comme nous l'avions dit pour la Halakha, c'est à travers la volonté d'application de la totalité ou d'une partie seulement des mitzvoth, par le discernement qui est opéré entre l'essentiel et le secondaire, entre les domaines éthiques et rituels, que se situe le clivage entre les différentes tendances du Judaïsme.

Les lieux de la vie juive

La synagogue

En hébreu, la synagogue, *Beit haknesset*, signifie maison de réunion. Ce sont depuis plus de vingt siècles des maisons où les juifs se réunissent pour prier et étudier. N'importe quel lieu convient à cet usage, pourvu qu'il soit orienté vers Jérusalem, qu'aucune construction ne le surplombe et qu'il contienne un certain nombre d'objets de culte.

La partie essentielle est « l'armoire sainte (*Aron HaKodesh*) » qui renferme les rouleaux de la Torah (Pentateuque). Ce sont des rouleaux de parchemin, sur lesquelles la Torah a été écrite à la main. Devant l'arche sainte brûle une « lampe perpétuelle » (*ner tamid*) qui symbolise que la Parole de Dieu, contenue dans la Torah, est lumière. Les lundis, jeudis, Shabbat et matins de fêtes, on sort l'un des rouleaux pour y lire la périscope assignée. D'autres objets peuvent se trouver dans la synagogue, tels que chandeliers, tables de la Loi..., mais il s'agit d'ornements non indispensables au culte. Des versets bibliques importants peuvent être écrits sur le rideau qui protège l'arche sainte. Sur le frontispice des synagogues, un verset rappelle souvent la tenue à maintenir pendant la prière, par exemple : « Quand tu pries, sache devant Qui tu te tiens. » Même si l'usage maintenant généralisé est relativement récent, on se couvre la tête pour entrer dans la synagogue en signe d'humilité devant Dieu (garder la tête couverte est pour certains une obligation permanente, pour d'autres l'obligation se limite à la prière, à la synagogue comme à la maison et à l'étude).

Le Rabbin. Le mot vient de l'hébreu Rav et signifie « Maître ». Le rabbin est aujourd'hui le guide spirituel de sa communauté. Il enseigne, il préside différentes cérémonies synagogales ou familiales, il répond à ceux qui viennent le consulter pour des questions religieuses, il prononce des sermons... Le rabbin peut et doit se marier. C'est après cinq ou six années d'études de Bible, Talmud, histoire et philosophie juive etc. que les étudiants rabbins reçoivent de leurs pairs la *Semikha*, ordination qui les investit dans leur fonction.

Le foyer juif

Le foyer juif est ce « petit sanctuaire » où, au rythme de la vie quotidienne, du Shabbat et des fêtes, de la naissance à la mort, la vie devra être sanctifiée par l'accomplissement de la volonté de Dieu, par les bénédictions et par une conduite morale conforme à la Torah dans la fidélité des époux, dans le respect dû aux parents et l'attention due aux enfants, par l'accueil de l'isolé, du non-juif spécialement.

Règles alimentaires : la table est le lieu privilégiée des bénédictions domestiques, telles les bénédictions faites avant et après les repas.

Les aliments consommés doivent être *Kacher*, c'est-à-dire aptes à la consommation. Les règles de la *Kachrout* peuvent être sommairement classées selon les catégories suivantes :

– La distinction entre les animaux purs et impurs (énoncée en Lévitique 11 ; Deutéronome 14). Pour les mammifères sont permis les ruminants ayant le sabot fendu ; pour les animaux aquatiques, ceux qui ont écailles et nageoires. En ce qui concerne la « gente ailée », seuls les oiseaux de basse-cour sont autorisés. (Ainsi, par exemple le porc le cheval, le lapin sont interdits, comme l'anguille, les huîtres, les moules etc.).

La Torah proscrit également la consommation du sang, d'où interdiction de consommer tout animal tué à la chasse, et fixe des règles particulières pour l'abattage des animaux (*Chehita*), et la nécessité de saler les viandes avant la cuisson.

– L'interdiction faite par le Talmud de mélanger des aliments carnés et lactés (fondée sur le précepte biblique trois fois répété « Tu ne feras pas cuire le chevreau dans le lait de sa mère » (Exode 23,19-24,26 ; Deutéronome 19,21).

– L'interdiction médiévale de consommer du vin dont la préparation n'aurait pas été totalement sous le contrôle de juifs.

Cette législation très complexe résulte sans doute des motifs variés, mais non explicites, qui ont présidé à toute leur élaboration. Il est certain que la consommation de la chair des animaux est présentée par la Bible comme une concession faite à l'homme (cf. Genèse 1,29 et 9,3).

Ces lois sont associées au concept de sainteté, comme l'ensemble des interdits sexuels. Les animaux interdits par la Torah sont explicitement mentionnés chez certains prophètes (Isaïe, Ezéchiel, Daniel). A partir de l'époque du Second Temple, l'observance de ces interdits fut pour les juifs un moyen de résistance à l'assimilation aux autres peuples, l'expression de leur fidélité à leur foi, même sous la menace de la mort. Ceci est attesté dans le livre de Maccabées (II Maccabées 6,18-7) et est vérifié à travers toute l'histoire, spécialement en ce qui concerne l'interdiction de manger du porc. Observer ces règles est aussi un moyen de discipline du corps et une façon de marquer, dans le domaine de la vie que l'on peut qualifier d'« animal » (manger, avoir des relations sexuelles), la spécificité de l'homme par sa soumission à la Loi.

C'est pour toutes ces raisons que beaucoup de juifs acceptent au moins partiellement ces préceptes alimentaires. Les juifs orthodoxes les observent du seul fait qu'elles figurent dans la Bible et le Talmud.

Les étapes de la vie

La synagogue et le foyer sont l'un comme l'autre des lieux où sont marquées les grandes étapes de la vie. Les cérémonies accomplies mettent l'accent sur l'importance de la transmission du message du judaïsme, sur le désir de perpétuer l'indestructible chaîne des générations du « peuple de l'Alliance ».

La naissance

Toute naissance est attendue avec une grande émotion. Avoir des enfants est un bonheur et l'accomplissement d'une mitzva.

La *circoncision* est considérée, depuis Abraham, comme le signe essentiel de l'Alliance entre Dieu et son peuple. Elle est appelée *Berith-Mila* (Alliance de circoncision). Au 8e jour de sa vie, le petit garçon est par ce rite introduit dans l'Alliance. Diverses prières sont récitées, dont un *Kiddoush*. L'opération est effectuée en général par un circonciseur (*Mohel*) qui prononce une bénédiction appropriée, comme le fait aussi le père de l'enfant. Un siège spécial est réservé symboliquement au prophète Élie qui a été appelé « Messager de l'Alliance » et est considéré comme le précurseur de la venue du Messie (I Rois 19,10 ; Malachie 3,1 et 23-24).

La circoncision est le rite qui a été le plus fidèlement gardé chez les juifs, de quelque tendance qu'ils soient. Elle est devenue la marque, par excellence, de leur appartenance, le signe de fidélité de ceux qui « savent » que quelles que soient les circonstances le peuple juif vit éternellement. Elle veut rappeler que, comme le dit le Midrash, l'homme a été créé imparfait ; qu'il lui faut toute son existence pour se parfaire en conformant ses actes et ses pensées à la volonté de Dieu. La circoncision est le symbole extérieur de ce que la Bible appelle « la circoncision du cœur » (Deutéronome 10,16) : « Vous circoncirez vos cœurs et cesserez de raidir votre cou » (cf. Deutéronome 30,6 ; Jérémie 4,4). Rite du huitième jour, la circoncision atteste qu'à l'aube de chaque vie engagée par l'alliance sont déjà ouverts les temps messianiques.

La *nomination* : l'enfant mâle reçoit son prénom hébraïque à la circoncision. La petite fille le reçoit lors d'un office synagogal, le 1er ou le 4e Shabbat après sa naissance. Le père est appelé à la lecture de la Torah. Dans les synagogues libérales, le père, la mère et l'enfant sont spécialement bénis par le Rabbin. On sait l'importance du nom dans la Bible pour exprimer la destinée d'un être, son caractère ou le projet que l'on a pour lui (un second nom est aussi donné à l'enfant en mémoire d'un parent disparu).

La majorité religieuse : Bar-Mitzva, Bat-Mitzva

Initiés depuis le plus jeune âge à la connaissance et à la pratique du patrimoine religieux qui est le sien, le garçon sera apte à l'âge de 13 ans à devenir Bar-Mitzva, « responsable » de l'accomplissement des commandements. Il comptera dans le Minian et sera désormais inclus en tant que membre actif de la communauté d'Israël. La cérémonie de Bar-Mitzva est individuelle. Le garçon dirige tout ou partie des offices de Shabbat et sera pour la première fois sera appelé à lire dans le Sefer Torah. Il est d'usage que le jeune garçon fasse un commentaire à partir du texte qu'il a lu, et qu'il expose sa manière de percevoir sa responsabilité au sein de la communauté. Dans le rite oriental (séfarade), la Bar-Mitzva a lieu le plus souvent un lundi ou un jeudi, où le garçon met les tefilin avant de lire dans la Torah. Les filles sont considérées majeure religieusement à 12 ans. La tradition n'obligeait pour elles à aucune cérémonie publique. Cependant, l'usage s'est développé, spécialement dans les synagogues libérales, de marquer la Bat-Mitzva à la synagogue comme pour les garçons.

Le mariage

Le mariage, réalisation de l'homme et de la femme dans le couple, est un devoir sacré fondé sur la prescription de la Torah (Genèse 2,18-23,24). Le célibat n'est pas considéré comme un idéal. La rencontre de deux êtres sur les plans intellectuel, spirituel, affectif et sexuel est considérée comme nécessaire à l'établissement d'un foyer durable.

Pour qu'un mariage juif puisse avoir lieu, les deux conjoints doivent être juifs. (La conversion au judaïsme est possible, mais non encouragée ; elle peut être refusée si elle est intéressée).

Le mariage a lieu généralement à la synagogue. De toute façon, les fiancés vont être bénis sous le « dais nuptial », la *Houppa*, qui symbolise le foyer qu'il vont fonder. Après un premier *Kiddoush* (sanctification), le fiancé passe un anneau au doigt de la fiancée en lui disant : « Par cet anneau tu m'es consacrée femme selon la Loi de Moïse et d'Israël ». La lecture et la signature de la *Ketouba* (contrat de mariage) sont suivies d'un deuxième Kiddoush appelé les Sept Bénédictions, qui chantent entre autres la création de l'homme et de la femme à l'image de Dieu, et la joie des fiancés en la comparant à celle qui régnait jadis, lors des fêtes, au Temple de Jérusalem, quand Dieu s'unissait à son peuple. A l'issue de la cérémonie, le mari brise un verre pour mêler à la joie le souvenir de tous les malheurs qui ont jalonné l'histoire du peuple juif. Ainsi donc, le destin collectif s'inscrit au cœur de la constitution d'un nouveau foyer.

Des lois de pureté sexuelle régissent la vie intime du couple. Elles visent, comme les lois alimentaires, à sanctifier une fonction « animale » de l'homme. Elles sont appliquées diversement selon les différentes tendances du judaïsme et surtout relèvent de la responsabilité du couple.

Si toutefois le mariage échoue, le judaïsme autorise et prévoit la possibilité du divorce.

La mort

C'est par la bénédiction « Béni soit le Juge de Vérité » qu'est annoncé un décès. L'homme se résigne à la volonté divine. Comme Job, il est invité à dire : « L'Éternel a donné, l'Éternel a repris, que le nom de l'Éternel soit béni » (Job 1,21). Avant de mourir on invite le malade, s'il le peut — ou sinon ses proches le font — à confesser ses fautes devant Dieu, à réciter la première phrase du Chema Israël et à implorer la miséricorde divine. Après la mort a lieu la toilette rituelle. Le corps est enveloppé d'un drap blanc. Jusqu'à l'inhumation, des psaumes sont récités. Pour l'enterrement, les prières se font au cimetière pour le repos de l'âme du défunt. C'est le *Kaddish* — prière qui appelle la venue du règne de Dieu sur la terre — prononcé par les enfants ou les plus proches parents, qui clôture la cérémonie. La période de deuil commence alors ; elle s'échelonne, avec une intensité décroissante sur une semaine, un mois, onze mois. Le Shabbat et les fêtes introduisent une coupure dans les rites de deuil et permettent à la famille de reprendre place dans la vie de la communauté puis dans la vie et pour la vie.

L'ensemble des prières et des rites traduisent la croyance « en un monde meilleur » au delà de ce monde, en une vie qui déborde la vie ici-bas. Depuis l'époque des pharisiens (IIe siècle av. J.-C.), le judaïsme professe et exprime dans sa liturgie la foi en la résurrection des morts. Quel que soit l'inconnu d'une réalité non encore advenue, et attendue pour la fin des temps, beaucoup de juifs religieux admettraient sans doute la formulation suivante (énoncée en 1976) par la Conférence Centrale des Rabbins Libéraux Américains : « Au sein du mystère que nous appelons vie, nous affirmons que les êtres humains, créés à l'image de Dieu, partagent l'éternité de Dieu en dépit du mystère que nous appelons mort. »

La sanctification du temps : le Shabbat et les fêtes

« De néoménie en néoménie, de Shabbat en Shabbat, toute chair viendra se prosterner devant Moi » (Isaïe 66,23).

Le Shabbat

Le Shabbat apparaît dans le récit de la Genèse comme le point culminant de l'Œuvre de la Création, le jour béni et sanctifié par Dieu.

Ce jour, Dieu l'a confié à Israël, en signe de l'alliance contractée avec lui (Exode 31,13). Il a ordonné à Israël de « s'en souvenir et le garder » comme double mémorial (a) de la création du monde, (b) de la sortie d'Égypte (cf. les deux versions du décalogue — Exode 20,8-11 ; Deutéronome 5,12-15), d'en faire un jour de repos où tous, hommes et femmes, maîtres et serviteurs, israélites et étrangers se retrouvent libres et à égalité devant Dieu.

Lors de la construction du Tabernacle du désert, les enfants d'Israël reçurent l'injonction solennelle d'interrompre tout travail le jour du Shabbat, la sainteté du Shabbat surpassant même la sainteté de la Maison de Dieu (Exode 31,12-17). De cela, les rabbins déduisent une liste de 39 travaux de base interdits le Shabbat. La finalité de toutes ces interdictions n'est pas de créer un carcan, mais au contraire de permettre à l'homme de se libérer au maximum d'un travail qui peut dégénérer en esclavage, de se libérer de la course à l'avoir et au pouvoir pour réapprendre à être. Évidemment, toutes les lois en question doivent être enfreintes si c'est pour sauver une vie humaine en danger, car, comme le dit un midrash halakhique (Mekh. sur Exode 32,14) : « le Shabbat est confié à l'homme et non l'homme livré au Shabbat ».

Le grand prophète de l'exil rappelait aux enfants d'Israël l'exigence du Shabbat en ces termes : « Si tu t'abstiens de fouler aux pieds le Shabbat, de traiter tes affaires le jour qui M'est consacré, alors tu appelleras le Shabbat "délice" pour sanctifier l'Éternel en le glorifiant ; si tu l'honores en ne suivant pas tes voies, en ne te livrant pas à tes penchants et à de vains discours, alors tu trouveras ton "délice" dans le Seigneur » (Isaïe 58, 13-14).

L'espace créé par le repos du Shabbat doit être habité par la prière, l'étude, une atmosphère festive, tant à la synagogue qu'à la maison. Il se dégage une mystérieuse beauté de l'observance du Shabbat depuis sa préparation. L'allumage des lumières, avant l'entrée du Shabbat, est confié à la mère de famille. Le Shabbat, comparé à la fiancée d'Israël, est accueilli lors de l'office du vendredi soir à la synagogue par l'hymne mystique du Lekha Dodi. Le repas festif familial qui fait la joie des enfants et des parents est encadré par la sanctification du vin avant le repas (le Kiddoush) et le *Birkat hamazon* (la bénédiction de la nourriture, une fois le repas terminé).

Le samedi matin, le cœur de l'office est la lecture de la section sabbatique de la Torah, propre à chacun des Shabbat, et l'après-midi on assiste à un *Oneg Shabbat* (réunion spéciale de chants et d'études qui marque les délices du Shabbat), à moins que l'on ne se rende en visite au chevet de personnes malades pour essayer de leur faire sentir quelque chose du parfum du Shabbat. Le samedi soir, après l'arrivée des trois premières étoiles, c'est avec une certaine nostalgie que l'on se sépare du Shabbat par la cérémonie de *Havdala*.

Observé avec foi, avec plus ou moins de rigueur en ce qui concerne les interdits, par les juifs selon leur mode de perception de la tradition, le Shabbat reste pour tous ceux qui veulent le vivre une sorte de « préfiguration du monde futur », selon une des plus belles images de la tradition. Dans l'âme juive est ancrée la conviction que la survie d'Israël est liée au Shabbat. Comme le disait au début du siècle un penseur de la renaissance hébraïque, Ahad Ha-Am : « Plus qu'Israël a gardé le Shabbat c'est le Shabbat qui a gardé Israël. »

Le calendrier liturgique

Le calendrier juif peut être qualifié de semi-lunaire. L'année normale est composée de 12 mois de nouvelle lune en nouvelle lune. Les mois ont soit 29, soit 30 jours, ce qui donne au total 354 jours pour l'année entière. En raison des fêtes rattachées aux saisons, il a fallu rétablir l'équilibre avec le calendrier solaire, d'où l'ajout 7 fois en 19 ans, d'un mois supplémentaire. Chaque journée et par conséquent chaque fête commence le soir, dès que la lune et les étoiles illuminent le ciel.

Le compte des années se fait à partir de la « création du monde » dont la date a été calculée par des maîtres vers le IVe siècle ap. J.-C. sur la base des computs bibliques. De ce fait, en 1995, nous sommes en l'année 5755. Même si aujourd'hui ce chiffre est bien entendu en total désaccord avec la cosmogonie, les juifs continuent à exprimer ainsi leur volonté d'assigner une origine cosmique, universelle plutôt que nationale, au comput de leur calendrier.

Valeur religieuse des fêtes

La Bible est plus concernée par la notion de temps que par celle d'espace. Le judaïsme est plus attaché à la sanctification du temps qu'à celle des lieux. La première fois où apparaît dans la Torah le mot « saint » (*Kadosh* qui signifie : séparé, distinct, donc pur et saint), c'est à propos du temps : « Dieu bénit le septième jour et le proclama saint, car en ce jour Il s'était reposé de toute l'œuvre qu'il avait conçue » (Genèse 2,3).

Le temps de l'Alliance, le temps de l'histoire, est jalonné par des moments forts où les enfants d'Israël doivent prendre conscience de leur vocation de « bâtisseurs du temps » (Abraham Heschel). Il est écrit : « ... Parle aux enfants d'Israël et dis leur : Voici les solennités de l'Éternel que vous devez célébrer comme convocations saintes » (Lévitique 23,4). Ces « convocations saintes », ces *Moadim*, sont au sens étymologique du terme des rendez-vous assignés par Dieu à Israël. Ordonnés dans la

Bible (pour la plupart d'entre elles), expliquées, amplifiées, approfondies par le Talmud et le Midrash, Shabbat et fêtes scandent et éclairent l'année religieuse.

Par ces temps consacrés, le juif exprime :

– *Le mémorial des événements fondateurs* de son histoire, du déroulement de l'alliance entre Dieu et son peuple, événements où Dieu s'est fait connaître comme le Dieu qui intervient dans l'histoire des hommes, comme le Dieu qui sauve et qui se révèle.

Les rites et les prières sont l'évocation et l'actualisation de ces événements. Les lectures et les études bibliques qui y sont attachées permettent d'en découvrir toute l'harmonique des sens.

A chaque célébration, le juif ressent à nouveau une communion renouvelée, une unité retrouvée avec le peuple d'Israël passé et présent.

– *La foi au Dieu créateur* de l'univers et de l'homme, la confiance en sa présence agissante dans l'histoire, dans le jugement et le pardon de Celui que le juif a appris à appeler: « Notre Père, notre Roi ».

– *L'espérance en la réalisation future*, même si elle tarde, de la fraternité humaine, du règne de la paix, de la justice et de l'amour et la conviction que sa responsabilité individuelle et celle de son peuple sont engagée dans cette grande aventure.

Les principales fêtes

Il y a dans l'année juive deux débuts d'année perceptibles déjà dans les calendriers bibliques (cf. Exode 12,2 et Lévitique 23,6), confirmés pat la Michna (R.H. 1,1). L'un, le Nouvel An d'automne (mois de Tichri), qui a acquis le plus d'importance, est considéré comme le mémorial de la création du monde ; l'autre, au printemps, à la fête de Pessah, est mémorial de la naissance d'Israël. Tout se passe comme si, par son calendrier même, le judaïsme voulait signifier la tension permanente entre son universalisme et son particularisme.

Cinq grandes fêtes sont mentionnées dans la Torah : deux solennités austères *(Yamim noraïm), Rosh ha Shana et Yom Kippour*, et trois fêtes joyeuses, fêtes dites « de pèlerinage », car au temps du Temple, tous les juifs mâles devaient monter à Jérusalem pour apporter leurs offrandes et paraître devant Dieu.

Nous examinerons ici les fêtes selon l'ordre du calendrier à partir de Tichri :

– *Rosh ha Shana* marque le début des solennités du mois de Tichri. Elle est mémorial de la création du monde *(Yom Harat Olam)*. Elle est appelée aussi « Jour du Jugement », car ce jour-là Dieu passe en jugement toute l'humanité, lui le Juge et le Roi, Il attend avec miséricorde tous ses enfants et les fait défiler sous sa houlette comme un berger son troupeau. Rosh Hashana est un jour de repos, consacré à la méditation et au repentir. Ce jour est marqué à l'office du matin par la sonnerie du *Shofar* (corne de bélier) qui rappelle avant tout le sacrifice d'Abraham, et évoque aussi, selon la tradition, la Création, la Révélation et l'attente de la venue du Messie. Ce jour-là, la synagogue est entièrement décorée de blanc : le rabbin, et les fidèles qui le souhaitent, sont habillés de blanc en signe de pureté et de repentir.

Rosh Hashana est le premier jour de la période des Dix Jours de Repentance, pendant lesquels le juif, grâce à la *Tefila* (la prière — des offices supplémentaires d'imploration du pardon, *Selihoth*, ont lieu très tôt, chaque matin), à la *Techouva* (la Repentance), et à la *Tsedaka* (actes de Justice associée à la charité envers autrui), appelle la miséricorde de Dieu.

– *Yom Kippour* est le Jour saint entre tous. Du soir au soir (rappelons que toutes les fêtes commencent le soir), c'est un jour de repos absolu, de jeûne total (sans boire ni manger), d'abstinence, de prières et de pénitence. Dès le *Kol Nidré*, le premier office du soir de Kippour, les synagogues sont impressionnantes par la foule qui s'y presse, beaucoup de juifs peu pratiquants retrouvant en cette occasion le chemin de la maison de prières. Avant de solliciter le pardon de Dieu, la Michna prescrit au juif d'aller réparer les fautes qu'il a commises vis-à-vis de son prochain. Le jour de Kippour est donc placé sous le signe du repentir et du pardon : « Dieu ne veut pas la mort du pêcheur, mais qu'il revienne à Lui et qu'il vive » (Ezéchiel 18,23). Au matin de Kippour, un des moments les plus impressionnants est l'évocation de la Avoda, du service que le Grand Prêtre accomplissait en ce jour au Temple de Jérusalem ; il entrait dans le Saint des Saints et prononçait le Nom Ineffable. A ce moment, et pour la seule fois de l'année, le juif s'agenouille. A la nuit tombante résonnent les premières notes de la *Néïla* (fermeture) à l'heure où autrefois se fermaient les portes du Temple. La destinée du croyant est définitivement scellée dans le « Livre de Vie ». C'est au son du shofar que s'achève cette journée où le Peuple de Dieu a vécu dans une proximité exceptionnelle avec son Père et son Roi.

– *Souccoth,* 5 jours après Kippour, vient clore à la fois la série des fêtes de Tichri et le cycle de celles de Pèlerinage. Appelée par la Torah « La Fête » (Deutéronome 16,15) et par la liturgie « le Temps de notre Joie », elle est le mémorial de l'errance d'Israël pendant quarante années dans le désert. Là Israël fit l'apprentissage d'une existence libre, soumise à la miséricordieuse providence divine. Là il apprit à trouver le sens de la joie véritable et son seul soutien dans la Présence de Dieu. « C'est au désert, a dit le prophète Osée, que Dieu a choisi et aimé Israël ». Chaque année pendant l'octave de Souccoth, en construisant sur leur balcon ou dans leur cour des cabanes de feuillage, en y demeurant le plus possible, les juifs affirment la dimension permanente d'errance de leur histoire placée sous la protection divine. Le faisceau des « quatre espèces de plantes », le *Loulab* (cf. Lévitique 23,40-41) agité tous les matins de la fête, symbolise l'unité du genre humain riche de toutes ses diversités. Dès l'époque biblique, en célébrant Souccoth, Israël le faisait en faveur de l'humanité toute entière.

– Vers le VIIIe siècle ap. J.-C., la tradition a ajouté un jour festif supplémentaire à la fin de Souccoth, qu'elle a appelé *Simhat Torah* (Joie de la Torah), pour marquer la joie qu'Israël éprouve à être soumis à la Torah portée non comme un joug, mais comme une couronne. En ce jour on achève et l'on recommence le cycle de la lecture annuelle de la Torah.

– *Pessah* (Pâque), la première des fêtes de pèlerinage, commémore, avec un faste et une joie particulière dans les foyers, l'événement fondateur de la Sortie d'Égypte. Appelée liturgiquement « temps de notre Liberté », Pessah se vit autour de la table familiale, par un repas liturgique, le *Séder*, où par une gestuelle élaborée, par des chants et des récits, en lisant la *Haggada*, récit commentée de la sortie d'Égypte, chacun prend conscience « qu'en toute génération l'homme doit se considérer comme si lui même était sorti d'Égypte ». Il vit ainsi Pessah comme le fondement et l'espérance de toutes les libérations d'Israël et de l'humanité. Au cours du Séder sera consommé la Matza, le pain azyme, pain de misère et de liberté et seront bues quatre coupes de vin, symbolisant quatre étapes sur le chemin de la libération ; une cinquième sera laissée intacte dans l'attente confiante de la venue de l'ultime rédemption. La lecture du Cantique des Cantiques, faite à la synagogue au Septième jour de la fête, illustre le lien d'amour entre Dieu et Israël, noué à la sortie d'Égypte, resserré au Sinaï, confirmé tout au long du séjour au désert.

– *Shavouoth* (Fête des Semaines ou Pentecôte) est célébrée sept semaines après Pessah dans un grand dépouillement rituel. Le matin de la fête, on lit dans les synagogues les « Dix Commandements ». 49 jours fut le temps nécessaire, pour les enfants d'Israël, pour se purifier de l'esprit de servitude et devenir prêts à accueillir la Parole prescriptive et libératrice de Dieu au Sinaï. Shavouot est appelé dans la liturgie « Temps du Don de notre Torah ». Elle invite chaque année chaque enfant d'Israël à accepter lui-même la Torah en disant comme ses ancêtres au Sinaï : « Nous ferons et nous écouterons » (Exode 24,7).

D'autres petites fêtes et jeûnes scandent l'année juive. En fait, un seul mois en est totalement dépourvu, que les rabbins ont qualifié d'« amer », montrant par là le zèle qui anime les juifs pour aller aux « rendez vous de l'Éternel ».

Les grandes tendances du judaïsme français aujourd'hui

Dans le judaïsme religieux français, il existe aujourd'hui plusieurs tendances :

– La *tendance orthodoxe* se veut fidèle à la tradition juive de tous les temps. Considérant l'origine divine et le caractère sacré de la Loi écrite, dont le sens véritable n'est révélé que par la Loi orale, elle affirme la valeur permanente des commandements rituels à l'égal des principes moraux. Elle pense que la Torah est capable, sans qu'il soit question de l'adapter à la vie, de faire face aux nouvelles exigences du temps. Pour un juif, relever de cette tendance, ce n'est pas seulement le faire en esprit, mais c'est aussi conformer toute sa vie à l'application stricte des Mitzvot. Cela nécessite une foi ardente, et souvent courage et abnégation.

– La *tendance libérale* est aussi appelée, notamment dans les pays anglo-saxons, « progressive » ou « réformée ». Elle affirme la nécessité de vivre et de penser le judaïsme dans un esprit moderne. Elle est ancrée dans la tradition millénaire, mais elle discerne à l'intérieur de cette tradition des éléments d'évolution historique et la présence en son sein de plusieurs écoles de pensée et d'action dès sa période formative. C'est ce regard qui justifie les réformes pratiques opérées depuis plus de 150 ans dans le culte synagogal, dans le statut de la femme, dans les pratiques quotidiennes du Shabbat et des fêtes et dans les lois de la vie publique. Adopter cette tendance ne devrait pas se faire par laxisme, mais implique une connaissance approfondie du judaïsme, la foi dans les valeurs inaltérables qu'il véhicule, la quête de la vérité et une prise de responsabilité vigilante dans chacun des actes de la vie.

– La *tendance consistoriale* est née de l'organisation du judaïsme français issue du concordat conclu avec Napoléon Ier. Elle admettait en principe que ses adeptes prennent de fait une certaine distance avec la Loi, tout en maintenant qu'il s'agit d'infractions. Ses rabbins sont en général orthodoxes. Aujourd'hui elle rejoint la tendance orthodoxe sur beaucoup de points.

On a vu se créer récemment en France une synagogue de tendance traditionnelle (« conservative » selon le modèle anglo-saxon). Cette tendance est elle même née à partir du courant libéral. Elle professe une évolution historique de la tradition, mais demeure très fidèle à l'application stricte de la Halakha.

Il faut signaler également la présence d'un courant néo-Hassidique, les Loubavich, à la fois très stricte dans la pratique rituelle, et très orientée par une attente très personnifiée du Messie.

Cette diversité traduit la vitalité du judaïsme religieux en France, mais elle exige de ses dirigeants, rabbins et laïcs, qu'ils aient la sagesse de la comprendre comme l'expression plurielle de la Voie de Vie et de vérité qu'est la Parole de Dieu.

Pour conclure

Dans le temps où nous vivons, grâce à la richesse et à la diversité de leurs sources, à travers tous les aléas de leur histoire passée, au milieu des risques et des défis du présent, en Israël comme en Diaspora, les juifs sauront-ils demeurer fidèles, sans opérer de repli sur eux-mêmes, sauront-ils renforcer la connaissance de leur culture ancestrale sans jamais négliger la sagesse des nations ? Notre foi invincible en l'amour de Dieu et en la conscience responsable de l'homme, nous incite à répondre par l'affirmative. Et, comme l'écrivait Martin Buber, « quelle que soit la grandeur passée du judaïsme, le meilleur de ce qu'il a à donner est encore à l'avenir ».

Arabe en prière,
Delacroix, 1832.

PARTIE II

L'ISLAM

Page de Coran sur parchemin,
Xe siècle.

CHAPITRE 1

Présentation de l'islam

par Soheib Bencheikh el Hocine

Tout le monde sait que l'islam est une des très grandes religions que connaît l'humanité, qu'il est fort de plus d'un milliard d'adeptes et qu'il a engendré une civilisation prestigieuse dont l'influence s'exerce sur l'homme jusqu'à nos jours. Or cette religion demeure méconnue du grand public en Occident et difficilement saisissable en dépit d'une avalanche d'écrits, de recherches et d'études. Non seulement l'islam est méconnu mais sujet à de multiples paradoxes apparaissant lors d'une première approche ou à l'occasion d'un regard extérieur superficiel.

Au moment où cette religion séduit les masses les plus déshéritées économiquement, les plus limitées intellectuellement, elle interpelle et fascine les penseurs et les philosophes les plus renommés, et fait l'objet de leurs profondes réflexions et de leurs analyses les plus étayées !

Au moment où cette religion prêche la soumission et la « remise de soi », ses adeptes font preuve d'insoumission et de rébellion !

Au moment où cette religion se base avant tout sur la foi intime et l'engagement personnel, refusant tout clergé, elle est ressentie comme une loi rigoureuse, toujours en vigueur !

Au moment où cette religion fait l'objet d'un grand matraquage médiatique à cause de la barbarie et de la violence commises en son nom, elle séduit malgré tout et recrute toujours de nouveaux adeptes !

Au moment où l'islam conforte les uns et fait peur aux autres, il est la fierté des premiers et recueille la dénonciation et l'indignation des seconds.

Avons-nous remarqué que parmi les cinq religions faisant l'objet de ce livre, seul l'islam ne se termine pas par « isme ». Et si on dit islamisme on évoque un contexte différent, sinon opposé.

La rébellion de l'islam aux « normes » conçues en Occident dépasse les appellations et les termes pour contester les règles admises et en suggérer d'autres, du fait qu'il n'est pas normatif contrairement à ce qu'on a l'habitude de penser et de dire.

Cet exposé sera sans doute une énième présentation de la religion musulmane, mais l'originalité de ce travail réside dans le fait qu'il se veut être, à la fois, une explicitation profonde de l'islam, des spécificités qui distinguent son message, sans pour autant s'élever jusque dans des hauteurs accessibles aux seuls spécialistes. Il veut être aussi un essai destiné aux non-musulmans, une vulgarisation, proche du vécu français, explicitée par des concepts et des notions atteignables par la culture dominante en France.

Que signifie le mot *islâm* ?

Nous commencerons par définir le mot *'islâm*, d'abord dans la langue arabe, ensuite nous verrons comment l'islam se définit lui-même, c'est-à-dire ce que le Coran donne comme signification à ce terme et enfin, la définition qui met en avant les caractéristiques propres qui le distinguent et qui le cernent comme une entité autonome.

'islâm, *selon l'étymologie*

Souvent les orientalistes et une bonne partie des chercheurs musulmans, traduisent en français *'islâm* par « soumission ». Nous ne partageons pas leur avis pour la simple raison que l'équivalent de « soumission » en arabe est un autre terme qui n'a pas la même racine que *'islâm*, à savoir *khudu'*. Lorsque nous réfutons la traduction de *'islâm* par « soumission », cela n'exclut en aucun cas l'idée que cette religion prêche l'obéissance à Dieu et la soumission totale à sa Volonté. C'est juste le souci de l'exactitude qui nous oblige à nommer les choses par leur nom car l'exactitude est déjà un pas vers l'éclaircissement.

Interrogeons la racine du mot *'islâm* ainsi que les dérivés qui émanent de cette même racine. En langue arabe, comme en toute langue sémitique, pour connaître la racine d'un mot, il faut en extraire les consonnes en respectant leur ordre[1] dans le mot. L'habillement avec des voyelles ou des lettres *mazîda* (sorte de suffixes et préfixes) donnent les formes verbales et les noms dérivés. A l'aide des divers sens recueillis, nous pouvons cerner, d'une manière très précise, la racine, en l'occurrence la racine S L M.

islâm, est le nom d'action avec pour nom d'agent *muslim* dont le verbe *'aslama,* vient de la racine S L M dont tous les dérivés tournent autour du mot « salut ».
salâm, paix, salut, salutations,
silm, paix (opposée à la guerre),
sallama, donner, saluer, admettre un argument,
salima, être sauvé, réchapper,
istaslama, se rendre, capituler.
'aslama, est un verbe auquel nous nous intéresserons plus particulièrement, car il est propre au nom d'action *'islâm*. Ce verbe peut être transitif ou intransitif. Lorsqu'il est transitif, il veut dire : remettre quelque chose de plein gré, par reconnaissance, vénération ou adoration. Voilà la raison pour laquelle les chercheurs les plus sérieux qui maîtrisent la langue arabe ont traduit le mot *'islâm* par « se laisser guider » comme l'a dit Roger Arnaldez[2], ou « la remise de soi » comme l'a écrit Olivier Carré[3].

Or, le verbe *'aslama* de *'islâm* (l'islam, la religion) est un verbe intransitif, et qui veut dire « entrer dans la paix, à savoir, la paix de Dieu ». Notre traduction du verbe *'aslama* s'appuie sur une des fonctions du préfixe *'a* du verbe *'aslama* ou de tout autre verbe de la même forme. En effet, la lettre *hamza* (') accompagnée de la voyelle (a), au début d'un verbe de forme, a souvent trois fonctions : la transition, la privation et s'il demeure intransitif, *'a* apporte la notion « entrer dans la chose », la chose qu'indique la racine, comme :

'asbahâ entrer dans le *subh,* le matin, avec pour nom d'agent, *musbih*
'amsâ entrer dans le *masa'*, le soir, avec pour nom d'agent, *mumsî*
'aslamâ donc, entrer dans le *silm*, la paix, et l'agent *muslim*, l'adhérent à la paix, le musulman.

Le Coran confirme cette interprétation dans son appel, verset 208 de la sourate 2 :

Ô, vous, qui croyez ! Entrez tous dans la paix.

---

1. Cette règle supporte quelques exceptions, il faut par exemple être vigilant à l'égard des lettres dites *mazîda, al naht* ou *al qalb.*
2. *L'Islam*, Desclée, 1988, p. 13.
3. *L'Islam laïque,* Armand Colin, 1993, p. 11.

'islâm, *selon le Coran*

Or, si nous interrogeons le Coran sur le sens et le contenu du mot *'islâm*, nous découvrirons une signification aussi importante que surprenante.

Pour le Coran, l'islam est la Religion vraie, quel que soit le prophète initiateur ou l'époque d'initiation. L'islam est cette « adhésion à la paix de Dieu », enseignée par tous les envoyés de Dieu depuis toujours, en quelque sorte, synonyme de la Religion révélée ou de la Religion monothéiste, celle de Noé, d'Abraham, de Moïse, de Jésus, et finalement de Muhammad. Le Coran dit, verset 19 de la sourate 3 :

> *La Religion, aux yeux de Dieu, est vraiment l'islam...*

Abraham et son fils Ismaël priaient Dieu en disant, verset 128 de la sourate 2 :

> *Seigneur ! Fais de nous, deux êtres musulmans et de notre progéniture, une nation musulmane.*

Jacob, juste avant sa mort, s'interroge sur l'avenir de la croyance de ses douze fils, verset 133 de la sourate 2 :

> *... Lorsque la mort se présenta à Jacob, il dit à ses fils : « Qu'allez-vous adorer après moi ? » Ils dirent : « Nous allons adorer ton dieu et le dieu de tes pères Abraham, Ismaël et Isaac, un seul et même Dieu et nous Lui sommes entièrement musulmans.*

Lors de la défaite de Pharaon, le Coran relate, verset 90 de la sourate 10 :

> *Et nous fîmes traverser la mer aux fils d'Israël. Pharaon les poursuivit avec ses armées, outrepassant toute loi et violant toute justice jusqu'à ce que la noyade le saisit. (Là), il dit : « Je crois qu'il n'y a d'autre dieu que celui en qui ont cru les fils d'Israël et donc je fais partie des musulmans.*

A propos de Jésus et ses disciples, le Coran rapporte, verset 52 de la sourate 3 :

> *Lorsque Jésus sentit chez eux l'incrédulité (les pharisiens et les scribes) il dit : « Qui sont mes partisans dans la cause de Dieu ? » Les Apôtres dirent : « Nous sommes les partisans de Dieu et attestons que nous sommes des musulmans ».*

Tout croyant en un Dieu unique se conformant et observant Son enseignement transmis par Moïse, Jésus, Muhammad ou un quelconque prophète est aux yeux du Coran, un musulman, que ce soit avant la révélation du Coran ou après. Ils méritent tous la satisfaction et la grâce de Dieu. Le Coran dit verset 62 de la sourate 2 :

> *Ceux qui ont cru* (au message de Muhammad), *les juifs, les chrétiens et les sabéens ; qui parmi eux croient en Dieu et au dernier jour et font le bien ; ils trouveront leur récompense auprès de leur Seigneur. Ils n'éprouveront plus aucune crainte, et ne seront pas dans l'affliction.*

Le Coran reconnaît le judaïsme et le christianisme du fait même qu'il se voit leur continuité naturelle. Il rend hommage par cette même occasion aux juifs et chrétiens et les appelle *'ahl al kitâb*, les « Gens du Livre », ou *'ahl al dhikr*, les Gens du Rappel. Ces croyants sincères, vertueux et pieux sont selon le Coran, de purs *muslimîn*, des adhérents à la paix de Dieu, des musulmans.

Si le Coran critique certains dogmes chrétiens ou réfute certaines pratiques juives, en aucun cas, il ne met en doute l'authenticité même de leurs messages. Pour lui, cette dénonciation frappe ce qu'il appelle des interprétations erronées et non les fondements même de leurs religions. Au contraire, il confirme la véracité de l'une et de l'autre. Le musulman est donc en quelque sorte un monothéiste œcuménique.

'islâm, *selon le contexte historique et civilisationnel*

Jusque-là, nous avons vu que :

l'islam est l'adhésion à la paix de Dieu,
l'islam est le nom de toute religion vraie.

Mais ces définitions ne précisent pas le statut réel de cette religion et ne la distinguent pas des autres, surtout des plus proches, tels le judaïsme et le christianisme. Nous sommes obligés alors de définir l'islam par ses spécificités propres, non partagées, nous aurons alors ce qui suit : **l'islam est la dernière des religions monothéistes, c'est le Message de Dieu révélé au Prophète Muhammad par l'intermédiaire de l'ange Gabriel. Cette religion est née, à La Mekke en Arabie, au début du VIIe siècle ap. J.-C.** L'islam, non seulement reconnaît les religions monothéistes apparues avant lui mais se réclame comme elles de la foi d'Abraham et se voit la continuité du judaïsme et du christianisme qui les confirme et les complète.

La naissance de l'islam

Avant d'aborder les grandes lignes de cette religion, nous nous trouvons devant la nécessité de parler de l'atmosphère et des conditions qui ont accompagné sa naissance. Toute doctrine, toute philosophie ou toute réflexion viennent en réaction à des circonstances de vie ou des manières de penser ou d'agir. La religion n'échappe pas à cette règle. Cette méthode risque de nous présenter les religions, comme une anti-thèse, une réaction nécessaire pour le déroulement du vécu humain, ce qui est très proche de la lecture dialectique et matérialiste de l'histoire. Mais le croyant, quel que soit le degré de sa religiosité, ne peut nier cet état de fait. Si le croyant pense profondément que la religion est la guérison de nombreux maux spirituels, moraux et sociaux, il faut alors qu'il admette qu'on doive diagnostiquer la maladie pour saisir l'essence même du remède. Si la religion est la réponse aux interrogations des hommes, il faut d'abord analyser la question, car elle est la clé de la réponse. Ces interrogations ou ces maux ont donc existé ou existent réellement. Prenons les d'abord.

L'Arabie avant l'islam

Par conséquent, en ce qui concerne l'islam, il faut alors parler de l'Arabie au début du prêche de Muhammad, et considérer ce prêche, d'abord dans le vécu où il s'inscrit ou auquel il s'oppose, ensuite en tant que message universel valable pour tous les temps.

Nous avons un avantage doublé d'une heureuse coïncidence, lorsque nous étudions la société arabe préislamique. Elle est parmi les rares sociétés qui, même relativement récentes, étaient à l'abri des évolutions civilisationnelles, à mi-chemin entre la société primitive et les sociétés ayant une éthique et des mœurs. A cela s'ajoute, la formidable préservation quasi intacte de sa langue, son éthique et sa littérature[1].

La société arabe bien avant l'islam était constituée par un peuple nomade de structure tribale faite de familles, de clans et de tribus. Le regroupement se base évidemment sur la seule parenté sanguine. Dans cette société, même après sa relative évolution, la parenté et la filiation demeurent des notions sacrées, et le lien du sang

1. Certes la controverse suscitée autour de la véracité de ce qui a été conservé, a fait beaucoup de bruit, mais nous ne sommes que peu concernés. Nous ne voulons pas reconstituer l'histoire préislamique mais juste apprécier les mentalités et donner des explications sur des mœurs transmises par la mémoire collective plus que par l'écrit.

reste toujours le ciment intangible du clan. Tout membre est engagé à défendre la vie et l'honneur de l'ensemble de la tribu, et l'ensemble est engagé à défendre tout membre. Tous ne forment qu'un seul être. Les femmes du clan sont la partie féminine de cet être, c'est la partie délicate, c'est son point faible.

Plus tard, la sociabilité a évolué grâce à la riche mémoire des longues expériences ancestrales (ou par les traces des Messages). Et l'homme commence à saisir instinctivement que son propre salut est lié au salut de l'autre, et que la paix ne peut être qu'une jouissance générale. C'est le commencement des conventions tacites, à savoir la première pierre de l'édifice de l'éthique. Or l'éthique ou la morale ne sort pas du néant, elle doit s'alimenter des besoins des uns en négociant ou en considérant ceux des autres. En conséquence, la brutalité et la violence ne sont plus prisées, et les grandes tribus élisent désormais à leur tête des hommes dits sages, capables de justifier la guerre, comme ils sont aptes à vanter les bienfaits de la paix.

Les Arabes ont élaboré une éthique très présente et très exigeante, mais c'était toujours une éthique guerrière qui oblige l'homme à protéger ses armes, ses femmes et la mémoire de ses aïeux et surtout à ne jamais accepter l'outrage ou l'opprobre. Nous avons là tous les outils bien aiguisés pour sculpter l'idole dorée et adorée de l'honneur. L'homme est prêt à accepter la mort dans l'honneur plutôt que de préserver sa vie dans le déshonneur. Cette exagération dans la bravoure dictée par l'atmosphère de rivalité tribale et de zèle guerrier ont sacralisé ce qu'il y a de plus cher à protéger, notamment, nous l'avons dit, les armes, les femmes et la renommée des ancêtres qui grandit à travers les œuvres des descendants.

La réputation qu'on acquiert à propos de la sauvegarde ou de la démission à l'égard de ce triple capital est le *'ird*, c'est-à-dire le « taux d'honneur » de chacun, sa réputation.

Chez les Arabes, l'emplacement de ce « taux d'honneur » est situé chez les femmes de la famille, du clan et de la tribu. Tant que les femmes sont chastes, irréprochables, à l'abri de l'outrage que peut porter l'Autre, tous les hommes de la tribu éprouvent une fierté et marchent devant tout le monde, la tête haute. Si, que Dieu nous en préserve, la chair féminine de la tribu a été l'objet du plaisir le plus bas de l'étranger, il n'y a que le sang qui lave ce traumatisant déshonneur sinon la tribu est flétrie à jamais.

Quant à l'aspect économique si on ose parler d'économie à cette époque, la principale source de richesse des Arabes était l'élevage de petit bétail, à savoir, les chèvres et les moutons. C'est ce qui explique que la plupart des tribus étaient nomades en perpétuel déplacement à la recherche de pâturage et de points d'eau. Ils possédaient aussi deux animaux très chéris qui ont marqué l'image des Arabes et qui ont coloré leur littérature et inspiré leurs poètes, le cheval et le dromadaire. Si le cheval était la source de leur fierté et leur luxe, symbolisant la liberté et la noblesse, le chameau était l'animal le plus utile, le plus efficace dans leur vie dure et austère. Ils mangent la viande du chameau, boivent le lait de la chamelle et tissent tentes, couvertures et manteaux à partir de leurs poils très renommés. Mais la valeur de cet animal vient du fait qu'il était l'unique moyen de transport, seul le chameau était capable de traverser le désert sous une permanente canicule, seul le chameau résiste à la soif plusieurs jours, voire plusieurs semaines. Tout ceci lui a donné une importance capitale au point qu'il est devenu presque la monnaie d'échange. Effectivement les Arabes valorisaient les objets, les salaires et les indemnisations en se référant à un étalon « chameau ». On disait par exemple telle marchandise vaut dix chameaux, telle dot, cent chameaux et tel voyage va coûter tant de chameaux… Mais les Arabes ne sont pas tous des nomades éleveurs, il y avait des citadins qui habitaient des villes à proximité des oasis de dattiers entre lesquels on pouvait cultiver des fruits et des légumes à faible rentabilité.

Une partie des Arabes avait comme activité le commerce, plus précisément le commerce extérieur, c'est-à-dire la médiation dans les échanges entre régions et continents. C'était le cas de la tribu Quraysh, qui habitait la Cité-État de La Mekke. Cette tribu faisait deux voyages chaque année, le premier pendant l'été vers le Nord, la Syrie et le Levant, le second vers le Sud, le Yémen et l'Éthiopie. Ce qui explique l'existence des articles et des marchandises venant du monde entier à la ville de La Mekke, pourtant située au cœur du désert occidental de l'Arabie.

Quant à l'aspect religieux, en Arabie préislamique, il y avait un culte dominant et plusieurs religions minoritaires. Le culte dominant était basé sur l'adoration des divinités telles Hubal, Al Lât, Al ʻUzzâ, Manât, 'Isâf, Nâ'ila... Ces idoles étaient perçues comme des intermédiaires entre les hommes et Dieu, capables de faire du bien ou du mal à Sa place. Le culte était une sorte de polythéisme mais ce n'était pas vraiment du polythéisme puisque les adeptes de ce culte ne reconnaissaient qu'un seul Dieu qui a créé la terre, les cieux et l'homme. Mais ce dieu ne règne pas tout seul sur l'univers, il a des associés, des divinités qui ont un pouvoir autonome par rapport à celui du Dieu Créateur.

Le Coran appelle ce culte le *shirk* qui a été traduit en français par « associationnisme ». De cette manière, chaque tribu ou presque avait son propre dieu-associé représenté par une statuette modelée dans l'argile ou sculptée dans le bois, ou la pierre. Ce qui est curieux, c'est que le sanctuaire commun de tous les associationnistes était la Kaʻba, à La Mekke, lieu du grand pèlerinage où, bien avant l'islam, les pèlerins associationnistes avaient comme rituel, de tourner autour de la Kaʻba dans une nudité totale. La Kaʻba en tant que centre cultuel des Arabes a poussé toutes les tribus à y placer chacune une copie de sa divinité et les chroniqueurs rapportent qu'il y avait plus de trois cent soixante cinq idoles qui entouraient la Kaʻba.

A côté de sa richesse commerciale, la tribu Quraysh jouissait alors d'un grand prestige religieux. Si le clan qurayshite des Omeyades détenait une sorte de pouvoir temporel grâce à leur fortune et à leur cavalerie chargée notamment d'assurer la sécurité sur les routes empruntées par les caravanes. Le clan des Hashimites avait un prestige au moins aussi important, ils étaient les prêtres de ce culte associationniste, donc prêtres de tous les Arabes. Ce sont eux qui détenaient la clé de la Kaʻba et ce sont eux qui s'occupaient des pèlerins venant de toute l'Arabie.

Il n'y avait pas que l'associationnisme en Arabie, il existait des minorités juives venues s'installer auprès de leurs cousins après la deuxième destruction du temple de Jérusalem par les Romains. Ils s'étaient implantés surtout au Yémen dans le sud et au Hijaz à l'Ouest. Les Juifs étaient regroupés eux aussi par tribus avec la caractéristique d'habiter des cités fortifiées vraisemblablement par crainte ancestrale d'être agressés par des envahisseurs étrangers.

Il y avait aussi le christianisme : des tribus entières de souche arabe et non implantées avaient embrassé le christianisme. C'était des formes de christianisme relativement propagées à cette époque, notamment le jacobisme comme c'est le cas chez les Arabes de la Syrie ou le nestorianisme, comme la confession des Lakhmîdes en Iraq ou de la tribu de Najrân au Yémen. Suite aux débats scolastiques autour des deux natures humaine et divine de la personne de Jésus, c'est le monophysisme qui l'emporte officiellement et les nestoriens se trouvent exclus.

En réaction au Concile de Constantinople de 381 qui a affirmé la consubstantialité du Père et du Fils, un prêtre d'Antioche nommé Nestorius formulait une doctrine selon laquelle Jésus a bien deux natures, l'une divine et l'autre humaine, mais qui ne sont qu'accidentellement (et non essentiellement) liées entre elles. Dans ce cas de figure, la Vierge Marie serait la mère du Christ et la mère de l'homme et non la mère de Dieu. Malgré la condamnation du nestorianisme, il s'est propagé en Perse et en Arabie.

Il y avait aussi en Arabie ce qu'on appelle les Hunafâ', des sages lettrés qui croient en un seul Dieu. Ils vénèrent Abraham et respectent quelques traces de sa tradition transmise par leurs premiers ancêtres, les descendants d'Adnân et d'Ismaël. Mais ils s'abstiennent du culte dominant des Arabes sans aucune controverse ou polémique. Ils accordent un grand respect au christianisme et au judaïsme sans observer leurs pratiques ou adhérer à leurs dogmes. Les Hunafâ' ne formaient pas un clan ou une tribu et ne se regroupaient pas non plus en cercles. C'étaient des individus indépendants qui jouissaient d'une grande considération.

Quant à l'aspect culturel, les Arabes n'avaient pas une connaissance scientifique analogue à celle des Égyptiens ou une réflexion philosophique comparable à celle des Grecs. Ils avaient une connaissance basée sur l'expérience et l'intuition et un raisonnement émanant du bon sens et la modération dans les jugements. Tout cela était transmis oralement par les vieux sages, les cheikhs. Ces derniers jouissaient d'une grande considération qui les élevaient au rang des chefs de la tribu où les grandes décisions concernant l'avenir de la tribu étaient partagées par ces anciens qui se concertaient entre eux. Les Arabes avaient eu une riche littérature orale et chacun apprenait par cœur, il faut le croire, des centaines de milliers de vers de poésie. La poésie était, à la fois, leur mémoire du passé, leur moyen de communication et surtout leur outil de propagande. Chaque tribu avait ses propres poètes ayant la charge de chanter son honneur et de piétiner celui de la tribu ennemie. Le verbe éloquent était un atout et les Arabes étaient d'une très grande sensibilité, à la parole ; d'un mot on déclenche une guerre et d'un mot on apaise les esprits et on restaure la paix.

Les Arabes étaient plutôt des analphabètes. Certes il y avait de nombreux lettrés qui maîtrisaient l'écriture nabatéenne, de laquelle les caractères arabes d'aujourd'hui tirent leur origine, mais à l'époque préislamique et même un siècle après l'avènement de l'islam, l'écriture arabe n'était pas vraiment une écriture comme on l'entend par ce mot aujourd'hui. Elle était une sorte d'aide mémoire rudimentaire auquel on se référait lors d'un oubli d'un mot ou d'une phrase, ce qui n'arrivait que rarement. Beaucoup de lettres s'écrivaient de façon identique et les voyelles dites courtes étaient totalement absentes. Bref, la majorité des Arabes n'écrivaient pas, ne lisaient pas et ne calculaient guère. Le plus curieux c'est que n'ayant pas un point de départ pour dater ou situer des événements dans l'histoire, ils se repéraient en nommant chaque année en fonction de l'événement le plus marquant qui s'était produit pendant l'année écoulée, par exemple, l'année de la disette, l'année de telle catastrophe, l'année de telle guerre... Les Algériens durant l'occupation française réduits à l'analphabétisme même dans leur langue maternelle, perdant tout repère historique, ont eu un repli et un retour à une mémoire ancestrale, ils donnaient eux aussi des noms aux années. Les hommes âgés se souviennent aujourd'hui de l'année des Américains, c'est-à-dire 1942 lors du débarquement américain à Alger. L'année de *tifis*, l'année de la grande épidémie du typhus, l'année des sauterelles...

Le Prophète Muhammad

Revenons à l'Arabie préislamique, plus précisément à l'année de l'Éléphant. Les chroniqueurs arabes nous relatent unanimement ce qui s'est produit cette année-là. Un général abyssin nommé Abraha chargé par le Négus de gouverner le Yémen s'intéressait à l'Arabie. Contrairement aux Sassanides et aux Byzantins qui n'y voyaient qu'un désert peu intéressant, habité de plus par des nomades indisciplinés et redoutables, Abraha, l'Abyssin s'intéressait à l'Arabie, paraît-il, pour des raisons religieuses. Poussé par sa foi chrétienne, il voulut évangéliser ces égarés au culte païen. Sachant que les Arabes étaient attachés aux sanctuaires de La Mekke, il construisit à San'a, la capitale du Yémen une grande cathédrale et invita les tribus à y venir faire le pèlerinage au lieu d'aller tourner autour de la fameuse Ka'ba à La Mekke. Non seulement les Arabes ont fait la sourde oreille à cette invitation, mais semble-t-il un bédouin a commis le sacrilège d'uriner à l'intérieur de la sainte cathédrale. Furieux, Abraha prit la décision de détruire sur le champ la Ka'ba. Les Qurayshites, certes très forts et très craints dans les guerres inter-tribales, n'avaient jamais eu affaire à une armée impériale organisée et bien équipée, surtout lorsque cette armée est précédée par plusieurs éléphants, animaux horribles, jamais vus auparavant, avec des défenses qui effrayaient les cavaliers et leurs chevaux. Les sages Qurayshites, les notables de La Mekke ont trouvé une solution adéquate. Ils ont décidé de négocier avec Abraha afin qu'il ne touche pas à leurs biens. Quant à la Ka'ba, elle a son patron qui la protège, Dieu. L'unanimité des chroniqueurs, confirmée plus tard par le Coran, signale qu'à ce moment-là il y eut alors un événement extraordinaire, le ciel se mit à pleuvoir des pierres d'une nature non identifiée. Vraisemblablement une épidémie a ravagé l'armée abyssine et leurs éléphants en 570 ap. J.-C. Ce fut l'année de l'Éléphant.

Lors de l'année de l'Éléphant, une respectable Qurayshite mit au monde un très beau bébé. Le clan hashimite eut un nouveau né, Muhammad qui veut dire en arabe, le très loué, fils d'Abdallah et de Amina fille de Wahb. Muhammad est né à moitié orphelin puisque son père est mort quelques mois avant sa naissance. C'est son grand-père Abd-al Muttalib, le chef du clan hashimite qui le prit sous sa tutelle. Or celui-ci mourut quelques années après, ainsi que sa mère Amina, et Muhammad devint alors un orphelin complet. C'est son oncle Abû Tâlib et son épouse Fatima qui le recueillirent sous leur toit en assurant son éducation. La famille hashimite, à cette époque était pauvre par rapport aux Omeyyades, mais rappelons-le, elle jouissait d'une notoriété et d'un grand prestige religieux auprès de tous les Arabes du fait de leur vocation de prêtres d'accueil au service des pèlerins. Muhammad grandit dans cette dignité sans pour autant participer au culte de sa famille comme l'affirme la Tradition. A peine adolescent, Muhammad acquit l'estime de tous les Qurayshites et même au delà de La Mekke.

Grâce à son honnêteté et sa droiture exemplaire, les Mecquois l'ont surnommé al-Amîn qui veut dire l'honnête ou le probe. Quand il eut vingt ans, on remarqua qu'avec l'âge, son honnêteté se doublait d'un discernement pénétrant et d'un jugement modéré. Ses qualités morales étaient tellement vantées qu'une riche mecquoise, Khadîja qui possédait un important commerce, lui proposa sans tarder de le gérer. Étant femme, elle devait confier à des hommes le soin de faire traverser sa caravane à travers les routes périlleuses ainsi que le négoce des produits dans les pays lointains. Comme l'affirme aussi la Tradition, lorsque Muhammad prit en main le commerce de Khadîja, le gain se multiplia fortement. Cette association d'affaires entre la propriétaire et le jeune gérant confortée par la loyauté de Muhammad suscita l'admiration de Khadîja qui le demanda en mariage. Muhammad accepta, il n'avait que vingt-cinq ans et elle, quarante.

Ce fait est plus que significatif. Cette demande en mariage par Khadîja et l'acceptation du futur Prophète ont marqué la naissance de l'islam démontrant ainsi la liberté et la considération de la femme dans le choix de son conjoint. Attitude peu concevable aujourd'hui, dans les milieux ruraux et conservateurs du monde musulman. Pourtant le droit musulman met l'accent sur la règle *zawaj al muk'raha bâtil*, le mariage d'une femme contrainte ou sous pression est nul et non avenu, comme le mentionne l'imam Mâlik, fondateur de l'École juridique qui porte son nom, le malikisme. Donc malgré l'image que donnent certaines pratiques de l'islam aujourd'hui, nous devons croire que le vécu des musulmans ne reflète pas toujours le message authentique de leur religion. Il y a là, une forte raison qui nous incite à étudier l'islam et ses sources.

Quant à Muhammad, il avait déjà un soutien « extérieur », c'est-à-dire la protection de son oncle Abû Tâlib, chef du clan hashimite. Son mariage avec Khadîja lui procura un soutien « intérieur ». Elle était son épouse unique avec qui il partageait ses soucis et ses aspirations. Elle était extrêmement attentionnée à son égard jusqu'à sa mort, vingt-cinq ans plus tard. Muhammad honora toujours sa mémoire et ne parlait d'elle qu'avec des mots tendres.

A la trentaine, Muhammad devint contemplatif et se posa plusieurs questions au sujet de la vérité de Dieu, du culte pratiqué par les Arabes dont La Mekke était le centre. Il sentit le besoin d'aller méditer seul et prit l'habitude de se rendre chaque mois, durant plusieurs jours dans une grotte en dehors de La Mekke fuyant de cette manière le brouhaha du marché et du pèlerinage. A quarante ans, lors d'une retraite dans la grotte appelée Hîra, Muhammad qui méditait se voit surpris par un visiteur à l'apparence humaine qui lui dit avec beaucoup d'autorité : *Iqra'*, lis. Muhammad répond : « Je ne sais pas lire ». Mais le visiteur reprend la demande qui est une sorte d'injonction : *Iqra'*, lis et au bout de trois fois, il récite devant Muhammad, lui enseignant ce qu'il doit lire et pourquoi il doit lire.

> *Lis, au nom de Ton Seigneur qui a créé. Il a créé l'homme à partir d'une adhérence de cellules. Lis et Ton Seigneur est Le plus noble qui a enseigné avec la plume. Il a enseigné à l'homme ce qu'il ne savait pas.*

Ce fut la première Révélation, et seront les versets 1 à 5 de la sourate 96.

Muhammad quitte la grotte pour se précipiter auprès de Khadîja, et sur sa route vers La Mekke, il entend une voix venant du ciel disant : « Je suis l'ange Gabriel et tu es le Messager de Dieu ». Troublé, fiévreux, Muhammad raconte cela à son « soutien intérieur », sa femme bien-aimée. Khadîja le rassure et le fait étendre sur son lit en posant sur lui une couverture. Puis, elle invite pour le consulter son oncle Waraqa, un des sages hunafâ, un pur monothéiste qui dit à Muhammad : « Si ceci est réel, tu es l'héritier de la Grande Loi. Méfie-toi en premier lieu de ta propre famille ».

Après un laps de temps, les révélations se succèdent de façon régulière et le Prophète reçoit l'Ordre de Dieu d'annoncer son Message d'abord à sa proche famille. Il prépare un repas et invite les Hashimites et leur fait part de son Message. Il rencontre une réticence alliée à des moqueries : « C'est, à cause de cela, que tu nous a réunis ? « rétorque son oncle Abû Lahab. Ce fut son premier choc mais cela ne l'a dissuadé en rien de poursuivre. Le prophète Muhammad décide alors de transmettre le Message à tout homme hashimite ou pas, qurayshite ou pas, arabe ou pas. Et lorsqu'il commence à être écouté et à avoir quelques adeptes, les Qurayshites se sentent menacés directement dans leurs intérêts et dans leur prestige, puisque ce nouveau message prêche la démolition des idoles, l'égalité et la fraternité entre tous les êtres humains et revendique la dignité et le respect des femmes.

Le Prophète Muhammad, dans les premiers temps, a été suivi par les pauvres, les esclaves et surtout les jeunes. Les pauvres et les esclaves sont les déshérités qui aspirent à un ordre social plus juste. Quant aux jeunes, comme tout le monde le sait, sont des êtres encore proches de la nature et la main de l'habitude et de la coutume établies n'a pas encore eu le temps de peser sur eux. Ce sont toujours les jeunes qui prêtent le plus une écoute attentive à tout nouveau message au delà des idées construites et des conceptions reçues.

L'hostilité des notables qurayshites, dans les premiers temps, ne dépassait pas la moquerie, les railleries, puis la menace pour finir par la persécution. Étant incapables de toucher à la personne de Muhammad, ils persécutaient ses adeptes, notamment les plus faibles. Ils ne pouvaient s'attaquer au Prophète par crainte du clan hashimite, car selon la conception sociale de l'époque, l'homme n'était pas un individu, un citoyen autonome mais un membre appartenant à un clan et les clans formaient la tribu. En aucun cas, un Hashimite n'admettait qu'on touche à un autre Hashimite. Cette attitude était à l'évidence dictée par leurs conventions, c'est pour cette raison que les membres de la famille du Prophète, même ceux qui n'adhéraient pas à son message ou ceux qui le critiquaient ouvertement, étaient tous présents pour le défendre contre toute agression venant d'un clan étranger. Abû Tâlib, le chef du clan hashimite, à la fois, oncle et protecteur de Muhammad, devant la pression des Qurayshites et leurs multiples plaintes ne demeurait pas indifférent. Il consulta son neveu, le conseilla et essaya de le « raisonner », mais il ne le délaissa pas pour autant, ni ne lui ôta sa protection bien que jusqu'à sa mort, il n'ait jamais cru à l'islam.

Quant aux convertis à cette nouvelle religion, leur sort était extrêmement difficile. Au début, les musulmans priaient dans la ka'ba à côté des associationnistes, chacun à sa manière, mais bientôt l'accès leur fut interdit. Leur prière se célébrait désormais dans des appartements privés comme la maison d'al-Arqam, un des premiers compagnons du Prophète. Et quand l'épreuve de force qu'ils subissaient, dépassa l'exclusion pour devenir un véritable supplice moral et corporel infligé surtout aux non-Qurayshites, aux pauvres et aux esclaves, le Prophète leur donna l'ordre de quitter La Mekke.

Quitter la Mekke pour aller dans une autre cité d'Arabie était une idée n'ayant aucun sens. Quraysh était suffisamment influente et crainte de sorte qu'aucune autre tribu n'osa s'aventurer à entrer en conflit avec elle par un excès de générosité en accueillant de vulgaires réprouvés. « Nul n'est prophète dans sa famille » n'est pas qu'une vérité frappante au niveau littéraire ou conceptuel, c'est une vérité qui a des retentissements dans la pratique et la réalité. Dans une société comme celle de l'Arabie où la parenté est sacrée, lorsqu'une personne est persécutée par sa propre famille, celle-ci double son crime puisque cette victime perd toute crédibilité auprès des autres familles. Ces dernières pensent qu'elles ne peuvent tout de même pas être plus au courant que les siens. Le fait qu'un individu soit refusé et pourchassé par sa famille, sensée le protéger, est une preuve qu'il est un imposteur et un semeur de troubles.

Le Prophète Muhammad était conscient de cette amère réalité. Il conseilla donc à une centaine de personnes (femmes et enfants non compris) d'aller en Abyssinie auprès d'un Roi, *chez qui nul n'est victime d'injustice*, comme il le disait lui-même. Il s'agit d'al-Najâshi, le Négus d'Abyssinie. Bien sûr, ce n'était pas celui qui avait envoyé Abraha qui avait envahi La Mekke lors de l'année de l'Éléphant. Cinquante ans s'étaient écoulés depuis cette époque et l'Abyssinie vraisemblablement a connu plusieurs Négus. Alors un groupe important de musulmans réussirent à fuir La Mekke et ont sauvé leur foi en se mettant sous la protection d'un roi-prêtre chrétien, connu pour sa piété et sa justice. A la naissance de l'islam, c'est un chrétien qui accorda son aide à ces premiers musulmans en détresse et ceci est plus que significatif.

Les Qurayshites, surpris par ce départ, envoyèrent leurs ambassadeurs au Négus, d'autant plus qu'ils entretenaient avec lui de bonnes relations grâce au voyage, accompli chaque hiver, pour le négoce. Le Négus les reçut, mais refusa de leur livrer les fugitifs avant d'avoir écouté la plaidoirie de chaque groupe. Il trancha en faveur des musulmans qui vécurent sous son règne dans la paix et la sécurité. A la mort du Négus, le Prophète Muhammad a célébré dans sa Mosquée de Médine, une prière exceptionnelle de funérailles, appelée la « Prière de l'absent ». Cette affinité et cette subtile amitié entre chrétiens et musulmans, malheureusement, n'ont jamais été exploitées et cela même aujourd'hui. Les hostilités entre ces deux grandes religions ne se sont produites que plus tard et au cœur d'une rivalité plus politique que doctrinale. Ce fut alors la première migration qui fut suivie d'une deuxième également vers l'Abyssinie. Elles étaient des migrations préparatoires à une plus importante, celle qui se produira vers la ville de Yathrib, la future Médine.

Dans un délai d'environ dix ans de prêches réalisés au sein d'une résistance difficile, le Prophète Muhammad a réussi à former une communauté convaincue et soudée au sein de la Cité-État de La Mekke. Or il est arrivé deux graves événements qui marqueront l'année où ils se sont produits, qui sera appelée « Année de la tristesse ». Le Prophète perdit dans l'intervalle de quelques mois, ces deux soutiens, le « soutien intérieur », Khadîja, et le « soutien extérieur », son oncle, Abû Talib. Les Qurayshites saisirent cette situation qui fragilisait les musulmans, pour forcer la main aux Hashimites qui venaient de perdre leur chef en leur demandant de livrer Muhammad. Tous les clans de Quraysh, sans exception aucune, ont boycotté officiellement les Hashimites en éditant un décret qu'ils ont accroché sur le mur de la Ka'ba. Ils ont décrété que nul ne devait établir le moindre contact avec les Hashimites, ni vente, ni achat, ni mariage, ni alliance quelconque tant que ces derniers continueront à protéger Muhammad. Les Hashimites, même non musulmans, n'ont pas cédé et ont préféré l'isolement et l'exclusion plutôt que d'abandonner un des leurs. Ceci montre à quel point le lien sanguin était sacralisé, mais c'est tout à fait explicable dans une société qui ne connaît ni union nationale, ni union politique. Le seul ciment qui soudait la sociabilité des uns avec les autres, comme nous l'avons dit, était le regroupement par famille, clan et tribu. Les chroniqueurs relatent que les Hashimites et les musulmans ont dû manger de l'herbe pour se nourrir après cet embargo, si nous voulons utiliser un terme fréquemment employé aujourd'hui.

Le Prophète Muhammad commença à chercher une issue à cette situation impossible. D'abord il s'est présenté aux groupes des pèlerins en faisant des prédications publiques. Ensuite, il a décidé de sortir de La Mekke et choisi al-Tâ'if, la ville la plus proche et rivale de La Mekke située au Sud sur la route du Yémen. Il s'est rendu dans cette cité prospère, habitée par la tribu thaqîf. Les notables de Thaqîf ne lui ont même pas accordé un accueil décent. Au contraire, ils ont incité les enfants et les vagabonds à le poursuivre en le lapidant avec des pierres. En sortant de la ville, Muhammad, épuisé, blessé moralement et physiquement a rencontré un jeune homme au teint clair qui a essuyé ses blessures et calmé son effroi. Ce jeune homme était un captif de confession chrétienne, originaire de Naynawa, Ninive, dans le Nord de l'Arabie.

Le Prophète, une fois sorti de la Mekke, n'a pu y rentrer que grâce à un non-hashimite qui lui a accordé un *jiwâr*, c'est-à-dire une protection. Ce traitement est pourtant exclusivement réservé aux étrangers inconnus ou soupçonnés. Devant l'entêtement des Hashimites et leur protection inconditionnelle à Muhammad, les Qurayshites ont élaboré une stratégie diabolique pour s'en débarrasser à jamais, c'est-à-dire, le tuer. Ils ont choisi un jeune homme dans chaque clan, une vingtaine environ, pour le poignarder tous ensemble, d'un seul coup. Ainsi, les Hashimites, suite à cet assassinat, partagé par tous les clans, n'auraient pu que se résigner et accepter une indemnisation, quelques centaines de chameaux ou davantage.

La nuit à l'heure fixée pour ce meurtre, Dieu ordonne à son Prophète de quitter La Mekke pour Yathrib, une cité entourée par de grandes oasis, située au Nord de la Mekke à une dizaine de jours de marche habitée par deux tribus Aws et Khazraj. Muhammad auparavant avait déjà entretenu des relations avec les habitants de Yathrib, lors de leurs pèlerinages à la Mekke. A côté de ces tribus en rivalité permanente, existaient une importante minorité juive ainsi que des chrétiens. L'année précédente, des pèlerins représentant les Aws et khazraj donnèrent un serment d'allégeance au Prophète et l'assurèrent que s'il venait vivre dans leur ville, il serait soutenu et défendu par leurs biens et leurs âmes. Rentrant chez eux, ils ont propagé l'islam en attendant la venue du Prophète. Donc en 622, la nuit même de l'exécution du complot, Muhammad quitte secrètement La Mekke avec son compagnon Abû Bakr en direction de Yathrib. Dix jours après, le Prophète est reçu comme un roi avec des hymnes et des chants de gloire. Tous les clans se disputaient le privilège d'héberger Muhammad. Mais le Prophète décida sur le champ de construire d'abord la mosquée, puis sa maison (*Masjid*, mosquée, veut dire l'endroit de la prosternation). L'événement le plus important depuis la Révélation fut cette *hijra (hégire)*, émigration, le début de la réalisation de l'islam en tant que société, événement retenu comme point de départ du calendrier islamique.

En effet, dès son arrivée, le Prophète se mit à organiser la ville qui a changé de nom pour s'appeler *Madinat al-Rasûl*, la Cité de l'Envoyé, nom raccourci plus tard en Médine. En premier lieu, Muhammad fit un pacte avec les diverses communautés non-musulmanes habitant la ville, pacte de paix interne et de défense commune en cas d'agression étrangère à la cité, quelle que soit la communauté visée. Il réunit en sa personne les deux pouvoirs qui ne se distinguent pas chez les musulmans. Du fait que Muhammad est un prophète qui reçoit la Révélation, il détenait tout le pouvoir religieux. Le deuxième pouvoir, l'exécutif civil et militaire, Muhammad ne l'exerça qu'après de longues concertations. Quant à l'arbitrage, il le faisait, si on lui demandait, en tant qu'homme et non en tant que prophète.

Dès que ses pouvoirs furent bien assis, Muhammad commença à envoyer des émissaires prédicateurs à toutes les tribus, à toutes les cités et à toutes les métropoles avoisinant l'Arabie. Les premiers à manifester une crainte, ce fut encore les Qurayshites, ils ont eu peur que Muhammad occupe les routes de leur caravane, les veines de leur vie économique et qu'il détourne aussi les Arabes du culte de l'associationnisme dont le centre était La Mekke. Ils ont organisé toute une armée pour mettre fin à cette religion et écraser les musulmans rassemblés à Médine. En dépit de leur petit nombre, les musulmans ont eu le dessus grâce à la sagesse de Muhammad et la foi des croyants. Les combats entre Mecquois et Médinois continuèrent jusqu'au jour où Muhammad entra en vainqueur à La Mekke après huit ans de conflits armés.

Muhammad a conquis La Mekke sans verser une goutte de sang. De plus, il a décrété l'amnistie générale de ses anciens ennemis. Il devint, après cette conquête, l'homme le plus suivi de toute l'Arabie. Des délégations de toutes les régions venaient lui rendre visite, y compris les chrétiens. La tribu chrétienne de Najrân délégua un groupe présidé par leur évêque pour rencontrer le Prophète et discuter avec lui sur deux points essentiels, le dogme et la cohabitation dans la tolérance. Le dialogue était franc et sincère. Comme les pourparlers n'ont pas abouti à une conversion éventuelle, ils ont conclu un pacte d'amitié et de non-ingérence.

Non seulement le Prophète soulignait le fait que la tolérance était recommandable en matière religieuse, mais il en donna lui-même un exemple. Cette délégation comprenait plusieurs dignitaires de l'Église, et l'entretien eut lieu dans la mosquée et dura plusieurs heures. A un moment donné, le chef de la délégation demanda l'autorisation de sortir de la mosquée pour aller célébrer le service religieux dans un endroit qui lui conviendrait. Le Prophète dit qu'ils n'avaient pas besoin de quitter la mosquée, qui était elle-même un endroit consacré au culte de Dieu, et qu'ils pouvaient y célébrer leur culte.

Le Prophète meurt vers 632, dix ans après l'hégire ne laissant aucun successeur sauf la communauté en tant qu'elle observe l'enseignement de l'islam, le Coran.

Quant à l'islam, en tant que message religieux, pour bien faire comprendre son enseignement, il faut le diviser méthodiquement en deux parties : une partie doctrinale et une partie pratique, à savoir la foi et la loi.

Le premier aspect est la base spirituelle et intellectuelle. C'est la grande vérité à laquelle les hommes sont appelés à croire. Le deuxième aspect est plus spécialement tourné vers la pratique, c'est l'exercice qui entraîne le corps et la volonté pour être en harmonie avec ces croyances. La foi sans comportement adéquat est une absurdité qui montre la contradiction de la personne. La pratique sans une foi éclairée au préalable ou accompagnée d'une croyance aveugle est un esclavage sans mérite ou un endoctrinement obscur. Une croyance profonde et claire, avec un comportement accepté de plein gré, est un arbre qui porte des fruits dans cette vie ici-bas et mérite la satisfaction de Dieu dans l'au-delà.

La foi

Le Coran n'est pas la véritable source de la foi. Avant d'adhérer aux vérités promulguées par le Coran, il faut d'abord croire en l'origine divine de ce Coran et admettre qu'il est vraiment la Parole de Dieu révélée aux hommes. Par conséquent, la première source de la foi ne peut être qu'extra-coranique. Plus encore, il faut croire en l'existence de Dieu pour lui attribuer la faculté de parler et de révéler des Messages, en l'occurrence le Coran, sinon ce serait une flagrante pétition de principe. Le Coran et la Tradition prophétique n'obtiennent de l'autorité sur quelqu'un qu'uniquement après qu'il ait donné son adhésion à l'islam. Le Coran ranime et vivifie la foi, la justifie, il ne la crée pas. En revanche, il nous propose des croyances et veille à leur précision. Nous allons évoquer plus loin la différence entre foi et croyance. Quelles sont alors les préalables de la foi ?

Les préalables de la foi

Nous ne pouvons pas définir la foi intellectuellement et surtout il faut se méfier des dénominations courantes, surtout dans ce domaine où des appellations ne disent pas la même chose chez des personnes de traditions différentes. A cela, s'ajoute la traduction qui éloigne du « concept senti » dans la langue originelle. Nous parlons du « concept senti » et non du « concept conçu », car la foi émane de l'âme et fait palpiter le cœur et n'est pas le résultat d'une activité cérébrale. Les sources de la foi sont occultées et font partie du mystère. Or nous connaissons très bien les conditions préalables qui favorisent sa naissance.

La foi naît dans la **liberté de l'examen** loin de l'influence et de l'ingérence d'autrui à l'abri de l'intimidation et surtout **à l'écart de toute passion ou endoctrinement.**

– pas d'ingérence

Le croyant est un adepte d'une vérité absolue, il croit qu'elle est universelle, qu'elle s'adresse à chacun et appartient à tout le monde. A-t-il raison de s'acharner contre celui qui ne la reconnaît pas ou la perçoit différemment ? Donnons cet exemple prosaïque mais explicite : dans une entreprise, je m'oblige à reconnaître que ce n'est pas mon rôle de réglementer de force la relation entre mon collègue de travail et notre patron commun, même si je juge mon collègue insolent et ingrat à l'égard du patron loyal et généreux, je ne peux que pratiquer le doux conseil et cela dans la mesure où il peut m'entendre. Contraindre ou exercer un quelconque moyen de pression pour obliger à croire, est une absurdité paradoxale. Certes, croire ou ne pas croire est le choix le plus important dans la vie de l'homme, mais est-ce vraiment un choix ? On ignore complètement la réponse. Avoir la foi ne peut découler, à tout coup, d'une décision délibérée ou d'une prise de position mûrement réfléchie. Croire est avant tout un résultat obtenu à partir de signes et d'évocations qui germent en nous, à l'intérieur de nous et malgré nous. Malgré nous, parce qu'on n'est jamais autant sans apprêt, aussi sincère, qu'avec nous-mêmes. Si une thèse nous semble parfaite ou défendable, elle nous interpelle et nous ne pouvons la nier. Même si nous faisons semblant de la négliger, elle reste toujours en nous pour nous harceler et nous rappeler notre petitesse et notre lâcheté de ne pas l'assumer. Que signifie, dans ce cas, le recours à la force ou à un quelconque moyen de pression ?

Le Coran dit verset 256 de la sourate 2 :

> *Point de contrainte en religion...*

Il dit aussi verset 21 de la sourate 88 :

> *Rappelle. Tu n'es là que pour rappeler. Tu n'es pas sur eux un despote.*

Si on m'oblige à croire que le soleil se lève à l'Ouest, qu'on me menace et me torture, on peut m'arracher l'affirmation, la signature et le serment certifiant cette thèse, étrangère à ma conviction, mais on n'obtiendra jamais l'adhésion de ma pensée profonde tant que ma raison est intacte, étant moi-même incapable de la renier. Voilà, la réalité de la foi !

– pas de précipitation

Celui qui admet facilement une thèse, la rejette tout aussi facilement. Si son engagement relève de la passion, la passion s'éteint, si c'est par admiration et exaltation, le temps se charge de tempérer et de banaliser toutes choses, si c'est par intérêt, celui-ci change de centre. Il n'y a que les thèses confortées par la raison qui sont durables et porteuses du vrai.

♦ La méditation sur le sens de la vie et de la mort

L'homme, créé faible, fragile, ignorant, sans pouvoir, s'aperçoit en même temps, qu'il dispose de pouvoirs illimitées et porteur d'outils à aiguiser. C'est sa première force et sa première perplexité.

Il perçoit que la Nature est adaptée et faite pour lui, qu'elle suit des cycles et des lois immuables, prévisibles et imitables. Cette adaptation de la nature en accord avec la sienne propre, lui donne le sentiment qu'il est le seul seigneur sur cette terre et le but suprême de sa causalité. Chaque cause entraîne et sert la suivante concourant ainsi au bien-être de l'homme. Quant à lui, il n'a pas d'autres objectifs à servir que l'amélioration de son confort et de celui de ses proches bien-aimés. C'est sa deuxième force et sa deuxième perplexité.

Arrêtons-nous un peu dans ce magnifique domaine offert à l'homme. Des animaux tendent leur dos pour le porter très loin lui et ses effets, bel exemple de servitude et d'adaptation de la nature à l'homme. Les arbres tendent leurs bras offrant des délices encachetés dans de belles enveloppes qu'il n'a plus qu'à décacheter et goûter. Les ruisseaux désaltèrent de leur eau douce et fraîche, l'homme et le bétail qui demain sera sa nourriture. Tout ce que la nature offre est adapté au goût humain et uniquement au goût de l'humain. Les fleurs embellissent les bords des chemins, les bouquets cachés en haut des sommets sont des surprises qui lui sont réservés pour son émerveillement et non pour les ours et les loups. Seul l'homme est touché par la symphonie des couleurs et ravi par la splendeur des parfums, peut-être aussi les abeilles, mais celles-ci lui fabriquent à partir des fleurs un nectar autant délectable que diététique. Les doux rayons d'un soleil levant le réveillent ainsi que les oiseaux dont les chants mélodieux transportés par la brise caressent les joues de l'homme en l'invitant à s'éveiller. C'est dans cette atmosphère que l'homme trouve un nouveau jour après le repos de la nuit où la nature déploie ses voiles pour assurer le calme et la tranquillité de son sommeil. Pour augmenter son aisance, il maîtrise la Nature en s'aidant des moyens qu'elle même lui donne. C'est sa troisième force et sa troisième perplexité.

Toutes ces observations procurent à l'homme le sentiment d'être appelé au centre d'un grand dessein. Ces constatations ont pour conséquence que l'homme a pour certitude qu'il vient dans ce domaine, en sortant de la matrice de sa mère, et qu'il le quittera, un jour, pour une tombe, après un laps de temps plus ou moins court, par sa mort. Ni les nouveaux venus ne se rappellent où ils étaient avant, ni les anciens, morts, ne viennent s'exprimer. Alors, l'homme, perplexe, se demande qui donne, pourquoi ces largesses et quel est le sens de la vie et de la mort ?

Toutefois, l'homme, ce seigneur de la terre auto-proclamé n'est pas seul, en concurrence avec des milliers d'autres qui ont le même statut et jouissent des mêmes avantages. C'est alors le mal, tout le mal, l'esclavage, les luttes intestines, les guerres fratricides... C'est la première faille !

L'homme, alors désemparé veut servir lui aussi un autre être supposé supérieur, remercier cette force ou ces multiples forces tout au moins demander un arbitrage ou un accroissement d'aide et de générosité. Mais ces demandes restent basées sur la supposition que cette force ou ces forces supérieures existent, donc entendent l'appel de l'homme, emprunt de reconnaissance et de gratitude. Cette volonté de l'homme d'entrer en contact avec ce Maître pressenti, demeurée unilatérale, est loin d'être à l'abri du délire hasardeux dicté par un instinct frileux et superstitieux, avec le risque de fragiliser son esprit et d'embrumer sa pensée.

L'homme, alors perdu, fait appel à la métaphysique pour organiser sa pensée. Le recours aux arguments philosophiques détruit le bon sens gâté par l'équivalence des points de vue entre ceux qui nient et ceux qui admettent la révélation ou l'existence de Dieu.

♦ La nécessité de l'intervention de Dieu

Alors le Détenteur présumé s'est exprimé par le truchement d'hommes loyaux, pauvres et désintéressés, sans ambition ni pouvoir. Ceux-ci ont délivré le Message d'un Être qui se proclame le légitime propriétaire de ce domaine et le seul inventeur de son mécanisme. Il se fait connaître et exprime sa Volonté, base transcendante, valable pour les hommes qui sont tous égaux devant Elle.

Il se nomme à travers les langages des hommes par des appellations, mi qualification et mi nom propre : Dieu, Yahwh, Allah, Principe Suprême, Cause Première, Architecte de l'Univers[1]... Ces messages présumés venus de Lui sont la Thora, l'Évangile et le Coran.

Ce message nous fait comprendre que cette Volonté est le règlement intérieur de son domaine, notre vie ici-bas, mais a également pour but le bonheur de l'homme, savoir comment partager le bonheur et vivre tous dans le bien. Le mal, tout le mal, vient de l'ambition démesurée, de l'avidité à accumuler et de l'égoïsme sans limite des hommes.

Les façons d'aborder ces messages sont multiples : — c'est la foi innée, la croyance et la lecture de ces textes, une sorte de liturgie, d'acceptation et de remise de soi procurant une félicité spirituelle — c'est l'approche intellectuelle faite d'analyse et d'examen qui conduit à croire à l'authenticité des textes ou à s'abstenir par crainte de crédulité, — c'est le bon sens et l'instinct de l'évidence solide et spontanée, celle des enfants, celle des illettrés qui n'est pas construite, libre de toute objection et qui trouve une concordance entre ces mystères de la Nature et les textes révélés.

1. Dieu vient du latin *deus, Yahwah* est un mot hébreu dont on dit que le sens a été perdu et qui voudrait dire probablement : celui qui réalise ce qu'il veut, Allah vient de *al Illah* qui vient de l'araméen et de l'hébreu *illoh, El,* est peut-être un nom propre. Principe suprême et cause première sont des concepts philosophiques, l'architecte de l'Univers est une appellation maçonnique.

L'évidence de la véracité de ces Livres vient du fait qu'ils sont jusqu'à maintenant les seuls messages en provenance d'un seul présumé propriétaire de cet Univers. Cette évidence se fonde aussi sur la nécessaire manifestation du patron de ce beau domaine, si bien organisé et si impressionnant.

Il y a des hommes qui ont suivi la dernière révélation, étant la plus récente. Ils la considèrent comme la plus sûre historiquement. Si on tient compte des contradictions entre les volontés exprimées dans ces trois messages, il est raisonnable de prendre le dernier et de l'exécuter, même si le dernier ordre annule les ordres précédents ou en ajoute. Les hommes préférant cette voie sont les musulmans. Dans leur étude, ils prennent le Coran, telles des lunettes bien fixées et à travers lesquelles ils cherchent la compatibilité avec les précédents messages révélés, l'Ancien et le Nouveau Testament. Ils s'aperçoivent, après cet examen qu'ils sont également disciples de Moïse, de Jésus et de Muhammad.

Les musulmans sont avant tout, fils d'Abraham, modèle de la soumission à Dieu. Celui qui a la même croyance qu'Abraham est digne d'être fils d'Abraham.

L'Évangile dit, Matthieu 3, verset 9, à propos du prêche de Jean Baptiste :

> *Et n'allez pas dire en vous mêmes : nous avons Abraham pour père ; car, je vous le dis, avec les pierres que voici, Dieu peut faire surgir des enfants à Abraham.*

Le Coran dit, verset 68 de la sourate 3 :

> *Les plus dignes d'Abraham, c'est bien ceux qui l'ont suivi...*

♦ La présence de la raison

L'intellect possède les facultés de comprendre, connaître et juger, qui s'exercent au travers de différents moyens, tous liés dans un ensemble fin et complexe, la réflexion.

L'activité de l'intellect humain est indispensable dans le domaine de la croyance, seul garant de la conviction et gage de tout engagement responsable. Comment en l'absence de la raison, distinguer entre conviction et conjecture, entre croyance et crédulité ? Comment en l'absence de la raison, se préserver de l'égarement confessionnel, garder les pieds sur terre et ne pas se perdre dans un délire mystico-ésotérique ? Comment en l'absence de la raison, sauvegarder la pureté de l'enseignement de Dieu, des scories des interprétations anciennes et des coutumes ancestrales sacralisées par le temps et l'usage ?

La foi, non soutenue par la raison, est une subjectivité ancestrale ou semblable à un amour occasionnel. On aime sa mère et on lui donne toujours raison, on vénère sa tribu et on croit à sa suprématie sans aucun esprit critique ou raisonnement fondé. Seule, leur présence tempère les excès et distingue la foi du fanatisme.

Une foi et six croyances

L'homme devenu musulman distingue entre *al 'imân*, la foi et *al 'aqâ'id*, les croyances.

La foi est un mystère en liaison avec l'existence même de l'homme et de l'Univers, donc inintelligible. Les croyances portent sur des thèmes précis, soumis à la compréhension et l'appréciation de l'homme, auxquels il est invité à adhérer.

Si le Coran n'est pas vraiment la source première de la foi, il est en revanche la seule autorité qui précise les croyances et veille sur leur pureté. La transmission du Texte est incontestablement maintenue de générations en générations. En effet, le Coran est l'unique source de ces croyances et en tant que seule autorité en la matière, il ne se veut pas uniquement la source mais aussi le gardien qui veille à leur pureté originelle contre tout rajout ou dogmatisation étrangère de type hellénistique ou du genre hindouiste.

Celui qui connaît le Coran en déduit six croyances, seulement six, et pas moins de six et elles sont la base même de l'islam. Chaque homme pour être musulman doit croire en pleine liberté et sans contrainte en ces six vérités, dites les six croyances qui portent sur la vérité originelle et éternelle. Ces croyances sont communes à toutes les tendances qui se réclament de l'islam sunnite, shi'ite ou kharijite.

Dieu

Dieu ou Allâh est la base de toute croyance. Qui est le Dieu des musulmans ? Que signifie Allâh ?

Beaucoup disent que « Allah est le dieu des musulmans ». Cette sentence est erronée, car elle équivaut entièrement à « Dieu, le dieu des Français » ou « God, le dieu des Anglo-saxons » !

Le mot *Allâh* relève de la langue arabe et non de la religion musulmane. L'islam doit être perçu indépendamment de la langue arabe car elle n'est ni un idiome exclusivement islamique, ni la seule langue capable de traduire le message de l'islam. La langue arabe est avant tout un moyen de communication neutre qui peut véhiculer les enseignements les plus hautement spirituels, comme elle est apte à décrire les états les plus érotiques ou sensoriels. Or beaucoup de non-musulmans assimilent inconsciemment les appellations à l'essence même de la religion musulmane. C'est à cause de ce type d'amalgames qu'il faut toujours insister sur la distinction entre langue, culture et religion. Cette distinction est valable pour toutes les langues, toutes les cultures et toutes les religions.

Il faut savoir que le mot *allâh* n'est pas une invention coranique mais le nom de Dieu chez les Arabes bien avant l'islam. Ainsi le nom du père du Prophète est « Abd-**Allâh** » (adorateur de Dieu), mort avant la naissance de Muhammad, donc avant l'avènement même de l'islam.

Les chrétiens arabes, et cela depuis la période pré-islamique jusqu'à aujourd'hui, invoquent *Allâh* dans leurs églises, et l'Évangile selon saint Jean commence ainsi :

> *Fi al bad'i kâna al kalima,*
> *wa al kalima kâna ladâ* ***Allâh,***
> *wa al kalima kâna* ***Allâh.***
>
> Au commencement était le Verbe,
> et le Verbe était avec Dieu,
> et le Verbe était Dieu.

Ce n'est pas uniquement le nom de Dieu qui n'est pas une invention coranique, mais aussi le concept de divinité. Dans tout le Coran, du premier au dernier verset, il n'existe aucune démonstration qui tente de prouver aux hommes l'existence de Dieu. Il y a juste l'invitation à croire en Lui et à faire de bonnes œuvres en Son Nom, invitation faite dans un langage, à la fois beau et interpellant mais très simple.

Le Coran ne mentionne pas l'athéisme. On peut dire que pour lui, l'athéisme n'existe pas, donc ne mérite aucune controverse et qu'il n'y a que des mauvaises conceptions de Dieu ou une mauvaise compréhension. Il faut à tout coup, les corriger. Le Coran mène un combat sans merci contre ceux qui associent à Dieu d'autres divinités ou contre ceux qui lui donnent des qualifications ou des attributions étrangères à Son essence.

♦ La notion de Dieu en islam

Dieu est l'Unique, le Tout Puissant, l'Omniscient, le Créateur de la terre et des cieux, le Seul, digne d'adoration et de soumission, Dieu d'Adam, de Noé, et d'Abraham, qui a révélé les dix commandements à Moïse et conforté Jésus par l'envoi du Saint-Esprit.

La croyance en un Dieu Unique comporte deux notions : *al 'ulûhiyya*, l'unicité dans Sa divinité, et *al rubûbiyya*, l'unicité dans Sa seigneurie.

L'unicité de Dieu en Sa divinité veut dire : Dieu est le seul digne d'adoration. L'unicité de Dieu en Sa seigneurie veut dire : Dieu est le seul Créateur, Maître, Père[1], Dispensateur qui veille sur ses créatures. C'est le côté fonctionnel, même si le mot « fonction » ne peut être appliqué à Dieu.

La croyance en l'unicité de Dieu donne à l'âme la satisfaction et le plaisir que procure cette reconnaissance. Pour le croyant, Dieu est l'auteur de tout phénomène surnaturel qui dépasse les dimensions humaines. L'unicité de Dieu procure liberté et grandeur. Lorsqu'on croit profondément que Dieu est la seule source de tout bien et que Lui Seul, permet le mal, on se libère ainsi de toute cupidité, turpitude et de toute lâcheté, devant les hommes, simples créatures comme soi. Craindre le mal ou attendre le bien d'un autre que Dieu, c'est croire qu'il existe d'autres sources que Lui. Attitude strictement condamnée dans le monothéisme de l'islam.

C'est une soumission totale à Dieu même dans l'intimité. Si en Occident on n'aime pas beaucoup le mot « soumission » à Dieu, c'est parce qu'on ne sait pas que la soumission à Dieu équivaut à la totale insoumission par rapport à l'homme. Celui qui n'est « soumis » qu'à Dieu est un éternel rebelle.

Le Coran dit, versets 69 à 82 de la sourate 26 :

Récite-leur la nouvelle d'Abraham.

Quand il dit à son père et à son peuple :
« Qu'est-ce que vous adorez ? »

Ils dirent : « Nous adorons des idoles et nous nous attachons
à leur culte ».

Il dit : « Est-ce qu'elles vous entendent dans vos invocations ?

Ou bien est-ce qu'elles peuvent vous faire du mal ? »

Ils dirent : « Non, mais nous avons trouvé nos pères agissant
de cette façon ».

Il dit : « Que dites-vous de ce que vous adoriez... ?

Vous et vos plus vieux ancêtres ?

Eh bien ! Ce sont tous pour moi des ennemis sauf
le Seigneur-et-Maître des Univers.

Celui qui m'a créé et c'est Lui qui me guide.

C'est Lui qui me donne à manger et à boire.

Quand je tombe malade, c'est Lui qui me guérit.

C'est Lui qui me fait mourir pour me ressusciter après.

C'est de Lui que je convoite la rémission de ma faute,
le Jour de la rétribution ».

La foi accordée à ces idoles vient de la croyance erronée qu'elles sont des représentations habitées par des esprits ou des divinités. C'est le cas, comme nous l'avons vu, de l'Arabie préislamique. Cette croyance aux idoles effectivement

---

1. Père dans le sens général de pourvoyeur à la fois tendre et autoritaire et non au sens de géniteur. C'est ce sens général qui se trouve dans l'Ancien et le Nouveau Testament. Dans Matthieu 6,8, Jésus recommande à ses disciples : *N'allez pas faire comme eux* (les païens), *car VOTRE PÈRE sait bien ce qu'il vous faut, avant que vous ne lui demandiez.* Le Coran a évité cette appellation par crainte d'une ambiguïté qui touche à l'unicité de Dieu. Au contraire, le Coran dit : *Dis, c'est Lui, Dieu, seul et unique, Dieu, le recours suprême et efficient. Il n'a jamais engendré et Il n'a jamais été engendré. Nul ne Lui est égal ou semblable*, sourate 112.

fragilise et sclérose le raisonnement de l'homme et handicape sa volonté. Cette maladie de l'esprit existe aujourd'hui, même dans les sociétés dites modernes, où l'on attribue des pouvoirs surnaturels à un homme ou à un endroit. Se livrer à la voyance ou la magie est strictement condamné par le Coran en tant que *shirk,* associationnisme qui consiste à accorder des pouvoirs, qui n'appartiennent qu'à Dieu, à d'autres êtres ou objets.

Le Coran dit, verset 69 de la sourate 20 :

> *Le magicien ne réussit pas partout.*

Il dit aussi, verset 59 de la sourate 6 :

> *Il* (Dieu) *a les clés de l'invisible, Il est Le Seul à le connaître.*

Le Prophète Muhammad a dit : Celui qui va voir un devin ou un voyant en croyant à ce qu'ils racontent, renie ce qui a été révélé à Muhammad.

Il a dit aussi : *Les mages* (astrologues) *mentent même s'ils arrivent à tomber vrai.*

Il a dit aussi : *Celui qui accroche un porte-bonheur, Dieu ne lui accorde pas le bonheur.*

Car le *shirk*, associationnisme, est le péché capital, par excellence, et n'importe quelle faute est moins grave que le *shirk*. Le Coran dit, verset 48 de la sourate 4 :

> *Dieu ne pardonne pas à celui qui Lui donne des associés mais Il pardonne ce qui est moindre (que le shirk) à qui Il veut.*

Malgré certaines pratiques très répandues dans certains pays musulmans qui existent aussi chez des musulmans de France et qui séduisent beaucoup de non-musulmans (baraka, grigri, cabbalisation du Coran), il n'existe pour l'islam que le monde physique, le naturel que l'homme peut atteindre par ses propres moyens. Il le maîtrise grâce à la science, le bon sens et la logique. Tout phénomène qui dépasse ses facultés, doit être attribué systématiquement à Dieu. Toute recherche dans le domaine surnaturel dite parapsychologie, est une absurdité. C'est essayer de maîtriser le non-maîtrisable au moyen d'objets, de paroles et de pratiques douteuses. C'est se mettre en dehors de l'enseignement de Dieu à travers ses prophètes, seuls capables, en raison de leur liaison avec le ciel, de nous traduire ces phénomènes. La vraie croyance ne fragilise, en aucun cas, le raisonnement logique et méthodique. Si tel n'est pas le cas, alors l'athéisme matérialiste est un système de pensées préférable à une croyance frôlant la superstition, car il laisse à l'homme, au moins, la liberté de penser et l'esprit critique. C'est au nom de la foi que l'homme organise son quotidien d'une manière rationnelle et par la rationalité qu'il fortifie sa foi.

Le Coran dit, verset 28 de la sourate 35 :

> *Seuls craignent Dieu, de tous ses serviteurs, les savants*

Cet hommage rendu aux hommes de science est la preuve que l'enseignement proposé par le Coran ne craint pas la science. Au contraire, la foi et la science vont partiellement ensemble et se confortent mutuellement, comme en témoigne l'histoire de la civilisation musulmane où aucune confrontation entre ces deux pôles n'a été signalée. Le croyant ne doit pas essayer, au nom de sa foi, de maîtriser le domaine de la physique, ni l'homme de science, de s'immiscer dans le mystère qui dépasse ses compétences.

Mais le mot « idole » dépasse la désignation de l'objet fétiche qui incarnait pour certains un invraisemblable pouvoir, pour atteindre toute seigneurie sur terre, crainte ou convoitée. Le croyant en un seul Dieu, à qui il se donne entièrement et exclusivement, ne craint que Son mécontentement et ne convoite que Sa grâce. Ce serviteur est un homme extrêmement libre, devant les pouvoirs des hommes, extrêmement indépendant devant les puissances éphémères, extrêmement digne devant les miettes de la table des riches, extrêmement chaste devant les tentations du plaisir sensoriel futile. L'esclave exclusif de Dieu est un affranchi par excellence et ne dépend en aucune manière ni des personnes ni des choses. Voilà ce qu'offre le monothéisme exigeant de l'islam.

Les anges

Pour être musulman, il faut croire aussi en l'existence des anges. Ce sont des créatures purement spirituelles, subtiles et invisibles.

Le musulman ne connaît pas la véritable raison de leur existence. Il ignore aussi leur véritable mission. Est-ce qu'ils aident Dieu dans la maîtrise de Son règne ? Mais Dieu n'a pas besoin d'aide. Il est par essence absolument le Très Grand et le Tout Puissant. Est-ce qu'ils embellissent la Cour de Dieu ? Mais Dieu est la Beauté par excellence. Le musulman se borne à répéter à propos des anges ce qu'en dit le Coran : leur seule tâche est d'obéir à Dieu, quel que soit son ordre. Le Coran dit, verset 6 de la sourate 66 :

> *... Ils* (les anges) *ne désobéissent à aucun ordre de Dieu et font tout ce qu'on leur ordonne.*

Si l'homme a été créé à partir de la terre, les anges, quant à eux, émanent de la lumière.

Dans la tradition musulmane, l'homme est beaucoup plus important que l'ange. Car, l'homme pour atteindre les hauteurs célestes et la transparence de l'âme doit combattre ses passions, sa bestialité et se détourner des tentations terribles de ce monde pour ne s'intéresser qu'à Dieu. Il combat avec effort et assiduité, c'est ce qu'on appelle le *jihâd*. Dieu est très satisfait de l'homme qui combat tout obstacle pour aller vers Lui. Il lui accorde certainement la plus grande bienveillance. En revanche, l'ange est, par nature, transparent et céleste et son obéissance à Dieu émane de lui d'une manière spontanée et systématique. Le Coran exprime la primauté de l'homme sur l'ange par la métaphore suivante, verset 34 de la sourate 2 :

> *Et lorsque nous avons dit aux anges : « Prosternez-vous devant Adam ». Ils se sont prosternés.*

En islam, on ne distingue pas entre ange et archange, malgré l'importance de quelques-uns dont la mission est plus ou moins précise, telle la médiation entre Dieu et ses Messagers. Le Coran en désigne certains par leurs noms, par exemple Mikâ'l, l'ange Michel ou Jibrîl, Gabriel à qui le Coran donne un titre honorifique *al-Rûh alamîn*, l'esprit fidèle. Le Coran mentionne aussi Mâlik, mais on ne sait pas s'il s'agit d'un nom propre ou d'une autre manière de dire ange.

Quant à Satan, ce n'est pas un ange déchu puisque les anges, par définition, ne peuvent pécher et par conséquent, ne subissent ni châtiment ni disgrâce. L'histoire de Satan dans sa version littérale est ainsi décrite selon plusieurs versets : Iblîs, le diable est un *jinn* qui était un proche et un bien-aimé auparavant de Dieu. Lors de la création d'Adam, Iblîs a manifesté une envieuse et insolente protestation qui lui a valu anathème et condamnation éternels. Satan en islam n'est pas le Dieu créateur du mal, comme dans les religions dualistes. Il en est le symbole. L'homme lorsqu'il faute, c'est par pure faiblesse, pure petitesse mais sans le savoir il est en train d'adorer par sa faute le premier fautif, le père de tous les maux, Satan.

Les *jinns* sont des créatures invisibles à l'homme, leur création a précédé celle des humains, mais ils ont le même statut ou presque que celui des humains. Il y a parmi eux les bons et les mauvais, les justes et les injustes, les grands et les faibles. Tout comme les humains, ils reçoivent des messages et des épreuves de Dieu. Ils attendent le (ou leur) jour dernier. La croyance en l'existence des *jinns* n'est pas une croyance essentielle et pour cette raison elle ne figure pas parmi les six que nous sommes en train de passer en revue, néanmoins le Coran parle d'eux à titre d'information. Prendre à la lettre ce que dit le Coran ou l'interpréter est équivalent.

Les livres

Pour être musulman, il faut croire aussi que Dieu a révélé des Messages par le truchement de plusieurs prophètes à diverses époques. Le nombre de ces Messagers est inconnu, mais le Coran en cite quatre : *al Tawrât*, la Thora, *al Zabûr*, les psaumes, *al Ingil*, l'Évangile et *al Qur'ân*, le Coran.

A propos de la Thora, le Coran dit, verset 44 de la sourate 5 :

> *Nous avons descendu* ***la Thora*** *qui guide et qui éclaire, c'est par elle que les prophètes soumis à Dieu rendent la justice aux juifs.*

A propos de l'Évangile, le Coran le mentionne au singulier (et non au pluriel) *al Ingîl*. Le Coran n'entre pas dans les détails et ne se prononce pas sur tel ou tel évangile selon tel ou tel évangéliste. Il ne canonise pas les uns ni ne qualifie les autres d'apocryphes. L'Évangile pour le Coran est l'Écriture qui relate l'enseignement transcendant de Jésus, fils de la Vierge Marie ainsi que sa vie exemplaire. Le Coran dit ensuite verset 46 de la même sourate :

> *... Nous poursuivions sur leurs traces, en envoyant Jésus, fils de Marie, confirmant* ***la Thora,*** *venue avant lui. Nous lui avons apporté* ***l'Évangile*** *contenant une bonne guidance et une lumière, confirmant* ***la Thora*** *venue avant lui pour guider et exhorter les fidèles.*

Le Coran cite aussi le *Zabûr*, les psaumes inspirés à David, qui ne sont pas une loi à observer, mais une loi pour fortifier l'intérieur de l'être, pour élever son âme et exalter son essence. Les psaumes sont des chants et des louanges à la gloire de Dieu. Le Coran dit aussi, verset 163 de la sourate 4 :

> *... Et nous avons donné à David* ***un psautier***

Le quatrième Livre cité dans le Coran est le Coran lui-même. Ce livre constitue l'autorité suprême en islam, sinon la seule.

Si l'Ancien Testament est reconnu par les juifs, les chrétiens et les musulmans, si le Nouveau Testament n'est reconnu que par les chrétiens et les musulmans, le Coran ne recueille la reconnaissance que de ces derniers. C'est presque normal, l'ancien a toujours de la réticence à l'égard du nouveau et le nouveau heurte l'ancien par sa prétention à le compléter.

Le Coran, tel qu'il existe en sa langue originelle, a deux pouvoirs sur son lecteur ; d'une part, les interpellations intellectuelles sur le sens de l'existence, la vanité, la bêtise et la petitesse humaines, et d'autre part, la beauté littéraire impressionnante et pathétique qui domine et enchante l'âme et l'esprit. La traduction du Coran, même la plus fidèle, lui coupe ces deux ailes.

Combien de non musulmans ont entrepris la lecture du Coran sans pouvoir l'achever ou l'ont terminé sans réussir à avoir une idée précise de son contenu. Cette situation est comparable à celle d'un cheikh hanbalite ou un marabout africain face à la lecture allégorique du quatrième évangile.

Le Coran est le nom d'action du verbe *qara'a* qui vient de la racine Q.R.'. dont les dérivés sont des homonymes qui prennent tous un de ces deux sens : protection ou lecture.

Le Coran dit, verset 16 de la sourate 75 :

> *Ne remue pas ta langue avec le Coran pour en accélérer l'ancrage.*
> *C'est à Nous qu'appartient son regroupement et son qur'an,* ***protection***
> *Quand Nous le* ***protégeons****, suis alors son qur'an,* ***lecture***[1].

1. André Chouraki inscrit en couverture de sa récente traduction du Coran, le mot « l'Appel ». C'est une traduction insolite car elle relève de l'hébreu et non de l'arabe ! La racine Q R A en hébreu veut dire appeler. Dans la Genèse il est dit : *Elohim qaraparâ Adam*... c'est-à-dire, Dieu a appelé Adam.

Le terme *qur'an* veut donc dire en langue arabe la lecture.

Signalons encore que le Coran a d'autres appellations, sortes de synonymes : *al Furqân*, le séparateur du Bien et du Mal, *al Kitâb*, le Livre, *al Mushaf*, le Feuillet, *al Ruh*, l'Esprit.

Le Coran a été révélé au Prophète Muhammad pendant vingt trois ans par fragments afin qu'ils puissent, lui et ses compagnons, l'apprendre par cœur et qu'ils s'habituent progressivement à exercer ses recommandations dans leur vie quotidienne.

Le texte coranique nous est parvenu par deux canaux sûrs, l'oral et l'écrit. La transmission orale suit des règles précises qui conditionnent sa validité. Il faut savoir que tout le Coran est appris par cœur, ponctuation et intonation qurayshite[1] comprises, par des centaines de milliers, voire des millions, de personnes et cela de génération en génération. Ces soucis linguistique et auditif ont pour objectif de permettre aux chercheurs de tous les temps de donner leur avis personnel sur le sens de telle ou telle expression en se basant sur la philologie et l'appréciation littéraire.

En ce qui concerne l'écrit, le Prophète avait à sa disposition dix scribes qui transcrivaient immédiatement chaque révélation. A sa mort, l'ensemble du Coran était écrit sur des feuilles de palmiers et des os. C'est Hafsa[2] qui avait la responsabilité de sa conservation. A cette époque, chaque musulman avait ses propres fragments où il avait consigné ce qu'il avait appris du Prophète lui-même. Les plus anciens manuscrits remontent à 644, douze ans après la mort du Prophète et sont appelés le Coran d'Uthman ou la Vulgate par analogie avec la traduction latine de la Bible. Ils émanent du troisième Calife qui a pris, à Médine, la décision d'écrire un seul Coran en plusieurs copies identiques destinées aux différentes régions nouvellement devenues musulmanes. En même temps, des centaines de personnes apprenaient par cœur le Coran. Les deux copies existantes se trouvent, l'une à Tachkent en Ouzbékistan, l'autre à Istanbul en Turquie.

♦ La signification du mot « Livre » en islam

Le Livre ou l'Écriture en islam n'est pas uniquement un récit ou un ensemble de témoignages sur Dieu dont l'auteur est plus ou moins inspiré. Pour le musulman, *al Kitâb*, le Livre, est la Parole même de Dieu. C'est Dieu en personne qui exprime Sa volonté avec Ses propres mots et Son propre style. Ce Livre est entre nos mains, accessible à tout alphabète, objet de méditation et d'interprétation perpétuelles, dans une démarche à la fois spirituelle et intellectuelle.

L'équivalent de cette conception de l'Écriture n'existe pas dans le christianisme. Selon ce dernier, c'est Jésus Christ lui-même, qui est Parole de Dieu, devenu chair parmi les hommes. Le Nouveau Testament, ensemble de témoignages rapportés par ses disciples inspirés certes, est considéré comme l'enseignement du Seigneur plutôt que la Parole même.

Les prophètes

Pour être musulman, il faut croire que Dieu a parlé aux hommes par l'intermédiaire des prophètes. Le Coran dit, verset 163 de la sourate 4 :

> *Nous t'avons inspiré de même que Nous avons inspiré Noé et les prophètes après lui et Nous avons inspiré Abraham, Ismaël, Isaac, Jacob et ses douze fils, de même que Jésus, Job, Jonas, Aaron et Salomon et Nous avons donné à David un psautier.*

---

1. Qurayshite, de Quraysh, la tribu du Prophète et de ses premiers compagnons. Le Coran a été révélé dans la langue de la tribu, précisément l'arabe qurayshite, qui est aujourd'hui le symbole de l'arabe littéraire parfait.
2. La fille du deuxième Calife.

Les prophètes sont des hommes choisis par Dieu pour leur révéler des vérités ou pour les charger de transmettre Son Message. Le nombre de ces élus lui aussi est inconnu. Le Coran cite à peu près cent quatorze prophètes. Nous disons « à peu près », car beaucoup de savants de l'islam contestent à quelques uns le statut de prophète. Néanmoins ces cent quatorze ne constituent pas la liste intégrale des élus de Dieu, et n'exclut pas l'existence d'autres qui n'ont pas été nommés puisque le Coran lui-même dit, verset 164 de la sourate 4 :

> *Nous avons inspiré des Messagers dont Nous t'avons déjà rapporté l'histoire auparavant et des Messagers dont Nous ne t'avons pas rapporté l'histoire. Dieu parla réellement de vive voix à Moïse.*

Le Coran affirme l'existence de prophètes en dehors de la lignée biblique de l'Alliance selon la Tradition biblique comme Ismaël, Job, et ceux non cités dans la Bible comme Shu'ayb, Sâlih, Hûd, Muhammad.

En islam, tous les prophètes ont enseigné la même vérité, absolument identique depuis Adam jusqu'à Muhammad. Seule la Loi varie selon le plan pédagogique de Dieu. En islam, il est impossible aux prophètes de pécher, ils sont protégés par la grâce et la guidance de Dieu. Le musulman s'irrite lorsqu'il apprend que dans la Tradition biblique, tel prophète a forniqué ou commis explicitement un crime ou a abjuré à la fin de sa vie ! Ils sont en islam tous vénérés et respectés sans distinction aucune. Le Coran dit, verset 285 de la sourate 2 :

> *... Tous (les croyants) ont cru en Dieu, à ses anges et à ses Messagers. Ils ont dit : Nous ne faisons pas de différence entre les Messagers...*

Si le musulman est appelé à ne faire aucune discrimination entre les prophètes, Dieu, en revanche a favorisé les uns par rapport aux autres. Le Coran dit, verset 253 de la sourate 2 :

> *Ce sont les Messagers, nous avons favorisé les uns par rapport aux autres.*

Ainsi, nous avons trois catégories d'hommes choisis par Dieu, d'abord les *nabî*, les prophètes proprement dits, c'est-à-dire les hommes qui ont reçu une révélation de Dieu pour un motif donné, et sont des milliers. Puis les *rasûl,* les Messagers, c'est une catégorie plus élevée que les précédents, il s'agit comme leur nom l'indique, d'hommes choisis et chargés de transmettre d'une manière ou d'une autre, un message à une tribu, un clan ou à une cité. Enfin, les *'Ulû al 'azm,* littéralement les Messagers « possédant la ferme volonté » que certains orientalistes réservent pour eux l'appellation d'Apôtres. Le message de ces Grands Hommes dépasse leurs clans pour atteindre toute une nation, sinon toute l'humanité. Ils sont connus dans l'histoire et sont au nombre de cinq : Noé, Abraham, Moïse, Jésus et Muhammad.

Le Coran mentionne des prophètes connus par le christianisme mais non reconnus par le judaïsme tels que Jean le Baptiste. Le Coran dit à propos de Zacharie et de son fils Jean, dans un style extrêmement beau, verset 2 à 15 de la sourate 19 :

> *C'est l'évocation de la miséricorde que ton Seigneur accorda à son adorateur Zacharie.*
>
> *Lorsqu'il adressa à son Seigneur un appel discret.*
>
> *Il dit : Seigneur ! Voilà que mes os se sont affaiblis et que ma tête s'est enflammée de cheveux blancs... et voilà que ma femme est stérile. Accorde-moi de Ta part un successeur... et fais Seigneur qu'il soit satisfait et qu'il donne satisfaction...*
>
> *« O Zacharie ! Nous t'annonçons la bonne nouvelle de la prochaine naissance d'un garçon du nom de Jean et Nous ne lui avons fait auparavant aucun homonyme.*

> *« O Jean ! Prends le Livre (la Thora) avec force ». Et nous lui donnâmes dès son enfance, sagesse et discernement. De même que tendresse reçue de Notre part et pureté et il était pieux...*
>
> *« Paix et salut sur lui le jour de sa naissance, le jour de sa mort et le jour où il se ressuscite vivant ».*

♦ Jésus dans le Coran

Le Coran parle de Jésus à maintes reprises, et cite son nom 25 fois :

Le Coran considère déjà l'avènement de Jean et son prêche dans le désert comme l'annonce de la venue de Jésus, le Coran dit, verset 39 de la sourate 3 :

> *Comme il* (Zacharie) *priait debout dans le sanctuaire, les anges crièrent : Dieu t'annonce Jean qui va annoncer une Parole de Dieu, il sera un Seigneur, un chaste et un prophète parmi les justes.*

A propos de la naissance de Jésus, le Coran dit, verset 45 de la sourate 3 :

> *Et lorsque les anges dirent : Marie, Dieu t'annonce une Parole de Lui, son nom est le messie, Jésus, fils de Marie. Il sera illustre dans ce monde et dans l'autre monde et l'un des proches de Dieu.*

A propos du soutien de l'Esprit Saint, le Coran dit, verset 87 de la sourate 2 :

> *Nous avons donné des preuves à Jésus fils de Marie et l'avons soutenu par l'Esprit Saint.*

Jésus dans le Coran est la Parole de Dieu qui est devenue chair, il est l'esprit de Dieu, né d'une vierge qui n'a pas connu d'homme auparavant. Jusque là, le Coran converge d'une manière forte avec le christianisme. Or le Coran affirme tout de suite et avec beaucoup de détermination que Jésus est une création de Dieu, ni dieu, ni demi-dieu, ni un fils de Dieu, ni une cohabitation entre une nature divine et une nature humaine. Donner à Jésus, une de ces attributions diverses est une mécréance, une grave erreur qui entache l'unicité de Dieu et le monothéisme absolu. Jésus est un prophète, créature de Dieu, certes noble et vénérable mais il demeure fils de l'Homme et non fils de Dieu.

A propos de sa nature, le Coran dit, verset 59 de la sourate 3 :

> *Devant Dieu, Jésus est comme Adam qu'il a créé de la poussière. Il lui a dit : Sois. Et il fut.*

A propos de sa mort, le Coran dit, verset 55 de la sourate 3 :

> *Dieu a dit : Jésus, je vais te rappeler* (par la mort) *te hausser à moi, te purifier des incroyants. je vais, jusqu'au jour de la résurrection, mettre tes disciples au-dessus des incroyants. Alors vous retournerez à moi et je jugerai entre vous.*

Il lui rend hommage tout en avançant une autre version autour de sa naissance et de sa mort, dite correction.

Le Coran dit, verset 171 de la sourate 4 :

> *Le messie Jésus, fils de Marie n'est que l'apôtre de Dieu, Sa Parole jetée à Marie et un esprit de Lui. Croyez en Dieu et ses apôtres. Ne dites pas trois : Cessez, cela vaudra mieux. Dieu est un dieu unique, c'est tout.*

La Parole de Dieu pour le Coran est le verbe « Sois ». Le verbe être à l'impératif avec quoi Dieu crée ce qu'il veut directement. Il suffit qu'Il dise « Sois » pour que la création se réalise immédiatement. Dieu a créé la Terre et les Cieux avec ce verbe. Nous, les êtres humains, nous sommes créés par Dieu, certes, mais selon la Loi de causalité. Nous sommes engendrés par nos parents qui furent eux-mêmes engendrés par leurs parents, en remontant toujours selon l'immuable loi, jusqu'à notre aïeul commun à nous tous, Adam. Celui-ci a été créé par le verbe « Sois ». Jésus exceptionnellement a mérité l'intervention directe de Dieu. Il l'a créé directement à partir de ce même Verbe, la Parole, *al kalima* « Sois » qui est devenu chair à l'intérieur de la Vierge Marie.

A propos de la naissance de Jésus, le Coran dit, versets 45 à 50 de la sourate 3 :

> *Et lorsque les anges dirent : « Marie ! Dieu t'annonce la prochaine venue d'une Parole. Son nom est le Messie, Jésus, fils de Marie, notable dans ce monde et dans l'autre monde et parmi les rapprochés ».*
>
> *... Elle dit : « Seigneur ! comment se peut-il que j'aie un enfant alors qu'aucun homme ne m'a jamais touchée ? Il dit : « C'est ainsi. Dieu crée ce qu'il veut. Quand il décide d'une chose, il lui suffit de lui dire « Sois » pour qu'elle se réalise ».*
>
> *Il lui enseignera l'Écriture, la sagesse, la Thora et l'Évangile.*
>
> *Il sera le messager auprès des fils d'Israël : « Je vous apporte un signe de la part de votre Seigneur : je vous crée à partir de l'argile la forme d'un oiseau, j'y souffle et voici un oiseau avec la permission de Dieu ; je guéris l'aveugle de naissance et le lépreux et je ressuscite les morts avec la permission de Dieu ; je vous informe de ce que vous mangez et de ce dont vous faites provision chez vous. Il y a là pour vous un signe certain si vous êtes croyants ».*
>
> *« Je viens confirmer ce qui m'a précédé comme Thora et vous rendre licite une partie de ce qui vous a été interdit. Je vous apporte un signe de la part de votre Seigneur. Craignez Dieu et obéissez-moi. »*

De même, le Coran honore les apôtres, *al hawâriyyun*, disciples de Jésus, sans citer leurs noms, ni préciser leur nombre mais affirme leur inspiration par le ciel. Le Coran dit, verset 111 de la sourate 5 :

> *Quand nous avons inspiré aux apôtres : « Croyez en moi et à Mon Messager ! « Ils dirent : « Nous avons cru, attesté que nous sommes des muslims* (dans le sens que nous avons expliqué) ».

Probablement cette inspiration est faite après l'ascension de Jésus au Ciel.

A cause de l'imprécision sur le nombre et la personne des prophètes, et surtout de la non-obligation pour ceux-ci d'être exclusivement de la lignée d'Abraham, les savants musulmans ont mené des recherches sur plusieurs personnages historiques, dont l'enseignement s'apparente plus ou moins à l'enseignement divin. Parmi ceux dont on peut augurer le don de prophétie, citons Bouddha, Zarathoustra, Confucius, Alexandre le Grand, Luqmân l'éthiopien...

♦ Le statut du Prophète Muhammad

En islam, c'est le message qui est le centre de la religion et non le messager. Le Prophète Muhammad[1] est en islam, un homme, comme tout homme, certes élu par Dieu mais avec l'unique objectif de transmettre Son message. Il est la créature et le serviteur de Dieu. Il a accompli son rôle, puis il est mort.

---

1. « Mahomet » vient du turc Mahmet qui vient de l'arabe Muhammad, beaucoup d'écrivains veulent changer cette « déformation » qui date du Moyen Age par Mohamed. L'appellation Mahomet ne nous dérange guère, car elle fait partie de la langue française sinon pourquoi ne pas changer tous les autres noms propres : Avéroes doit devenir Ibn Ruchd, Avicenne, Ibn Sina, Algérie, Al Djazaïr... !

Toutefois, Muhammad, témoin du Seigneur, est l'objet d'une grande considération, et sa mémoire est très respectée. Il est l'exemple à suivre par tous les musulmans, un exemple à leur portée puisqu'il est homme comme eux et non une divinité. Muhammad ne sauve personne, ne condamne personne. Le salut et la condamnation sont des attributs exclusifs de Dieu, avec qui on entretient des relations directes, intimes et permanentes. Le Coran dit, verset 144 de la sourate 3 :

> *Muhammad n'est qu'un Messager, les Messagers avant lui sont morts...* (c'est-à-dire, sa mort n'est pas improbable)

Le Coran dit, verset 110 de la sourate 18 :

> *Dis : « Je ne suis qu'un humain comme vous, je reçois la révélation que votre dieu est un Dieu Unique et celui qui espère la rencontre de son Seigneur, qu'il fasse une bonne œuvre »...*

Le Prophète lui-même a dit : « Ne me vénérez pas comme les chrétiens ont vénéré Jésus, fils de Marie ». Et à la mort de Muhammad, son compagnon 'Abû Bâkr a annoncé à la foule : « Celui qui adorait Muhammad, qu'il sache que Muhammad est mort, et celui qui adorait Dieu, qu'il sache que Dieu est vivant, et ne meurt pas ».

♦ Pourquoi Dieu envoie-t-il des prophètes ?

L'envoi des prophètes est une preuve que l'homme est libre et responsable. Le fait que ces Messagers de Dieu nous ont incité à un changement conceptuel et comportemental, conforte la certitude que nous sommes seuls responsables de notre engagement sous l'égide de notre volonté et l'autorité de notre raison. Le bouton de commande est bien situé sur terre. La logique terrestre et le raisonnement humain sont le terrain des pourparlers entre Dieu et l'homme. Ce dernier, libre, conscient et responsable, s'engage pleinement ou s'abstient en connaissance de cause. Sinon à quoi bon toute cette mise en scène de la prophétie ? Dieu aurait pu changer les âmes et les volontés de là-haut.

♦ Les miracles et le raisonnement humain

En brisant la loi de la Nature par ce qu'on appelle des miracles, les prophètes étaient clairs dès leur première annonce. Ils présentaient ainsi deux cartes de visite. La première signale qu'ils viennent de la part de Celui qui a établi ces lois intangibles (sauf avec Sa permission). La deuxième carte de visite souligne que les lois de la Nature ne sont pas une fatalité éternelle et qu'il existe, bel et bien, d'autres mondes, et le moins qu'on puisse dire, c'est qu'ils sont loin d'être gérés par ces mêmes lois.

Si un homme prétend qu'il est prophète et fait parler les animaux et guérit tous les maux, il agit ainsi pour qu'on écoute son message. On lui accorde une écoute, il est quand même un homme peu ordinaire. Va-t-on le croire ? Cette croyance dépend normalement du contenu du message et non pas de sa capacité de faire parler les animaux et de guérir tous les maux.

Si le message est du type : « une partie d'une chose est plus grande que sa totalité », il sera démenti même si on reste étonné par son pouvoir de faire parler les animaux et de guérir tous les maux. Car, croire à un tel message paralyse le recours suprême que possède l'homme pour distinguer le vrai du faux, son raisonnement. Dédaigner cette prophétie est pure sagesse.

Mais si le message ne heurte pas les bases fondamentales de la logique humaine, ce message a le droit d'être écouté, voire cru. Faire parler les animaux et guérir tous les maux renforcent, alors, la croyance. Briser les lois de la Nature n'est pas une preuve formelle, mais une simple démonstration de pouvoir qui souligne l'exception. Car ces lois naturelles sont devenues des normes crédibles uniquement par la continuité et la permanence de leurs cycles. De plus, nous n'avons jamais pu faire une induction complète sur ces lois ou connaître le secret de leur fonctionnement. Il est tout à fait possible de croire aux prophètes, car ils parlent d'un monde transcendant à tout cela, et nous sommes désarmés pour les démentir.

La bonne méthode, c'est de prendre le Message révélé et de l'étudier logiquement dans un libre examen mais sans avoir la prétention de vérifier les connaissances qu'il apporte même dans leurs détails mais en essayant avec beaucoup d'efforts de les comprendre. Après cette réflexion, il convient d'accepter ou de réfuter le message. Quelle que soit la décision, ce choix est un droit.

Le Prophète Muhammad n'a pas accompli de miracles proprement dits. Tous les grands Prophètes de Dieu, notamment ceux qu'on a nommé *ûlu al'azm*, ont eu leur parcours et leur mission entourés d'événements extraordinaires, les miracles : Noé et l'événement du déluge, Moïse et les châtiments successifs infligés à Pharaon, puis la traversée de la Mer Rouge, Jésus et les résurrections des morts, les guérisons des malades.

Or le plus grand miracle du Prophète Muhammad réside dans l'absence même de miracle. Il présente juste un Livret éternellement séduisant, interpellant et il se propose à la lecture respectant les esprits et les consciences. C'est là, la dimension éternelle de son miracle puisqu'il n'est pas sensoriel, limité dans l'histoire par un groupe de témoins oculaires. Le miracle du Prophète de l'islam est un texte qui invite les hommes à le prendre, à le vérifier et même à l'interpréter avec leur propre intelligence.

Le dernier jour

C'est le Jour de la résurrection de tous les êtres humains où ils seront jugés. Malgré les écrits abondants et la profonde réflexion théologique et philosophique, ces recherches n'ont apporté aucun éclaircissement. Ce qui demeure, c'est que la condamnation est pure justice et la récompense, pure grâce. La Miséricorde est le plus grand des attributs de Dieu. La plus grande récompense n'est pas uniquement le séjour éternel dans le paradis mais surtout la grâce accordée aux privilégiés, à savoir contempler le Visage de Dieu.

Le jour dernier est qualifié comme étant un grand réveil où les vérités prennent leurs dimensions propres.

Le Décret de Dieu

Pour être musulman, il faut croire aussi au Décret de Dieu. C'est, à peu près, l'équivalent de la croyance chrétienne, bien connue, de la prédestination.

En islam, on parle de *al qadâ'* et *al qadar*. La traduction de ces deux mots sont « le décret », et « la mesure ». Ces deux notions ne sont pas explicitées dans le Coran, mais un grand nombre de versets laisse croire à leur existence. En revanche, le Hadith mentionne clairement le *qadar*, en tant que bien et en tant que mal.

L'acceptation du Décret n'a rien à voir avec ce qu'on veut attribuer injustement à l'islam, le fatalisme de la philosophie pessimiste que beaucoup d'orientalistes lui ont accolé. Au contraire, le message coranique sensibilise et éveille la volonté humaine. En islam, il n'existe pas de sauveur, le seul salut pour l'homme est sa bonne conduite découlant de sa propre décision, de même la notion de péché originel est absente. Les seuls péchés que l'homme risque de commettre ont leur source dans son comportement émanant de sa propre volonté. L'homme n'est pas responsable des injustices commises par ses parents, par ses ancêtres ou même par Adam. Le Coran dit, verset 164 de la sourate 6 :

> *Toute âme ne commet le mal qu'à son propre détriment. Nul ne portera le fardeau d'un autre.*

Il dit aussi à propos des ancêtres, verset 134 de la sourate 2 :

> *Cette génération a passé. Elle a pour elle, ses acquis et vous avez pour vous, les vôtres. Et vous n'aurez pas à répondre de ce qu'ils faisaient.*

Puisque l'homme est interrogé, il est responsable et puisqu'il est responsable, il est libre sinon on tombe dans l'absurde, car nous ne pouvons pas imaginer que Dieu décrète l'égarement et qu'il châtie l'égaré à cause de cet égarement.

Donc l'homme n'est responsable devant Dieu que de son parcours à lui seul, dans cette vie ici-bas mais vraiment responsable et il sera certainement interrogé un jour par Dieu. Le Prophète Muhammad dit : *L'homme sera interrogé sur trois points : sur sa richesse et comment il l'a dépensée, sur sa jeunesse et comment il l'a passée, et sur santé et en quoi il l'a usée.*

Des attributions telles qui la richesse, l'intelligence et la santé sont des dons de Dieu qui offrent à l'homme, liberté d'action et facilité d'agir, mais ces facultés ne sont pas attribuées à part égale. C'est pour cette raison que Dieu invite l'homme à accroître toujours sa richesse par le gain licite qui ne porte pas préjudice aux autres richesses. Dieu invite aussi l'homme à prendre soin de sa santé par la prévention et la consommation mesurée d'aliments purs. Il l'invite aussi à aiguiser sa réflexion par la science et à nourrir son raisonnement par la connaissance. Le fait que les hommes n'ont pas tous les mêmes « mesures » de dons de Dieu, ils n'ont donc pas le même degré de responsabilité qui est respectivement proportionné aux moyens offrant liberté et capacité. Si un jour le pauvre devient subitement riche et le riche soudainement pauvre, ni le premier n'a raison de manifester sa joie, car il vaut mieux qu'il réfléchisse à l'accroissement de sa nouvelle responsabilité, ni le second n'a le droit de se tuer de chagrin et de désespoir. Ils sont appelés tous les deux à œuvrer selon ce que Dieu leur a ordonné.

Pour cela, l'homme doit accepter d'un cœur égal et sans émotion les événements heureux et malheureux dont il n'est pas responsable et dont l'ensemble constitue la trame de sa vie. Le croyant lorsqu'il tempête contre l'injustice et le despotisme, ne craint pas pour sa propre vie, car il sait que les forces du mal ne peuvent rien contre lui. Si on le tue, c'était déjà décidé. Sa conviction que les tyrans ne vont pas diminuer la durée de sa vie déjà prescrite l'invite à continuer son action dans la sérénité et la détermination. C'est ça, l'« *incha' Allâh* » des musulmans, qui sensibilise leur volonté et non le fatalisme qui l'annihile.

Avec le « Décret de Dieu » se terminent les croyances, toute croyance supplémentaire s'ajoutant aux six, n'est qu'un pur mensonge ou un égarement confessionnel. Ces croyances offrent à l'homme l'harmonie avec la Vérité universelle permettant d'atteindre l'équilibre moral et spirituel. Dieu a ordonné certains exercices obligatoires, indispensables pour soumettre le corps et l'esprit à cette Vérité. Avec la pratique, le croyant possédera un raisonnement logique et positif et un corps pur et assoupli, se conduira noblement dans la vie, c'est cela la vraie Liberté.

La Loi

Le sens strict de *sharî'a* en langue arabe est la Loi, dans son sens neutre ou profane.

On dit la *sharî'a* de la jungle. La Thora, c'est la *sharî'a* de Moïse. Les chrétiens arabes appellent aussi l'Ancien Testament : « la *sharî'à* et les Prophètes ». Nous parlons aussi de la *sharî'a* d'Hammourabi, de la *sharî'a* romaine, de la *sharî'a* française… Ainsi, ce terme de *sharî'a* désigne simplement en langue arabe et dans d'autres[1], la Loi dans son sens neutre.

Le Coran, révélé en langue arabe emploie le terme *sharî'a* et ses dérivés de la même racine cinq fois. Pour le Coran, *sharî'a* signifie la voie vers Dieu, la bonne conduite de l'homme en relation avec la Vérité, synonyme de religion en quelque sorte.

1. Persan, swahili…

On remarque donc que ni la langue arabe ni le Coran ne définissent la *sharî'a* comme une Loi divine immédiatement applicable ou une législation codifiée. Même au temps des califes bien guidés et au début de l'ère Omeyyade, le terme *sharî'a* signifiait la conduite conforme à la morale en observant le Coran.

A partir du deuxième siècle de l'hégire, le terme *sharî'a* prend la signification de Loi de Dieu. L'organisation de l'Empire et des États musulmans, et la complexité de la civilisation nécessitaient une législation bien définie à l'instar des nations et des civilisations qui ont précédé l'islam ou qui l'ont avoisiné. Or dans une nation où la seule cohésion sociale est religieuse, où la citoyenneté est l'adhésion à la communauté des croyants, la Loi voulue ne peut être qu'inspirée directement de la religion islamique. Mais la seule autorité religieuse en islam jusque là est le Coran, c'est-à-dire un texte. Comme tout texte, le Coran est donc quantitativement limité alors que les événements sont illimités, que les changements de situations et les conditions de vie sont en perpétuelle évolution et souvent imprévisibles. L'homme de loi musulman s'est trouvé dans la nécessité d'établir une ou plusieurs différentes législations en se référant à la fois à des recommandations coraniques, aux coutumes locales et en recourant à l'effort intellectuel, pour répondre aux multiples besoins d'une vie sociale en pleine expansion. A cette même époque, la législation, *fiqh*, comme d'autres disciplines islamiques ont connu un essor pléthorique dans tous les domaines essentiels ou secondaires.

Le droit de Dieu et le droit de l'homme

La *sharî'a*, la Loi en islam, contient des volets propres à deux types de droit : le droit de Dieu, c'est les *'ibâdât*, les adorations et le droit de l'homme, les *mu'âmalât*, les « entretraitements ».

Le premier droit est le culte, ce qu'on a l'habitude de désigner comme les cinq piliers de l'islam.

Le deuxième droit concerne l'organisation de la société. La traduction littérale « entretraitements » est tirée du mot arabe *mu'âmalât*, comment l'homme traite son semblable afin de réussir une cohésion sociale et une harmonie du vécu collectif où le droit de chacun est respecté et par voie de conséquence les devoirs de chacun sont déterminés.

Cette interférence entre le droit de Dieu plutôt cultuel et spirituel, et le droit de l'homme tourné vers l'organisation de la société, donc rationnel et basé sur l'intérêt réel matériel ou moral n'est pas une coïncidence au regard de la *sharî'a*. Cela ressort de la conception même de l'islam qui refuse toute frontière entre le sacré et le profane, entre le séculier et le régulier.

La source essentielle du droit de Dieu est le Texte, le Coran et la tradition prophétique qui l'explicite et l'activité intellectuelle des commentateurs et des hommes de loi. Nous détaillerons ces sources lorsque nous étudierons le droit de l'homme.

• Le droit de Dieu

Le droit de Dieu est le culte rendu à Dieu et consiste en ce qu'on appelle usuellement les cinq piliers de l'islam. Cette appellation provient d'un hadith renommé. On les appelle aussi *al 'ibadât*, les adorations. Ces cinq piliers sont en ordre : le témoignage de la foi, les cinq prières quotidiennes, l'aumône légale, le jeûne du mois de Ramadan, et le pèlerinage à la Mosquée sacrée de La Mekke.

La première source de cette pratique cultuelle est le Coran, mais tous les détails proviennent essentiellement de la *sunna*. La raison de l'homme se borne à comprendre le comment et non le pourquoi. Par exemple, nous ne pouvons poser la question pourquoi on prie cinq fois par jour ? Pourquoi pas quatre fois, pourquoi pas six ? Car l'homme adore Dieu comme Il veut être adoré.

Le témoignage de la foi, premier pilier

Le premier pilier est l'attestation de la foi *al shahâdatân*, les deux témoignages qu'expriment les deux phrases suivantes :

– *j'atteste qu'il n'y a de dieu que Dieu*
– *et j'atteste que Muhammad est le Messager de Dieu.*

Il faut savoir qu'en islam pour se considérer musulman, il suffit de croire pour l'être et il n'y a ni registre paroissial, ni baptême, ni circoncision[1]. Il faut se tourner vers Dieu d'une manière directe et strictement individuelle. Seul Dieu, est témoin de cette conversion. Avouer son islam ou le dissimuler ne change rien, et ne touche pas à la vérité de la foi. Mais pour adhérer au groupe des croyants et vivre son islam socialement, l'intéressé se doit de l'affirmer oralement par la prononciation des deux phrases citées plus haut. Et les musulmans sont obligés de le considérer comme tel tant qu'il ne renie aucune des vérités de l'islam, textuellement établies. Ils sont obligés de le tenir pour musulman puisque nul ne peut pénétrer dans les cœurs, ni mesurer le « taux » de la foi. En effet si le musulman se réclame de la confession islamique et malgré sa déclaration, il demeure toujours le seul responsable de son degré d'engagement.

La prière (*salât*), deuxième pilier

D'après un célèbre hadith : *La prière est le pilier principal de la religion, celui qui la néglige, néglige toute la religion.* Comme le corps se nourrit d'aliments pour vivre et se maintenir, l'intellect se nourrit de connaissance et de science pour s'illuminer et rayonner, la prière est la nourriture naturelle de l'âme. Elle est le lien entre l'homme et son origine, Dieu. C'est dans la prière que le croyant trouve le sens de la vie, et ses repères. L'homme qui prie est un homme serein, paisible et humain.

Mais, pour bien comprendre la spécificité de la prière en islam, nous voulons corriger d'abord certaines traductions sommaires. En français on dit par exemple : dire, réciter, balbutier une prière. Ces expressions ne peuvent s'appliquer à la *salât*, la prière « rituelle » en tant que deuxième pilier de l'islam. La *salât* est un acte, une œuvre. C'est pourquoi on dit plutôt : faire, dresser, effectuer ou rattraper une prière *'addâ, aqâma, qadâ.*

La traduction exacte de *salât* veut dire « relation » ou « liaison ». Ce qu'on appelle les cinq prières sont en réalité des rencontres intermittentes avec Dieu et qui rythment la vie du croyant. Ceci explique pourquoi l'orant doit être en état de sacralisation, *al 'ihrâm* dès qu'il commence sa prière. Il commence par glorifier Dieu en prononçant solennellement *Allâh akbar*, Dieu est plus grand. Il termine en saluant les hommes, en se tournant vers la droite puis vers la gauche en disant *'assalâmu 'alaykum...* Et c'est le retour à la vie quotidienne et sociale.

Cette forme de relation se traduit par la soumission de la créature devant son créateur, au cours de laquelle le musulman se prosterne et loue Dieu, cinq fois par jour, pour ne pas perdre contact. Cette pratique précise est différente de la prière, proprement dite. Le *du'â'* en islam est une supplique non codifiée adressée à Dieu à tout moment et en toute langue pour exprimer n'importe quel souhait en demandant l'aide de Dieu pour atteindre des objectifs moraux ou matériels. L'ablution préalable est d'ordre symbolique, et signifie la purification de l'âme.

---

1. Tous les musulmans pratiquent la circoncision, non pas par obligation religieuse mais en tant que recommandation d'hygiène appelée *sunan al fitra*, les traditions de la nature, ou *al sunan al 'brâhimiyya*, les traditions abrahamiques.

L'essence de la *salât* donc l'essence de tout l'islam est *al khushû'*, un concept intraduisible en français. C'est un sentiment profond qui envahit tous les sens de l'être et qui envoûte son esprit et fait vibrer son corps. C'est un sentiment fait à la fois de sublimation, de crainte et d'attirance. Il est semblable, mais à une échelle très miniaturisée, au sentiment que procure une vision panoramique au sommet d'une montagne à la lumière douce du crépuscule. C'est un plaisir accompagné d'un serrement de cœur où l'homme prend conscience devant ce spectacle impressionnant de sa juste valeur, de son extrême petitesse devant la beauté infinie. C'est un bonheur de réaliser sa propre dimension par rapport à la Grandeur illimitée.

Contempler la Nature est une adoration de Dieu, car elle enseigne l'humilité reçue de bon gré qui révèle l'avant goût de la Vérité. L'adoration de Dieu notamment de la *salât* est faite de ce *khushû'*, symbolisé par une inclinaison forte et les prosternations, spécifiques à la prière islamique. Le *khushû'* est aussi une crainte amoureuse ou un amour craintif, c'est la nostalgie de sa propre source, de ce qu'on a tendance à oublier. Le Coran dit, verset 164 de la sourate 2 :

> *Dans la création des cieux et de la terre, dans l'alternance de la nuit et du jour, dans les vaisseaux qui voguent sur la mer avec ce qu'ils apportent de profitable, dans l'eau que Dieu envoie du ciel pour faire revivre la terre quand elle est morte et y répandre toutes sortes d'animaux, dans le régime des vents et dans les nuages dociles entre ciel et terre, il y a certes des signes pour ceux qui comprennent.*

Le Coran recommande et incite l'homme à la prière, mais sans décrire sa forme. C'est la sunna qui indique le temps et la manière de prier, en se référant à la prière du Prophète. Cette manière a été transmise de générations en générations jusqu'à nos jours, ce sont les cinq prières quotidiennes qui rythment la journée du musulman et se repartissent en deux prières de lumière et trois prières d'ombre. Les deux prières de lumière ont lieu à midi et dans l'après-midi, bien avant le coucher du soleil. Elles se font dans le silence puisqu'à la lumière du jour, la prière est suffisamment manifeste. Chacun choisit dans le Coran les courtes sourates ou les longs versets qu'il adresse à Dieu. Quant aux prières qui ont lieu après le coucher du soleil dans la nuit et à l'aube, l'orant ou l'imam récite les sourates à haute voix.

Les temps canoniques des prières se réfèrent au mouvement solaire. L'islam est une religion qui doit pouvoir toucher toutes les sociétés, et comme dit un adage arabe : « Pour assurer l'unité de la caravane tous marchent au rythme du plus lent ». En choisissant des signes cosmiques visibles à l'œil, l'islam s'adapte aux sociétés les plus primitives. Il suffit au bédouin de lever les yeux pour connaître le jour et l'heure. A Paris, par exemple, c'est l'observatoire qui relève les heures et fixe ainsi le calendrier de référence. Le téléphone arabe fait le reste.

La prière solennelle et collective du vendredi à midi célébrée dans les mosquées est une obligation pour tout musulman adulte et résidant, elle est appelée « la prière du rassemblement ». Cette prière exprime l'unité des musulmans et témoigne de la solidarité qui les relie les uns aux autres.

L'imam est celui qui préside et guide la prière collective. En principe tout homme cultivé et respecté est à même de présider la prière. Il n'a pas le même rôle que le curé de l'Église catholique, car il n'est pas l'intermédiaire ni le médiateur entre Dieu et les hommes. Son rôle consiste à prier à haute et intelligible voix, afin que tous les participants puissent faire les mêmes gestes et réciter les mêmes versets au même moment. Pour cela, il se place devant (iman signifie « celui qui est devant »).

♦ Les ablutions

Le musulman, avant de prier, se lave dans l'ordre le visage, les avant-bras, s'essuie la tête puis se lave les pieds.

Ce sont les ablutions préalables à la *salât*. Elles peuvent n'être que d'ordre symbolique car on lave ces parties du corps même si elles sont propres. Ceci est la preuve que la pureté envisagée est d'une autre nature. C'est le nettoyage du cœur de ses maux. Si la malpropreté du corps est connue, celle du cœur l'est aussi, à savoir la haine, la cruauté, l'égoïsme, l'intolérance, la cupidité, la petitesse, etc.

Tout homme, avant de rencontrer un haut personnage ou un seigneur, se prépare, se nettoie, s'embellit et met la meilleure de ses robes. Comme pour toute rencontre importante à laquelle on accorde intérêt et espoir, on est soucieux de son apparence. Mais hélas, ce Grand Seigneur de la *salât* n'est pas comme les autres. Celui-ci ne s'intéresse point aux aspects extérieurs de l'être. Il est insensible aux apparats. Bien au contraire, Il est attiré par une autre propreté, une autre beauté et une autre hygiène, celle du cœur et de l'âme. C'est exactement la symbolique de l'ablution qui précède la *salât*, cette importante rencontre avec Dieu. Imaginons celui qui pratique la prière avec l'assiduité prescrite. Il se voit plus tard, pur et transparent avec une âme plus élevée et le rayonnement spirituel qui inspire à tout le monde, respect et considération. L'assidu à la prière arrive à ces hauteurs sans qu'il le sache ou qu'il le veuille forcément puisque son but initial est de prier Dieu avec le maximum d'humilité et de remise de soi. Le Prophète Muhammad a dit : *Celui qui s'abaisse pour Dieu, Dieu l'élève.*

L'aumône (*zakât*), troisième pilier

Le sens de ce mot en langue arabe est « la pureté », une pureté tournée plutôt vers l'âme, la *zakât* a un deuxième sens, c'est avoir une bonne odeur. Or dans le sens employé par le Coran, repris plus tard par la législation religieuse, la *zakât* est le troisième pilier de l'islam, le troisième droit de Dieu, sorte d'impôt légal prélevé sur toute richesse ou bien somptuaire, c'est-à-dire toute richesse surpassant le seuil du minimum qui assure la survie de l'individu, lui et les personnes dont il a la charge, sa famille par exemple. Le seuil est variable chaque année et tient compte du coût de la vie. Le taux de cet impôt concernant la fortune pécuniaire est de 2,5 % de l'ensemble. Elle est perçue au début de l'année lunaire, quelque temps après la fête du sacrifice.

C'est donc un prélèvement obligatoire sur tous les biens somptuaires. Le Coran dit, verset 103 de la sourate 9 :

> *Prends de leurs biens, une aumône, afin qu'elle les purifie.*

Du fait du caractère obligatoire de la *zakât*, certains traducteurs utilisent le mot dîme pour la désigner. Nous pouvons faire à ce sujet plusieurs remarques. Premièrement, le taux est nettement inférieur aux 10 % indiqué pour la dîme. La deuxième observation est que les utilisations de la *zakât* sont précisées dans le Coran. La *zakât* ne sert ni à la construction des mosquées, ni à leur entretien, ni à l'achat des burnous des imams.

La *zakât* est destinée aux gens dans le besoin ou sans ressources pour sauvegarder la dignité des personnes. Le Coran précise dans un verset les huit individus ayant droit à cette quête collectée. Le Coran dit, verset 60 de la sourate 9 :

> *En effet, les aumônes doivent servir aux pauvres, aux indigents, à ceux qui les recueillent, aux cœurs ralliés, aux rachat des esclaves, aux débiteurs, au chemin de Dieu et au fils du chemin...*

♦ Les pauvres

L'islam n'aime pas la pauvreté et la combat de toutes ses forces, d'abord par l'incitation au travail, l'indépendance financière qui préserve la dignité de chacun. Le

Prophète Muhammad a dit : *La pauvreté est presque comme la mécréance*, c'est-à-dire elle est détestable et à combattre, telle est le cas de la mécréance.

Des compagnons du Prophète sont venus un jour vanter la piété et la religiosité d'un homme en disant : *Il jeûne toute la journée et prie toute la nuit en une retraite totale.* Muhammad leur a demandé : *Et qui l'entretient ?* Ils ont dit : *Son frère.* Le prophète leur a répondu : *Son frère est mieux que lui aux yeux de Dieu.*

Le Prophète Muhammad a dit : *La main supérieure* (celle qui donne) *est meilleure que la main inférieure* (celle qui reçoit).

Assumer sa propre survie par le travail et l'activité et ne dépendre de personne est la forme la plus élaborée de l'adoration de Dieu, même si ce travail prend tout le temps et ne laisse guère l'occasion de célébrer le culte légalement établi.

Comme toute religion, l'islam prône à la communauté la prise en charge des pauvres. Dans un hadith, il est dit : « *Les pauvres sont les enfants de Dieu* ». Si nous nous réclamons de l'amour de Dieu, il serait anormal de ne pas chérir ses propres enfants.

Or chérir le pauvre n'est pas le condamner à l'état de pauvreté. Un jour, lorsqu'un homme saluait le Prophète en lui touchant la main, Muhammad a senti la rudesse de cette main, et a immédiatement dit : *C'est une main aimée de Dieu* (car c'est une main qui travaille).

♦ Le *miskîn*, l'indigent

Le mot français mesquin qui a une connotation péjorative est d'origine arabe *miskîn*. Le *miskîn* est celui qui n'a même pas un repas par jour.

♦ Les collecteurs

La *zakât* est récoltée par un groupe de notables, de préférence riches et désintéressés, désignés par la Communauté. S'ils ne sont pas riches, ils peuvent en prélever une partie au titre de rémunération des services rendus. Pour assurer l'indépendance totale vis à vis de tout pouvoir temporel. La *zakât* est donc déposée dans une caisse non gouvernementale dont les gérants sont tout à fait autonomes par rapport à l'autorité administrative. Ils sont chargés de la perception et de la distribution qui doit être faite avant la prochaine collecte. Dans le langage d'aujourd'hui, l'institution qui rassemble les fonds de la *zakât* et qui veille à sa distribution doit être une ONG, organisation non gouvernementale, indépendante mais reconnue d'utilité publique.

♦ Les cœurs ralliés

C'est-à-dire les rois, les princes, les gouverneurs qui manifestent de la sympathie et de l'amitié aux musulmans. C'est la participation de l'ensemble de la communauté pour montrer leur reconnaissance par des cadeaux offerts collectivement. Les cœurs ralliés sont aussi les personnes récemment converties qui sont venues vivre dans une communauté musulmane. La *zakat* est un des supports qui leur permet de commencer une vie digne en évitant la dépendance d'un groupe de bienfaiteurs.

♦ Les esclaves

L'esclavage est combattu par l'islam mais le Coran n'a pu le supprimer d'un seul coup.

Dans son interdiction des pratiques jugées nuisibles ou injustes, l'islam a procédé par trois manières : l'interdiction immédiate, l'interdiction progressive et l'interdiction potentielle en perspective.

– L'interdiction immédiate comme celle qui concerne le vol, le meurtre, la fornication... à l'instar de toutes les religions révélées.

– L'interdiction progressive qui prépare les gens à se détacher d'une habitude bien ancrée, comme celle qui a frappé la consommation de l'alcool.

– L'interdiction potentielle en perspective, c'est le cas de l'esclavage.

L'islam a mis un terme aux sources qui alimentent l'esclavage, c'est-à-dire il a interdit définitivement de réduire un homme libre en esclavage, quelle qu'en soit la raison. Mais il n'a pas affranchi d'un seul coup les esclaves vivant auprès des musulmans ou dans les régions nouvellement islamisées. Au moment où l'islam interdit la réduction des hommes libres à l'état d'esclave, il a semé les graines pour affranchir progressivement tous les esclaves mais dans un délai qui dépasse clairement la vie de Muhammad ou celle de ses compagnons. L'islam ne pouvait agir autrement puisque l'esclavage était une institution internationale très pratiquée par tous les États et les Empires de l'époque. Or l'islam a laissé des recommandations et des obligations qui, si elles sont observées par les musulmans, permettent d'arriver à un temps où il n'existera plus un seul esclave, du moins dans les États musulmans. En attendant ce temps, les esclaves certes n'ont pas le même statut juridique que les hommes libres mais humainement sont considérés tous pareils. Voilà les recommandations de l'islam à l'égard des esclaves.

Le Prophète a dit : *Ces esclaves sont vos frères et vos subordonnés dont Dieu vous a octroyé la tutelle. Quiconque en possède sous ses ordres, qu'il les nourrisse de ce qu'il mange, qu'il les vête de la même façon que lui. Ne les surchargez pas, sinon aidez-les.*

Il a dit aussi : *Celui qui gifle ou bat son esclave n'a d'autre moyen pour expier son méfait que de l'affranchir.*

Avec ces recommandations, la *zakat* affranchit obligatoirement chaque année un grand nombre d'esclaves.

♦ Les endettés

Les endettés sont ceux qui ne peuvent payer leurs dettes et sont tellement accablés qu'ils continuent à s'appauvrir mettant ainsi en péril leur famille et hypothèquent leur dignité.

♦ Le chemin de Dieu

Le chemin de Dieu est toute œuvre qui bénéficie à l'ensemble de la société, seule représentante de Dieu, l'humanité, c'est-à-dire construire un pont, creuser un puits, bâtir une école, défendre une région musulmane agressée, la *zakât* peut servir à financer la mobilisation, etc.

♦ Les fils du chemin

C'est l'étranger parmi nous. Dans les sociétés à structure tribale comme celle de l'Arabie préislamique ou celles des régions avoisinantes, tout individu est connu par ses ascendants ou son appartenance à tel clan ou à telle famille. Tout homme est *ibn*, fils d'untel. Or il est des personnes étrangères dont on ignore l'origine familiale, on sait seulement qu'elles viennent de l'horizon ou du chemin, et on les appelle ainsi pour ne pas les appeler *gharîb*, étranger. Même si les étrangers sont à l'aise financièrement, une part de la *zakât* collectée socialement leur donne assurance et confiance, car la situation de l'étranger demeure souvent fragile. Ils ont le sentiment de ne pas jouir des mêmes droits que les autochtones.

♦ Les uléma

Selon certains *ijtihad* de l'école malikite, les uléma ont droit à la *zakât* pour préserver leur indépendance à l'égard des Gouverneurs. Il est connu que souvent ces derniers lorsqu'ils salarient les uléma ont tendance à exercer une pression sur eux, afin d'obtenir de leur part le témoignage qui légitime une action politique ou une raison dite d'État.

Ce partage a pour objectif de délivrer les riches de leur avarice et de permettre l'accès de tous au bien être. Le besogneux reçoit la *zakât* en tant que droit et non comme un don ou une faveur. Notons encore que la *zakât* fait partie du droit de Dieu et qu'elle n'est pas une concession humaine.

Le jeûne (*sawm*), quatrième pilier

« Faire le Ramadan », est une phrase qui n'a pas de sens. Le Ramadan n'est pas une action ou une fonction, mais un mois. Il s'agit du neuvième mois du calendrier lunaire ayant une durée variable de 28 à 30 jours. Nous devons dire donc « jeûner le mois du Ramadan ». Le choix de ce mois réside dans le fait qu'il est béni aux yeux de tous les musulmans puisqu'il commémore la première Révélation du Coran. Le Coran dit, verset 183 de la sourate 2 :

> *Ô vous qui croyez, le jeûne vous est prescrit comme il a été prescrit aux générations qui vous ont précédées.*

Le jeûne n'est pas une invention de l'islam puisqu'il existe dans les religions révélées qui l'ont précédées. Or le jeûne prescrit par l'islam a une spécificité particulière. C'est une privation de toute nourriture solide ou liquide et de relations sexuelles. Elle dure, de l'aube au coucher du soleil, pendant tout le mois.

C'est d'abord un exercice de la volonté sur le corps qui doit s'abstenir des besoins les plus légitimes, une réanimation du spirituel qui a pu être négligé au cours de l'année, un renforcement du contrôle et de la maîtrise de soi.

C'est aussi résister devant le légitime, car il n'y a pas plus légitime, plus naturel que de se nourrir lorsqu'on a faim, boire quand on a soif, mais on résiste tout de même par obéissance à Dieu et par respect devant ses propres engagements. Or celui qui résiste devant le légitime et le naturel, résistera un autre jour beaucoup plus aisément devant l'illégitime, le non-naturel, la corruption, la tentation de tendre la main pour s'emparer du bien d'autrui.

C'est enfin expérimenter dans son corps la souffrance de la privation et ressentir la douleur de la faim, pour se sensibiliser à la nécessité du partage. On a beau avoir le cœur sensible à l'égard de ceux qui vivent la privation, mais il faut la vivre soi-même pour la connaître vraiment.

Le pèlerinage (*hajj*), cinquième pilier

C'est une rencontre annuelle de millions de musulmans, un immense congrès où les musulmans viennent de tous les coins du monde pour se rencontrer en un seul jour, en un seul endroit, toutes ethnies mélangées, toutes couleurs confondues, toutes langues interférées sans la moindre distinction d'ordre racial, social ou matériel, libres de tout attachement, symbolisé par un quasi-dénuement — un simple linge autour de la taille pour les hommes et un habit blanc pour les femmes. Le riche ou le pauvre, l'émir ou le plus humble des musulmans, tous égaux, tête nue, pieds nus, anonymes, simples créatures.

Lorsque le pèlerin touche la pierre noire, c'est en quelque sorte la main de Dieu qu'il touche. Le pèlerin procède ensuite à un autre geste symbolique, il lapide des obélisques, c'est-à-dire qu'il lapide Satan pour réprimer en lui le mal substantiel, l'hypocrisie, la cupidité, l'égoïsme, l'intolérance et le despotisme. Il prend l'engagement solennel d'exécuter la volonté de Dieu et de le vénérer dans chaque acte de sa vie. Chaque musulman fait ce pèlerinage, s'il le peut, une fois dans sa vie. Le pèlerinage à la Mekke s'effectue notamment le dixième jour du douzième mois lunaire *dhu al-hijja*, ce jour là, les musulmans du monde entier célèbrent la fête du sacrifice, c'est la commémoration du grand *sacrifice d'Abraham*, connu en France sous l'appellation maghrébine, *l'Aïd el kabir* ou encore sous l'appellation indécente de la fête du mouton !

Le pèlerinage est une obligation pour tout musulman adulte sain d'esprit, ayant des ressources suffisantes pour couvrir les frais du voyage, son séjour durant le *hajj* et surtout l'entretien de sa famille dont il a la charge, pendant la durée de son absence. L'autre condition pour que le pèlerinage devienne une obligation est la sécurité de la route, (absence de guerre, de banditisme et d'épidémie). Si toutes ces conditions sont réunies, le musulman doit effectuer ce *hajj* une fois dans sa vie.

Rappelons que contrairement à la tendance actuelle de nombreux musulmans littéralistes, la prescription de ces pratiques, c'est-à-dire l'adoration, ne doit pas être scrupuleusement codifiée sous peine d'en perdre l'esprit et l'objectif.

En dépit de l'appellation de « droit de Dieu », Dieu est transcendant à tout ce qui émane de l'être humain. Il n'a aucun intérêt, et ne recueille aucun bénéfice de ces formes d'adoration qui lui sont rendues. En réalité, seul, le pratiquant en tire profit dans la mesure où il croit uniquement en Dieu, ne craint que Lui qui, demeure sa seule source d'espoir.

• *Le droit de l'homme*

Ce droit est appelé *al mu'âmalât,* littéralement, l'entretraitement, c'est-à-dire comment l'homme traite son semblable, l'homme. Ce droit régit l'organisation de la société.

Les sources du droit de l'homme

♦ Le Coran

Le musulman croit profondément que le Coran est la Parole de Dieu, Maître absolu, Créateur de toutes choses. Ce Message est envoyé aux hommes pour les guider. De cette croyance, découle le principe que le Coran est seul détenteur des vérités absolues, repère sûr qui détermine le droit des uns et des autres. Il est la seule référence de la bonne conduite. Il est alors, pour le musulman, la source unique de la religion, de l'éthique et du droit.

Toutefois le Coran mentionne d'autres sources à qui il concède du crédit. Ainsi le droit musulman, tout en restant d'origine coranique, puise dans plusieurs autres sources humaines et naturelles, à savoir le Hadith, le consensus de la Umma, les coutumes locales, le Bien appréhendé par l'homme et l'effort intellectuel du législateur.

♦ La sunna

La sunna veut dire dans son sens premier la tradition ou la règle à suivre. Mais ce terme a une signification précise dans le lexique de la théologie islamique. Il s'agit spécifiquement de la tradition prophétique, c'est-à-dire le comportement et la manière d'être dans le quotidien du Prophète Muhammad en tant que premier témoin de la Révélation, traduisant sa compréhension pratique de l'islam. L'observance de la Sunna est une directive coranique ajoutée à une autre recommandation du Prophète lui-même.

Le Coran dit, verset 7 de la sourate 59 :

> *Ce que le Messager vous apporte, prenez-le et ce qu'il vous interdit, interdisez-le à vous-mêmes.*

Mais qui dit tradition ou comportement, évoque un ensemble de règles non écrites qui échappent à toute normalisation. C'est pour cette raison que les savants de l'islam ont eu recours à ce qu'ils ont appelé le *Hadith.* Beaucoup de musulmans et par conséquent les non-musulmans aussi, ne font pas la distinction entre la Sunna et le Hadith.

Le Hadîth[1] est l'ensemble des textes parvenus par transmission directe ou indirecte à travers les générations. Il rassemble les paroles, les actes et les

1. Le *Hadith* (avec un H majuscule) est la tradition prophétique en tant que source de la législation musulmane, le *hadith* (avec h minuscule) est soit une parole, un fait ou une permission du Prophète. Le *hadith* est un élément du Hadith. La *sunna* veut dire la tradition ou la loi.

approbations du Prophète de l'islam. Il a uniquement pour but d'expliquer le Coran, d'en relativiser des termes absolus ou d'en préciser les notions générales.

L'expérience humaine du Prophète et ses goûts personnels ne font pas partie du domaine religieux.

On distingue plusieurs types de hadiths en fonction de leur degré de certitude et de leur authenticité. Ils se divisent principalement en deux catégories : les *sahîh*, les certifiés et les *dha'îf*, les faibles.

Les ouvrages qui rassemblent le Hadith sont nombreux et font l'objet de consensus à l'intérieur des différents groupes. Le consensus des sunnites porte sur six livres : al Bukhârî et Muslim sont les plus connus, les autres sont al Tirmidhî, al Nasâ'î, ibn Mâja, et 'abû Dâwûd. Quant aux shî'îtes, leur consensus se fait sur l'ouvrage de al Kulaynî. Pour les khârijîtes 'ibâdites, leur référence s'établit à partir de celui d'al Farâhîdî.

♦ Le *'ijma'*, le consensus

Le *'ijma'* en tant que source de la *sharî'a* signifie le consensus des musulmans, de tous les musulmans, concernant un détail de droit. Le *'ijma'* tel qu'il est présenté par des savants de l'islam tire son autorité du Coran et du *Hadith*. Le Coran dit :

> *Vous êtes la meilleure communauté qu'a connu l'humanité, vous ordonnez le Bien reconnu et vous interdisez le Mal désapprouvé.*

Le prophète Muhammad a dit : *Ma communauté ne sera pas d'accord sur un égarement.*

De ces deux textes, le verset coranique et le hadith, les premiers savants de l'islam ont déduit que l'accord unanime et total de tous les musulmans est une source infaillible pour la législation musulmane. Or dans le concret, nous nous trouvons devant une multitude de problèmes. D'abord, il y a une impossibilité physique à réunir tous les musulmans pour leur soumettre un sujet à débattre, ou pour recueillir leur avis un par un, là où ils sont. Ensuite, dans la mesure où l'on admet la possibilité de les réunir ou de rassembler leur avis, on se trouve devant le problème suivant : qui donc peut prendre cette gigantesque initiative et au nom de quelle autorité ? De plus, les musulmans approchant un milliard d'individus, la probabilité de leur accord, mathématiquement parlant est extrêmement minime. Car il suffit d'un seul musulman dans ce milliard pour briser par son désaccord, ce consensus.

Beaucoup de savants musulmans conscients de ces impossibilités multiples ont avancé la thèse que le *'ijma'*, ce consensus canonique, est réservé aux théologiens, les uléma. Or, même dans cette hypothèse, non fondée, nous rencontrerons d'autres problèmes. Quel est, concrètement, le statut du théologien ? Et comment le reconnaître ? Est-ce par ses diplômes ? Est-ce par la connaissance et l'expérience conjuguées à la piété et la religiosité ? Est-ce par la reconnaissance sociale dont il jouit ? Tout ceci est insaisissable surtout lorsque l'on sait qu'il n'y a pas une frontière précise entre le théologien et le non-théologien. Dans une religion qui ne connaît pas le sacerdoce, la théologie est comparable à la poésie. Tout le monde est plus ou moins poète. D'autres uléma conscients de toutes ces imprécisions ont conclu que le consensus mentionné ne concerne que la première génération de l'islam, les compagnons du Prophète et leurs disciples. Or nous ne retenons aucun détail issu de leur consensus. Certes la première génération était unanimement d'accord sur beaucoup de points, mais ces points trouvent toujours une assise textuelle, le Coran ou le Hadith. Ainsi, leur consensus n'est donc pas autonome.

La conclusion est que le *'ijmâ'* n'existe pas. Cette exclusion du *'ijmâ'* est reconnue bien sûr par tous ces uléma shi'ites, kharijites, mu'tazilites ou autres minorités. Il n'y a que les sunnites, puisqu'ils sont la grande majorité, qui osent parler du consensus comme source de la législation. C'est à la fois une réhabilitation donnée à la communauté des croyants, du type *vox populi*, et une manière d'exclure les autres tendances de l'islam qui, à leurs yeux, frôlent l'hérésie.

Revenons aux textes. Lorsque le Coran dit : *Vous êtes la meilleure communauté qu'a connue l'humanité*, c'est en vertu de la seule condition : *Si vous ordonnez le Bien et interdisez le Mal*. Si nous ne comprenons pas le verset de cette manière, nous ridiculisons Dieu sans le savoir, car la réalité de la communauté musulmane d'aujourd'hui, par exemple, dément formellement le fait qu'elle soit la meilleure qu'a connue l'humanité. Quant au hadith, il est beaucoup plus clair, c'est tout à fait le contraire de le *'ijmâ'*. Le Prophète dit qu'on n'obtiendra jamais le consensus de tous les musulmans sur un fait négatif. Il n'a pas dit : on obtiendra le consensus de tous les musulmans sur un fait positif, entre ces deux assertions, la différence est significative. L'exclusion du consensus de la communauté sur un mal n'est pas une preuve que cette communauté puisse faire un même consensus pour établir quelque chose de bon.

♦ Le *'ijtihâd*, l'effort de l'intellect humain

Le Prophète a dit dans un hadith : « Si quelqu'un fait l'effort de réflexion et qu'il se trompe, il a une récompense et s'il ne se trompe pas, il en a deux. »

C'est une véritable invitation à l'intelligence de l'homme. Cet appel à la réflexion, à l'intelligence, c'est le *'ijtihâd*, l'effort de réflexion personnel ou collectif. Il a pris la place la plus large dans les études islamiques et s'appuie sur des règles connues de philologie arabe et de la logique du raisonnement humain.

Entre la réflexion et la transmission

Il est important de savoir que la législation musulmane se construit à partir des courants de pensée situés entre deux pôles extrêmes, la pure réflexion, *al 'aql* et l'observance rigoureuse de la Tradition transmise, *al naql*.

Les partisans de la réflexion reconnaissent à l'intelligence humaine la faculté de comprendre les textes et de trouver la raison positive et la cause cachée derrière chaque prescription. Pour eux, la grandeur de Dieu se traduit par sa Volonté d'inciter les hommes à découvrir eux-mêmes leur bien et leur bonheur, ce qui explique que toute recommandation est empreinte du souci de l'intérêt humain individuel ou collectif. De plus cet usage permanent de la raison sauvegarde la force et la véracité des textes de même que la conviction intellectuelle incite au respect de ces recommandations et facilite l'autodiscipline.

Comprendre les recommandations, c'est comprendre leurs raisons d'être et le but qu'elles visent, sinon elles risquent d'être tenues pour absurdes et leur application est un lourd fardeau. L'analyse linguistique et la réflexion rationnelle sont des moyens sûrs ou du moins les plus éprouvés que possède l'homme, le premier concerné par ces recommandations. L'erreur n'est pas exclue dans toute démarche intellectuelle qui rappelle chaque fois l'homme, et sa probabilité d'apparition fait partie de la nature humaine, mais ceci n'est pas un obstacle à la poursuite des recherches.

Les adeptes traditionalistes acceptent cette explication de la Grandeur divine traduisant sa Volonté d'établir le bien de l'homme mais ils estiment que la raison humaine est incapable de discerner son propre intérêt, face à l'Omniscience de Dieu. Le fait qu'il y a eu des messages successifs et détaillés prouve la faiblesse de la raison humaine et le besoin d'avoir un guide suprême. L'entente impossible et la contradiction entre les plus grands partisans de la raison, les philosophes, sont des autres preuves de l'indigence intellectuelle.

Pour ceux-ci, comprendre les recommandations consiste à s'inspirer de la Tradition et du vécu du Prophète et de ses compagnons, *al salaf*[1], qui suffisent largement pour comprendre les Textes. Leur application est une pure obéissance à la volonté de Dieu. L'intervention humaine introduit la passion et la subjectivité qui conduisent à réaliser inconsciemment la convoitise de l'homme.

♦ La primauté de la raison

al tahsîn wa al tqbîh al aqliyyayn, l'approbation et la réprobation rationnelles.

Un grand nombre de théologiens musulmans, partisans de la réflexion sont allés beaucoup plus loin. Pour eux, la raison humaine joue un rôle primordial dans la découverte et l'appréciation du Bien et du Mal. Les textes sacrés viennent en second lieu confirmer et inciter la volonté de l'homme à appliquer ces vérités appréhendées depuis toujours par lui. Ils invoquent plusieurs arguments pour affirmer que le discernement du Bien et du Mal précède les recommandations coraniques :

– les lois et les coutumes de toute l'humanité avant et pendant l'islam ont toutes en commun la prohibition du mal déclaré et la promotion du bien manifeste,

– de mémoire d'homme et en absence de toute révélation, tous les êtres humains bénéficient de la même conscience,

– le Coran s'adresse à l'intellect humain en évoquant les multiples arguments démontrant que ce message est un grand bien pour lui. L'acceptation des textes se base, avant toute chose, après estimation intellectuelle de l'homme.

– le Coran dit, verset 157 de la sourate 7 :

> *... leur ordonnant ce qui est communément approuvé et leur interdisant ce qui est communément réprouvé, leur rendant licites les choses bonnes et pures, leur interdisant le vice et les impuretés...*

Cet extrait et d'autres montrent clairement que les ordres coraniques concernant le bien et le mal se réfèrent à l'appréciation de la communauté humaine.

En aucun cas, cette conception ne met en cause l'utilité du message coranique ou limite le rôle de la Révélation. Malgré la capacité humaine de distinguer le bien du mal, l'homme est emporté par un instinct d'appropriation sans limite et un égoïsme acharné. Sa liaison avec la Vérité Suprême éveille sa conscience, développe son humanisme et encourage sa bonne volonté.

La capacité de distinguer le bien du mal n'entraîne pas forcément la volonté de faire le Bien, contrairement à ce que pensaient certains philosophes comme Socrate[2]. Combien de médecins fumeurs connaissent, plus que tout le monde, les dangers de la nicotine, combien de moralistes prêchent une croyance sans en donner l'exemple et combien de juristes sont des coupables en puissance !

La droiture personnelle

C'est le domaine de la conscience et du scrupule. Les textes concernant ce sujet sont des recommandations plus que des obligations, en laissant le champ libre à l'engagement et à la satisfaction personnelle. La tolérance, la pudeur, l'entr'aide, le pardon... sont « des plus » ajoutés aux devoirs, souhaités et récompensés par Dieu et la société. La droiture personnelle est vivement souhaitée comme accomplissement de toutes les lois, c'est l'étape de la liberté et du plaisir de vivre sa religion comme une conviction et non comme un ensemble d'obligations et d'interdits.

---

1. *Salaf* veut dire pionniers, précédents ou ancêtres, c'est de ce terme que vient *salafiyya*, les fondamentalistes.
2. Pour Socrate, la vertu s'acquiert automatiquement par la connaissance, le vertueux est un savant, le vicieux est un ignorant.

Christ en croix,
1125-1150.

PARTIE III

LE CHRISTIANISME

CHAPITRE 1

Présentation du christianisme

par Claude Bressolette

Le christianisme est la « religion fondée sur l'enseignement, la personne et la vie de Jésus-Christ[1] ». Il se déploie historiquement dans les Églises catholique et orthodoxe, puis dans les Églises issues de la Réforme[2]. Nous le présentons ici à sa naissance et dans les tout premiers siècles de son développement ; dans la suite de l'histoire, en effet, les chrétiens se réfèrent sans cesse à cette époque fondatrice, originelle.

Cette religion est apparue au Ier siècle, dans l'Empire romain, comme en témoignent des historiens latins tels que Tacite (55-120 ap. J.-C.), Suétone (70-128 ap. J.-C.), et un écrivain, gouverneur de Bithynie, Pline le Jeune (61-114 ap. J.-C.). Un historien juif, rallié à Rome, Flavius Josèphe (37-100 ap. J.-C.), décrit sa naissance et son expansion.

Mais c'est essentiellement par les disciples de Jésus-Christ, les chrétiens, que cette religion nous est connue depuis son origine jusqu'à nous. Plusieurs écrits composés du temps des premières générations chrétiennes sont la référence obligée :

– Les quatre *Évangiles* selon Matthieu, Marc, Luc, Jean, sont un témoignage sur la vie, les paroles et les actes, la mort et la résurrection de Jésus-Christ (les trois premiers sont appelés « synoptiques », car on peut les mettre en parallèle et constater ce qui leur est commun ou propre).

– Les *Actes des Apôtres*, œuvre de Luc, racontent les débuts de l'Église, son organisation naissante et son expansion missionnaire, la prédication et l'action des deux grands apôtres Pierre et Paul.

– Les *Épîtres*, lettres adressées à des Églises locales, à un disciple ou à l'ensemble des Églises par Paul (ce sont les plus nombreuses), Jacques, Pierre, Jean et Jude : les apôtres y exposent la foi, donnent des directives aux communautés et des conseils pour la vie chrétienne.

– L'*Épître aux Hébreux*, dont l'auteur n'est pas connu, est une synthèse qui met en valeur la Nouvelle Alliance, scellée par Jésus-Christ, en la comparant avec l'Ancienne.

– L'*Apocalypse*, attribuée à Jean, use souvent d'un langage symbolique pour dévoiler le sens et la fin de l'histoire du salut, selon le dessein de Dieu.

Les 27 écrits du Nouveau Testament

4 évangiles
les Actes des Apôtres
13 lettres de Paul
la lettre aux Hébreux
1 lettre de Jacques
2 lettres de Pierre
3 lettres de Jean
1 lettre de Jude
l'Apocalypse

1. Dictionnaire *Le Robert*, 1992.
2. Cf. les chapitres 2 et 3.

Ces livres forment le *Nouveau Testament* que les chrétiens reconnaissent comme « sainte Écriture » avec l'Ancien Testament, qu'ils ont en commun avec les Juifs ; mais ils font une lecture chrétienne de l'*Ancien Testament*, selon l'exemple même du Christ qui, le jour de sa résurrection, explique aux disciples ce qui le concerne dans « la Loi de Moïse, les prophètes et les psaumes » (Luc 24,27 et 44). La *Bible chrétienne* est composée des deux Testaments ou « alliances », selon la signification du mot grec original.

Jésus-Christ

Jésus est né à Bethléem, en Judée alors occupée par les Romains ; on situe cette naissance vers l'an 4 ou 6 avant notre ère, sous l'empereur Auguste, lors d'un recensement organisé pour tout l'empire. Il est de la tribu de Juda et de la descendance du roi David, par Joseph, l'époux de sa mère Marie, qui est vierge et qui accueille, dans la foi, cet enfant conçu en elle de l'Esprit Saint : il sera « Fils du Très Haut » (cf. Luc 1,2 et Matthieu 1).

Matthieu évoque une fuite en Égypte, aussitôt après sa naissance, pour échapper à la mort décidée par le roi Hérode, qui craint l'avènement d'un « roi des juifs » que des mages, arrivés d'Orient, sont venus adorer. Après la mort d'Hérode, il revient à Nazareth. Luc rapporte un pèlerinage de la famille à Jérusalem, selon la coutume, pour la fête de la Pâque : Jésus a douze ans ; au lieu de s'en retourner avec ses parents, il reste au temple où il étonne les docteurs de la Loi par l'intelligence de ses réponses ; à sa mère qui le questionne, il répond qu'il lui faut être « chez son père » (Luc 2,49).

Il passe toute son enfance et sa jeunesse à Nazareth, où il reçoit l'éducation juive de son temps ; on l'appelle « le fils du charpentier ». Les évangélistes ne donnent aucun autre détail sur cette « vie cachée ».

La vie publique

Lorsqu'il a trente ans, Jésus gagne les bords du Jourdain, à l'endroit où Jean, son cousin, fils de Zacharie et d'Élisabeth, baptise dans l'eau en signe de purification et prêche avec force la conversion. Jésus insiste pour être baptisé lui aussi : alors l'Esprit de Dieu descend comme une colombe et vient sur lui, et du ciel, une voix se fait entendre : « Celui-ci est mon Fils bien-aimé, celui qu'il m'a plu de choisir » (Matthieu 3,13-17). Jean Baptiste désigne Jésus comme « l'Agneau de Dieu qui enlève le péché du monde » et comme « le Fils de Dieu » (Jean 1,29 et 34).

Après cette scène décisive, qui dévoile son identité, Jésus se retire au désert pendant quarante jours, où il affronte victorieusement les tentations fondamentales — les biens de ce monde, la puissance, le prestige — qui pourraient le détourner de sa mission. Alors commence son ministère public, avec la prédication sur les routes de Galilée et l'appel des premiers disciples.

De villages en villages, Jésus proclame : « Le temps est accompli, le Règne de Dieu s'est approché ; convertissez-vous et croyez à l'Évangile » (Marc 1,15). Par des paraboles, comparaisons tirées de la vie rurale ou de l'expérience humaine — pêche, noces, festins, trésor, etc. — il évoque le Royaume de Dieu offert aux hommes pour combler leurs aspirations. Il rassemble des foules, choisit douze disciples pour qu'ils vivent avec lui et assimilent son enseignement, et il fait d'eux des apôtres, qui prennent modèle sur leur maître.

Dans les synagogues, il commente les Écritures, et frappe les auditeurs par l'autorité de son enseignement ; il débat avec les pharisiens, les docteurs de la Loi et les scribes. Il provoque des questions sur sa personne et sur sa mission, d'autant qu'il accompagne ses paroles de miracles de guérison ou de libération des possessions démoniaques : ce sont autant de signes de la puissance et de la bonté de Dieu. N'est-il pas un prophète ? Lorsqu'il nourrit la foule, qui l'a suivi dans le désert de Judée, en « multipliant » les pains, on veut le faire roi car on espère qu'il restaurera le royaume d'Israël... Mais il se cache.

Qu'est-ce qu'un évangile ?

« Puisque beaucoup ont entrepris de composer un récit des événements accomplis parmi nous, d'après ce que nous ont transmis ceux qui furent dès le début témoins oculaires et qui sont devenus serviteurs de la parole, il m'a paru bon, à moi aussi, après m'être soigneusement informé de tout à partir des origines, d'en écrire pour toi un récit ordonné, très honorable Théophile, afin que tu puisses constater la solidité des enseignements que tu as reçus. »

(*Luc 1,1-4*)

« Jésus a opéré sous les yeux de ses disciples bien d'autres signes qui ne sont pas consignés dans ce livre. Ceux-ci l'ont été pour que vous croyiez que Jésus est le Christ, le Fils de Dieu, et pour que, en croyant, vous ayez la vie en son nom... C'est ce disciple qui témoigne de ces choses et qui les a écrites, et nous savons que son témoignage est conforme à la vérité. »

(*Jean 20,30-31 et 21,24*)

La reconnaissance du Messie

Il finit par poser à ses disciples la question capitale sur son identité : que dit-on, que disent-ils eux mêmes sur lui ? Pierre répond : « Tu es le Christ, le Fils du Dieu vivant » (Matthieu 16,16). Cette réponse est inspirée par Dieu, remarque Jésus : elle révèle le « Messie » — « Christ » est la traduction grecque de ce mot hébreu —, celui qui, par l'onction de l'Esprit, est envoyé par Dieu aux hommes pour les conduire en son Royaume.

Annonce de la Passion et de la Résurrection

Dès lors, sur la route de Jérusalem (il y « montera » trois fois), Jésus invite chacun à se prononcer pour ou contre lui. Les controverses se font de plus en plus vives avec ceux qui contestent son identité et son enseignement. En même temps, il annonce qu'il devra subir la passion et la mort sur la croix, avant de ressusciter. Il est en effet le « *Serviteur souffrant* » évoqué par le prophète Isaïe (49-53), qui offre sa vie pour le salut de tous.

A ses disciples qui ne comprennent pas et rejettent cette éventualité, il se montre transfiguré par la gloire de Dieu, sur la montagne, entouré de Moïse et d'Elie (Matthieu 17) : il anticipe ainsi sa résurrection. Dès le début, il s'est désigné lui-même comme le « *Fils de l'homme* », ce personnage céleste qui, selon le prophète Daniel (7), vient sur les nuées et s'assoit à la droite de la Toute puissance pour le jugement des nations.

Lorsqu'il entre à Jérusalem, monté sur un ânon comme l'avait annoncé le prophète Zacharie (9,9), il est acclamé comme « *Fils de David* », selon la prophétie de Nathan (II Samuel 7,14). Quelques jours après ce triomphe « messianique », il est arrêté, conduit devant le grand prêtre Caïphe qui l'accuse de blasphème, puis déféré au tribunal du procurateur romain Ponce Pilate. Condamné au supplice de la croix, il meurt entouré de deux malfaiteurs, et son corps est mis dans un tombeau neuf. Cela se passe en l'an 30.

Manifestations du Ressuscité

Le matin du troisième jour, des femmes, disciples de Jésus comme Marie de Magdala, puis Pierre et Jean, trouvent le tombeau vide. Les premières entendent ce message : « pourquoi cherchez-vous le vivant parmi les morts ? Il n'est pas ici, mais il est ressuscité » (Luc 24,5-6). A plusieurs reprises, à Jérusalem, à Emmaüs, sur les bords du lac de Tibériade, Jésus se manifeste aux disciples d'abord saisis de doute : chaque fois, il se fait reconnaître comme vivant. Thomas, l'incrédule, veut toucher ses plaies : au ressuscité qui l'appelle à devenir croyant, l'apôtre répond par cette confession de foi : « Mon Seigneur et mon Dieu » (Jean 20,28).

Pendant une période de quarante jours, Jésus se fait voir des apôtres et les entretient du Règne de Dieu ; il leur demande d'attendre la promesse du Père, l'Esprit Saint dans lequel ils seront baptisés (Actes des Apôtres 1,3-5). L'événement se produit le jour de la Pentecôte, cinquante jours après Pâques. Par l'envoi de l'Esprit à ses disciples, dont il fait ses témoins, le Ressuscité poursuit sa mission dans la suite des temps.

Les mystères de la foi chrétienne

Une religion révélée

Jésus-Christ se présente comme l'envoyé de Dieu dans le monde pour être la lumière que n'arrêtent pas les ténèbres et la vie plus forte que la mort (cf. Jean 1). Il se sait annoncé, préparé, préfiguré par toute l'histoire d'Israël consignée dans l'Ancien Testament. Il « accomplit » la Loi — donnée à Moïse — et les Prophètes. Avec le Judaïsme, où il plonge ses racines, le Christianisme se définit comme une religion révélée, parce que Dieu s'est fait connaître lui-même aux hommes et leur a dévoilé les promesses d'alliance qu'il leur propose pour leur bonheur. La Bible est Parole de Dieu pour les croyants.

S'adressant aux hommes, Dieu leur a donc révélé les secrets de son être intime, de la création et du salut. Cette révélation s'est faite progressivement au long de l'histoire, et les chrétiens croient qu'elle s'est achevée en Jésus-Christ, que l'évangile de Jean appelle le « Verbe » (la Parole) qui est Dieu et qui s'est fait chair (Jean 1,1-14 ; cf. Hébreux 1,1-4). Dévoilés par Dieu, ces secrets sont des « mystères », que l'homme ne peut découvrir par les seules forces de sa raison, mais que son intelligence, si elle les accueille, n'a jamais fini d'explorer.

Les chrétiens reconnaissent *trois mystères fondamentaux* : la Trinité, l'Incarnation, la Rédemption. C'est peu à peu, par un effort d'intelligence et d'expression de leur foi, qu'ils ont trouvé le langage le moins inadéquat aux réalités dont ils vivent en méditant la sainte Écriture.

« Dieu est Amour »

Dieu a révélé son « nom » à Moïse lors de la scène fameuse du buisson ardent (Exode 3,14). Plusieurs traductions de l'hébreu sont possibles, et cela même est significatif du mystère de Dieu, dont le nom n'est pas un substantif, comme pour les réalités de ce monde, mais un verbe... « Je suis celui qui suis », alors que les idoles ne sont pas ; « Je suis celui qui est là avec vous », d'une présence active ; « Je suis qui je suis », dans le secret inaccessible de mon être ; « Je suis qui je serai », d'une présence imprévisible à votre histoire.

Le Nouveau Testament recueille cette révélation de *Dieu, unique et vrai* (Jésus s'y réfère lui-même en Jean 8,58 et 13,19), et l'achève par l'affirmation de la première lettre de Jean (4,8-9) : « Qui n'aime pas n'a pas découvert Dieu, puisque *Dieu est amour*. Voici comment s'est manifesté l'amour de Dieu au milieu de nous : Dieu a envoyé son Fils unique dans le monde afin que nous vivions par lui ».

Relations du Père et du Fils et de l'Esprit

A plusieurs reprises, Jésus insiste sur la relation singulière, unique qu'il entretient avec « son » Père qu'il ose appeler familièrement « abba » — papa. « Tout m'a été remis par mon Père. Nul ne connaît le Fils si ce n'est le Père, et nul ne connaît le Père si ce n'est le Fils, et celui à qui le Fils veut bien le révéler » (Matthieu 11,27). Cette intimité de connaissance réciproque s'accomplit dans une présence mutuelle : « je suis dans le Père et le Père est en moi » (Jean 10,38, et 14,10-11), au point que Jésus peut affirmer : « Moi et le Père, nous sommes un » (Jean 10,30). Pour faire droit à ces affirmations mystérieuses du Christ, l'Église proclame, dans son credo, qu'elle croit « en Jésus-Christ, le Fils unique de Dieu, Dieu né de Dieu... *consubstantiel* au Père... »

Dans ses derniers entretiens, Jésus réconforte ses disciples désemparés par l'annonce de son « départ vers le Père » (Jean, 13 à 17). Il promet l'envoi d'un « autre Paraclet », c'est-à-dire un avocat, un défenseur, un consolateur qui se tiendra auprès d'eux : ils ne seront plus orphelins, puisque cet Esprit de vérité « qui procède du Père » leur rappellera toutes les paroles de Jésus et les conduira vers la vérité totale. Envoyé par le Père et le Fils, il viendra « rendre témoignage » du Christ, comme les disciples sont appelés aussi à « rendre témoignage » (Jean 15,26-27). « Il me glorifiera car il recevra de ce qui est à moi et il vous le communiquera. Tout ce que possède mon Père est à moi... » (Jean 16,14).

Certes, Dieu est saint, Dieu est Esprit. Mais ces paroles de Jésus révèlent le Saint-Esprit à la fois dans sa distinction d'avec le Père et le Fils et dans sa relation fondamentale avec eux ; d'autre part sa mission de Paraclet auprès des disciples est analogue à celle de Jésus, puisqu'elle la prolonge et l'achève. S'il est vrai que l'Esprit Saint a parlé par les prophètes, que Jésus a été conçu de lui et ressuscité par sa puissance vivifiante, on comprend que les chrétiens aient reconnu en lui, comme ils l'affirment dans le credo, celui « qui est Seigneur et qui donne la vie » et qui « avec le Père et le Fils reçoit même adoration et même gloire ».

La Trinité

Comme le Père et le Fils, l'Esprit Saint est Dieu. Les chrétiens croient en un seul Dieu, vivant et vrai, qui, dans l'unité de la « nature » divine, est trois « personnes », c'est-à-dire trois sujets d'existence qui ne se distinguent que par leurs relations, dans la communion d'un amour essentiel. Le mystère de la Trinité tente de faire approcher, au delà de la finitude de l'être créé, la plénitude infinie de l'être divin, où l'unité implique la pluralité et réciproquement : telle est la singularité du monothéisme chrétien.

Au moment où Jésus ressuscité envoie ses apôtres « faire de toutes les nations des disciples », il leur ordonne de les baptiser « au nom du Père et du Fils et du Saint-Esprit » (Matthieu 28,19). Cette formule trinitaire est significative de la foi et de la pratique de l'Église primitive.

Méditant sur la vocation du baptisé appelé à vivre en enfant de *Dieu*, l'apôtre Paul adresse aux Corinthiens ce souhait, lui aussi sous forme trinitaire : « La grâce du *Seigneur Jésus*, l'amour de *Dieu* et la communion du *Saint-Esprit* soient avec vous tous » (IIe épître 13,13).

A la suite d'Irénée de Lyon, commentant un passage de la lettre aux Éphésiens (4,4-6), nous pouvons dire : Père, Dieu est au-dessus de tout ; Fils, il est avec nous ; Esprit, il est en nous (cf. *Démonstration de la prédication apostolique 5*). Telle est l'approche chrétienne du mystère de Dieu.

Le credo de l'Église « symbole de la foi »

Je crois en un seul Dieu, le Père Tout Puissant
Créateur du ciel et de la terre,
de l'univers visible et invisible.

Je crois en un seul Seigneur, Jésus-Christ,
le Fils unique de Dieu,
né du Père avant tous les siècles.
Il est Dieu né de Dieu, Lumière née de la lumière,
vrai Dieu né du vrai Dieu,
engendré, non pas créé, de même nature que le Père,
et par Lui tout a été fait.
Pour nous les hommes, et pour notre salut,
il descendit du ciel ;
par L'Esprit Saint Il a pris chair de la Vierge Marie,
et S'est fait homme.
Crucifié pour nous sous Ponce Pilate,
Il souffrit sa passion et fut mis au tombeau.
Il ressuscita le troisième jour,
conformément aux Écritures,
et Il monta au ciel.
Il reviendra dans la gloire,
pour juger les vivants et les morts ;
et son règne n'aura pas de fin.

Je crois en l'Esprit Saint,
qui est Seigneur et qui donne la vie ;
Il procède du Père (et du Fils) ;
avec le Père et le Fils,
Il reçoit même adoration et même gloire ;
Il a parlé par les prophètes.
Je crois en l'Église,
une, sainte, catholique et apostolique.
Je reconnais un seul baptême
pour le pardon des péchés.
J'attends la résurrection des morts,
et la vie du monde à venir.
Amen.

(*Concile de Constantinople, 381*)

L'Incarnation

Inséparable du mystère de la Trinité, le mystère de l'Incarnation (le mot vient du latin *caro, carnis* : chair) exprime la réalité du Christ, Fils de Dieu fait homme. La foi en Jésus-Christ, vrai Dieu et vrai homme, est caractéristique du christianisme, mais les chrétiens ne sont pas parvenus sans difficultés à trouver les mots justes pour exprimer la vérité au milieu d'erreurs opposées dans l'interprétation des évangiles et des autres écrits du Nouveau Testament.

En effet, tantôt on insiste sur l'humanité de Jésus au point que sa divinité n'est plus qu'une divinisation de l'homme manifestée par sa résurrection ; tantôt on insiste sur sa divinité de sorte que l'humanité n'est plus qu'une apparence. Ceux qui sont attachés à l'*unité* fondamentale de la *personne* du Christ risquent de tomber dans l'une ou l'autre de ces erreurs, alors que d'autres, plus sensibles aux *deux natures*, humaine et divine du Christ, peuvent aller jusqu'à concevoir faussement deux fils coexistants, le fils de Marie et le Fils éternel du Père.

Les chrétiens, eux, confessent un seul et même Fils, parfait en sa divinité, parfait en son humanité, consubstantiel au Père par sa divinité, consubstantiel aux hommes par son humanité.

Dès l'annonce de sa naissance, le Christ reçoit deux noms significatifs : *Emmanuel* — qui se traduit : Dieu avec nous —, selon la prophétie d'Isaïe (7,14) et *Jésus* — le Seigneur sauve (Matthieu 1,21-22).

La Rédemption et le Salut

Le mystère de l'Incarnation est aussi inséparable de celui de la Rédemption, c'est-à-dire du *rachat* : le Christ rachète l'homme de toutes les formes d'esclavage et le libère en le réconciliant avec Dieu. En d'autres termes, le Fils de Dieu, se fait homme pour sauver les hommes.

Esclavage et impuissance de l'homme

De quoi l'humanité a-t-elle besoin d'être sauvée ? Toute l'expérience d'Israël souligne avec force l'impuissance de l'homme devant le péché, la mort, le mal.

– La notion de *péché*, proche de celle de faute avec laquelle il ne se confond pas, implique en effet une relation à Dieu : désobéissance à ses commandements donnés pour le bien de l'homme, refus de son amour.

– Phénomène organique, la *mort* fait partie du monde créé ; mais comme expérience humaine, vécue personnellement et collectivement, de « devoir mourir », elle prend sens dans l'histoire du salut : l'apôtre Paul affirme que « c'est par le péché que la mort est entrée dans le monde » (Romains 5,12). Cela peut se comprendre puisque le péché sépare du Dieu vivant qui appelle l'homme à la vie, et que Dieu ne veut pas la mort du pécheur mais qu'il se convertisse et qu'il vive !

– Provenant de la nature ou de l'activité humaine, le *mal*, dans l'approche globale qu'on peut en faire (maladie, misère, guerre, etc.), déborde ces formes fondamentales que sont le péché et la mort ; l'homme s'efforce de le combattre par tous les moyens, quitte à reconnaître qu'il ne fait que reculer les frontières de son combat et que les obstacles à la disparition du « mal du monde » sont insurmontables.

La glorieuse liberté des enfants de Dieu (Romains 8,21)

La foi chrétienne affirme que du *péché*, de la *mort* et du *mal*, Jésus-Christ sauve l'homme. Il est le *Sauveur* parce qu'il communique la « justice de Dieu » — la sainteté — au pécheur, qu'il est vainqueur de la mort par sa résurrection, qu'il conduit au Royaume de Dieu où il attire tous les hommes. Le salut apparaît ainsi, positivement, comme :

– *Justification*, car Jésus, en toute occasion et jusque dans la détresse de la croix, est d'une fidélité totale au Père auquel il s'en remet en lui demandant de pardonner aux hommes : lui, le Fils aimant, obéissant jusqu'à la mort, il communique son Esprit filial aux pécheurs qu'il réconcilie avec Dieu et qui deviennent ses frères ; il fait d'eux des « justes ».

– *Vie éternelle*, puisque le Christ traverse l'épreuve de la mort, dont Dieu le délivre par la puissance de l'Esprit « qui donne la vie » : le même Esprit, qui a ressuscité Jésus, ressuscitera aussi les hommes qui dès leur vie terrestre l'auront accueilli comme un germe de vie éternelle, car l'amour de Dieu qu'il répand dans les cœurs « fait passer de la mort à la vie » (I Jean 3,14) ; cette vie, comme celle du Christ, est à la fois divine et humaine, et elle est donnée à l'homme pour qu'il vive dans toutes les dimensions de son être, spirituel, corporel, relationnel.

– *Royaume de Dieu*, dont le Christ annonce qu'il s'est approché des hommes et qu'il est « au milieu d'eux » s'ils savent l'accueillir en acceptant que Dieu règne dans leur cœur par les commandements de son amour ; en se servant de paraboles, Jésus veut faire saisir cette plénitude de bonheur offerte à tout homme dans la communion avec Dieu, et il appelle ses disciples à s'engager dès ce monde sur la voie étroite du Royaume, en marchant à sa suite selon l'esprit des « béatitudes ».

Sauvés par grâce

La résurrection et la vie éternelle ne sont pas une conquête de l'homme laissé à ses seules forces. Elles sont un don gratuit de l'amour du Père, par le Christ, dans l'Esprit. « C'est par la *grâce*, en effet, répète l'apôtre Paul, que vous êtes sauvés par le moyen de la foi ; vous n'y êtes pour rien, c'est le don de Dieu. Cela ne vient pas des œuvres, afin que nul n'en tire orgueil » (Éphésiens 2,8-9) ; « Tous ont péché, sont privés de la gloire de Dieu, mais sont gratuitement justifiés par sa grâce, en vertu de la délivrance accomplie en Jésus-Christ » (Romains 3,24).

La grâce, vie de Dieu communiquée gratuitement à l'homme, est comparable à la sève de la vigne sans laquelle les sarments se dessèchent : « Je suis la vigne, vous êtes les sarments : celui qui demeure en moi et en qui je demeure, celui-là produit du fruit en abondance, car en dehors de moi, vous ne pouvez rien faire » dit Jésus (Jean 15,5-6). De cette grâce, Dieu nous comble en Jésus-Christ, car « de sa plénitude tous, nous avons reçu, et grâce sur grâce. Si la loi fut donnée par Moïse, la grâce et la vérité sont venues par Jésus-Christ » (Jean 1,16-17).

Médiateur de la nouvelle alliance

Lumière et vie du monde, Jésus-Christ se présente comme le médiateur entre Dieu et les hommes : « Je suis le chemin et la vérité et la vie. Personne ne va au Père si ce n'est par moi » (Jean 14,6).

Toutes les religions tentent d'établir une relation entre les hommes et la divinité. Le peuple d'Israël a fait l'expérience d'une médiation lorsque Moïse, qui, au désert, le conduisait vers la terre promise, a scellé l'alliance au mont Sinaï par un rite solennel : il propose les promesses et la Loi de Dieu au peuple et il rapporte à Dieu la réponse du peuple. « Je serai votre Dieu et vous serez mon peuple » : cette formule symbolise cette *alliance*, que les prophètes rappelleront tout au long de l'histoire ; mais si Dieu est fidèle à sa parole, le peuple tombe sans cesse dans l'infidélité, en sorte qu'ils annoncent une alliance *nouvelle* (cf. Jérémie 31, Ezéchiel 36). Dieu lui-même inscrira sa loi, non plus sur des tables de pierre, mais dans les cœurs de chair qu'il purifiera en répandant son Esprit comme une eau pure ; il se fera le pasteur de son peuple qu'il rassemblera et ramènera sur sa terre.

Quelques titres du Christ

Sauveur
(Jean 4,42)
Fils du Très-Haut
(Luc 1,32)
Fils de David
(Matthieu 21,9, cf. II Samuel 7,14)

Fils de l'homme
(Marc 14,62, cf. Daniel 7,13)
Fils de Dieu
(Jean 20,31)
Le Seigneur
(Philippiens 2,11)
Le Verbe fait chair
(Jean 1,14)
Médiateur
(1 Timothée 2,5)
L'Alpha et l'Oméga
(Apocalypse 1,8)

Le sacrifice de la Croix

Jésus est venu non pour « abroger la Loi ou les Prophètes », mais pour « accomplir » (Matthieu 5,17), et il se présente comme le « bon pasteur » qui connaît ses brebis, donne sa vie pour elles et cherche la brebis perdue afin qu'il n'y ait qu'un seul troupeau (Jean 10). L'alliance nouvelle qu'il instaure entre Dieu et les hommes est scellée non par le sang d'animaux selon les rites de la religion d'Israël, mais par son propre sang comme il l'annonce aux disciples lors du dernier repas où il fait passer la coupe de vin : « Cette coupe est la nouvelle alliance en mon sang versé pour vous » (Luc 22,20)... « pour la multitude, pour le pardon des péchés » (Matthieu 26,28).

Si les prêtres d'Israël offraient des sacrifices d'animaux dans le temple, le Christ offre sa propre vie par le sacrifice de la Croix, dont les bras — vertical et horizontal — symbolisent l'union qu'il restaure entre Dieu et les hommes, et l'unité qu'il établit entre les hommes. De ce sacrifice *existentiel*, qui se substitue aux sacrifices *rituels*, le Christ est le Grand prêtre, selon l'épître aux Hébreux.

Homme vivant parmi les hommes, il va jusqu'au bout de la condition humaine en ce qu'elle a de plus tragique — l'injustice, la torture, la souffrance, l abandon... —, mais au cœur de la détresse, il manifeste la fidélité infrangible du Fils éternel à son Père. De la mort qu'il subit, il change librement le sens : non pas révolte et accusation, mais offrande de soi par amour et consentement au dessein de salut qu'il est venu accomplir comme le Serviteur, lui qui est le Seigneur. Le Christ, vrai homme et vrai Dieu, est ainsi donné à l'humanité comme l'unique « médiateur » de l'Alliance nouvelle.

« Premier-né d'une multitude de frères » (Romains 8,29)

Par sa victoire sur le péché, la mort, le mal, le Christ accomplit les promesses de Dieu qui dès l'origine a créé l'homme « à son image, selon sa ressemblance » (Genèse 1,26). Loin d'abandonner les hommes aux puissances maléfiques, le Père, dans sa bienveillance, les a choisis pour qu'ils soient « saints et irréprochables, sous son regard, dans l'amour » et qu'ils deviennent des « fils adoptifs par Jésus-Christ » en recevant l'Esprit Saint (Éphésiens 1). Ainsi leur est promis l'héritage du Royaume des cieux.

La résurrection du Christ est non seulement le gage, la garantie, mais le principe de la résurrection des hommes, enfants de Dieu. « Celui qui croit en moi, même s'il meurt, vivra » dit Jésus à Marthe, et pour lui montrer qu'il est lui-même « la Résurrection et la Vie », il rend la vie à Lazare (Jean 11,25). Mais cette vie rendue en ce monde n'est qu'un signe du pouvoir qu'a le Fils de faire vivre d'une plénitude de vie, la vie éternelle dans le Royaume de Dieu : « Telle est la volonté de mon Père : que quiconque voit le Fils et croit en lui, ait la vie éternelle ; et moi, je le ressusciterai au dernier jour » (Jean 6,40).

La foi et l'espérance chrétiennes vont jusque-là, et Paul explique aux chrétiens de Corinthe que si le Christ n'est pas ressuscité, il n'y a donc pas de résurrection des morts, et inversement : dès lors « notre prédication est vide et vide aussi votre foi » (15, 12-17). Bien plus, il annonce aux Romains que la création elle-même sera délivrée de l'esclavage de la corruption et participera à la liberté glorieuse des enfants de Dieu, appelés par le Christ, leur frère premier-né d'entre les morts, à entrer dans l'héritage de la vie (8,18-30).

L'Église, peuple de la nouvelle alliance

Dès le début de sa mission, Jésus a rassemblé des foules, attiré des disciples, choisi les douze apôtres. En agissant ainsi, le Christ manifeste sa volonté de constituer un *peuple* car, symboliquement, le chiffre douze rappelle les douze tribus qui forment le peuple d'Israël. Ce rassemblement commence avec les fils d'Israël mais il s'étend aux fils des nations : telle est l'Église — étymologiquement le mot signifie convocation, rassemblement —, peuple de la nouvelle alliance où il n'y a plus ni juif ni païen mais des chrétiens qui se font disciples par la foi au Christ. C'est justement à Antioche, où des païens convertis sont adjoints à des juifs convertis, que « pour la première fois le nom de chrétiens fut donné aux disciples » (Actes 11,27).

Dès la Pentecôte, l'Église apparaît comme une communauté de croyants, animés de l'Esprit du Christ : autour de Marie, la mère de Jésus, les douze apôtres — Matthias ayant pris la place de Judas — sont réunis avec cent vingt disciples ; tous attendent dans la prière que s'accomplisse la promesse qu'il leur a faite : « vous allez recevoir une puissance, celle du Saint-Esprit ; vous serez alors mes témoins... » (Actes 1,8). De fait, un coup de vent secoue la maison et comme des langues de feu se posent sur chacun d'eux : « Ils furent tous remplis d'Esprit Saint et se mirent à parler d'autres langues, comme l'Esprit leur donnait de s'exprimer » (Actes 2,4). Ce phénomène extraordinaire suscite l'étonnement de nombreux juifs pieux, venus de toutes les régions du bassin méditerranéen en pèlerinage à Jérusalem.

Communion et témoignage

Ainsi reçu, l'Esprit est d'abord source de communion. En effet, tous les pèlerins sont déconcertés d'entendre des Galiléens annoncer les merveilles de Dieu, chacun dans sa propre langue. C'est à l'opposé de ce qui est raconté lors de la construction de la tour de Babel (Genèse 11) : les hommes se lancent à la conquête du ciel et veulent faire l'unité entre eux par leurs seules forces ; l'orgueil de cette entreprise a pour conséquence que leur langage est brouillé et qu'ils ne s'entendent plus. A la Pentecôte, au contraire, la communion entre des hommes qui se comprennent, devient une réalité car elle est accueillie comme un don de l'Esprit de Dieu.

L'Esprit donne aussi la force du témoignage. Au nom des apôtres, en effet, Pierre prend la parole et commence par interpréter l'événement : voici que se réalise une prophétie de Joël (3,1-5) annonçant que Dieu répandra de son Esprit sur toute chair et que les fils et les filles de son peuple seront prophètes... ; puis, s'appuyant sur des paroles de David qu'il applique à Jésus mort et ressuscité, il conclut par cette proclamation explicite de la foi chrétienne : « Que toute la maison d'Israël le sache avec certitude : Dieu l'a fait Seigneur et Christ, ce Jésus que vous, vous aviez crucifié » (Actes 2,36).

Temple de l'Esprit

L'Église est le rassemblement des disciples du Christ parce que l'Esprit saint réalise en elle la communion entre chrétiens et lui donne d'accomplir la mission voulue par le Christ. Elle est « Temple de l'Esprit », comme l'affirment Pierre (I Pierre 2,5) et Paul (Éphésiens 2,20-22, Corinthiens I 3,16, et II 6,16).

Signe de la présence de Dieu au milieu de son peuple, le Temple de Jérusalem était la demeure où habite le Nom de Dieu, le lieu de la rencontre entre les fils d'Israël et leur Seigneur : ils y venaient prier, offrir des sacrifices, chercher auprès des prêtres à connaître la volonté de Dieu. Temple de l'Esprit dans la nouvelle alliance, l'Église est désormais le lieu de la prière et de l'offrande, du témoignage et de l'enseignement : par la communion que le Seigneur instaure, dans son Esprit, avec les chrétiens, l'Église est le signe de la présence du Christ qui est « au milieu de deux ou trois disciples réunis en son nom » (cf. Matthieu 18,20).

Jésus, de fait, annonce la ruine du temple de Jérusalem ; à la Samaritaine, il explique qu'il ne s'agit plus de monter sur telle ou telle montagne pour adorer, car Dieu, qui est esprit, cherche de « vrais adorateurs en esprit et en vérité » (Jean 4,21-24). Plus mystérieusement, et les disciples ne comprendront qu'après la résurrection, il ose affirmer aux juifs qui lui demandent un signe : « Détruisez ce temple et en trois jours je le relèverai » (Jean 2,19-21), car il parle en réalité du « temple de son corps ». Le Christ, en qui « habite corporellement toute la plénitude de la divinité » (Colossiens 2,9) se révèle ainsi comme le lieu de la manifestation et de la présence de Dieu en ce monde.

Corps du Christ

Le Christ a la primauté en toutes choses, souligne l'apôtre Paul : il est donc « la tête de l'Église, qui est son corps » (Éphésiens 1,22-23, Colossiens 1,18). Temple de l'Esprit, l'Église est aussi Corps du Christ. De même que les chrétiens sont les pierres vivantes du temple, dont les apôtres sont les colonnes et le Christ la pierre angulaire, de même ils sont les membres du corps, dont les apôtres et les ministres sont les articulations, le Christ étant la tête qui donne cohésion, unité et vie à tout le corps (cf. I Pierre 2,4-8 et Éphésiens 4,11-16). Cette image du corps permet d'insister sur la diversité et la complémentarité des membres du Christ, « tous baptisés dans un seul Esprit pour être un seul corps, Juifs ou Grecs, esclaves ou homme libres », et c'est l'Esprit qui distribue à chacun ses dons en vue du bien de tous (cf. I Corinthiens 12,4-31).

Apôtres et ministres

Chargés de poursuivre l'œuvre du Christ, les douze apôtres annoncent l'Évangile et rassemblent l'Église « à Jérusalem, dans toute la Judée et la Samarie, et jusqu'aux extrémités de la terre » (Actes 1,8). Ceux qui accueillent la Parole reçoivent le baptême, et ces nouveaux disciples sont « assidus à l'enseignement des apôtres et à la communion fraternelle, à la fraction du pain et aux prières » (Actes 2,47-48).

Peu à peu, avec des collaborateurs qui les accompagnent, les Douze fondent des communautés chrétiennes et les organisent, en instituant des collèges d'anciens avec leurs présidents, ou des ministres, dont les noms varient, et qui assurent la direction des communautés ou les divers services qui leur sont nécessaires. Devenu apôtre, témoin du Ressuscité après sa conversion sur le chemin de Damas, Paul s'adjoint aux Douze ; avec un zèle infatigable dont témoignent ses lettres, il parcourt la Syrie, l'Asie mineure, la Grèce et va jusqu'à Rome où Pierre l'avait précédé, fondant des « Églises » dans les principales cités.

Après des décennies d'initiatives apostoliques dans tout le bassin méditerranéen, on constate, au début du IIe siècle, une structure qui se généralise et dont témoigne Ignace d'Antioche emmené à Rome pour y subir le martyre. Une hiérarchie de ministres se met en place avec :

– l'*évêque*, successeur des apôtres, chef de l'Église locale,
– les *prêtres*, ses collaborateurs, qui forment un collège autour de lui,
– les *diacres*, qui remplissent différents services dans les communautés.

Diversité des charismes en vue du bien de tous

Mais cette hiérarchie ne fait pas disparaître les « charismes », c'est-à-dire ces dons de l'Esprit saint accordés à tel ou tel membre de la communauté en vue du bien de tous : dons de sagesse, ou de science, ou de prophétie, ou de guérison, etc. Signe de ferveur, ce foisonnement de charismes peut devenir désordonné ; conscient de ce risque, l'apôtre Paul écrit aux chrétiens de Corinthe, comme il le fera à ceux d'Éphèse : « Vous êtes le corps du Christ et vous êtes ses membres, chacun pour sa part. Et ceux que Dieu a établis dans l'Église sont premièrement des apôtres, deuxièmement des prophètes, troisièmement des hommes chargés de l'enseignement ; vient ensuite le don des miracles, puis de guérison, d'assistance, de direction, et le don de parler en langues. Tous sont-ils apôtres ? Tous prophètes ? Tous enseignent-ils ? Tous font-ils des miracles ? Tous interprètent-ils ? » (1re lettre 12,27-30 ; cf. Éphésiens 4,11-12). Aussi les invite-t-il à aspirer « aux dons les meilleurs » et il indique la « voie infiniment supérieure » de la charité, don de l'amour que Dieu fait aux hommes pour les rendre capables d'aimer comme lui.

La charité est principe d'unité entre les personnes : elle l'est en Dieu, Père, Fils et Esprit, elle l'est dans l'Église, corps du Christ qui « coordonné et bien uni grâce à toutes les articulations qui le desservent, selon l'activité répartie à la mesure de chacun, réalise sa propre croissance pour se construire lui-même dans l'amour » (Éphésiens 4,16).

L'évêque de Rome, successeur de Pierre, serviteur de l'unité

Toute communauté chrétienne est appelée à vivre l'unité entre tous ses membres, et toutes les communautés, qui forment l'unique Église du Christ, sont également appelées à vivre l'unité entre elles. A l'exemple de Paul, Ignace d'Antioche exhorte les chrétiens de toutes les Églises locales auxquelles il s'adresse, à « être profondément unis à leur évêque, comme l'Église l'est à Jésus-Christ et Jésus-Christ au Père, afin que toutes choses soient en accord dans l'unité » (lettre aux Éphésiens 5,1). Aux Romains, il rappelle que l'Église de Rome « préside à la charité » (Lettre 1). Avant la fin du IIe siècle, Irénée de Lyon écrit qu'avec cette Église de Rome « en raison de sa plus puissante autorité de fondation » doit s'accorder toute Église (Adv. haereses 3,3,2).

A Rome, en effet, depuis le martyre de Pierre et de Paul, la tradition de la foi apostolique est conservée d'une manière excellente, car, comme successeur de Pierre, l'évêque de Rome reçoit, dans le collège des évêques, la charge que Pierre tient du Christ dans le collège des apôtres, dont il est le premier. « Tu es Pierre et sur cette Pierre, je bâtirai mon Église » lui dit Jésus, après qu'il a confessé, au nom des autres, la foi au Christ, Fils du Dieu vivant (Matthieu 16,18). Peu avant ses reniements, le Christ l'assure qu'il a prié pour lui, afin que sa foi ne disparaisse pas : « Et toi, quand tu seras revenu, affermis tes frères » (Luc 22,32). Interrogé par le Christ ressuscité, par trois fois Pierre répond qu'il l'aime : « Sois le pasteur de mes brebis » lui est-il dit à chaque fois (Jean 21,15-19).

Aussi, très tôt, en raison même du témoignage des évangiles, les chrétiens ont-ils reconnu le rôle unique de Pierre au service de l'unité dans la foi et de la communion dans la charité de toutes les Églises, qui forment l'Église catholique répandue dans tout l'univers. Ils ont reconnu également que ce ministère de l'unité était transmis à ses successeurs, les évêques de Rome qu'on appelle papes. Au moment même où il envoie en mission Pierre et les autres apôtres, le Christ ressuscité les assure qu'il est avec eux « tous les jours jusqu'à la fin des temps » (Matthieu 28,20), et il leur promet l'Esprit de vérité qui leur rappellera toutes ses paroles et les guidera vers la vérité totale (cf. Jean 14-15).

L'existence chrétienne

« Allez, de toutes les nations faites des disciples, les baptisant au nom du Père et du Fils et du Saint-Esprit, leur apprenant à garder tout ce que je vous ai prescrit » (Matthieu 28,19). Comment devient-on disciple de Jésus-Christ, le Sauveur du monde ?

La foi qui sauve

« Si, de ta bouche, tu confesses que Jésus est Seigneur et si, dans ton cœur, tu crois que Dieu l'a ressuscité des morts, tu seras sauvé » écrit Paul, qui poursuit : « Comment croiraient-ils en lui, sans l'avoir entendu ? Et comment l'entendraient-ils, si personne ne le proclame ? Et comment le proclamer sans être envoyé ? » (Romains 10,9 et 14-15).

La foi naît de la prédication. Le premier, Jésus s'est fait reconnaître comme l'envoyé de Dieu, et il a commencé par annoncer le Royaume de Dieu. Il n'a cessé de prêcher, de parler en paraboles ou de dialoguer. Il charge ses apôtres de faire de même, et ainsi tout au long de l'histoire. Qu'attend Jésus du disciple ? qu'il le croie sur parole, qu'il lui fasse confiance à la vue de ses œuvres — les signes qu'il accomplit au nom de Dieu —, qu'il s'attache à lui et marche à sa suite.

La *foi* est une attitude riche qui comporte inséparablement la *connaissance* du Christ et la *confiance* au Christ, l'adhésion à son *message* et à sa *personne*. Par son intelligence, le croyant accueille les paroles du Christ comme vraies et il reconnaît en lui la Vérité venue comme lumière en ce monde révéler qui est Dieu et qui est l'homme.

L'espérance et la foi

La foi ne va pas sans l'*espérance* : peut-on en effet croire au Sauveur sans attendre de lui le salut ? Les évangiles montrent souvent l'attente de ceux et celles qui approchent le Christ ou qui l'appellent à leur secours dans leur détresse, leur maladie, leur douleur. Si Jésus prêche le Royaume de Dieu, c'est pour réorienter les désirs de l'homme vers cette plénitude qui seule peut les combler. « Mon seul souci, écrit Paul : oubliant le chemin parcouru et tout tendu en avant, je m'élance vers le but, en vue du prix attaché à l'appel d'en haut que Dieu nous adresse en Jésus-Christ » (Philippiens 3,13-14). Pierre bénit Dieu « qui nous a fait renaître pour une espérance vivante, par la résurrection de Jésus-Christ d'entre les morts, pour un héritage qui ne se peut corrompre, ni souiller, ni flétrir ; cet héritage vous est réservé dans les cieux, à vous que la puissance de Dieu garde par la foi pour le salut prêt à se révéler au moment de la fin » (1re lettre 1,3-5).

Qu'espère le chrétien sinon la « gloire », pour lui et pour le monde, c'est-à-dire la participation à la résurrection du Christ et la délivrance de toutes les forces du mal qui détruisent l'homme et séparent de Dieu ? Mais, ce qu'il espère, il ne le voit pas, il le croit : « espérer ce que nous ne voyons pas, c'est l'attendre avec persévérance » (Romains 8,25), car « la foi est une manière de posséder déjà ce qu'on espère, un moyen de connaître des réalités qu'on ne voit pas » (Hébreux 11,1).

L'amour de charité

Le « disciple bien-aimé », Jean, a profondément médité sur l'amour de charité — en grec agapè. Le mot « amour » peut avoir beaucoup de significations selon le monde ; aussi Jean nous invite-t-il à contempler le mystère de Dieu et du Christ pour découvrir ce qu'est l'*amour de charité* (cf. 1re lettre 4).

« Voici ce qu'est l'amour : ce n'est pas nous qui avons aimé Dieu, c'est lui qui nous a aimés et qui a envoyé son Fils en victime d'expiation pour nos péchés ». L'envoi du Fils comme sauveur est la preuve la plus manifeste de l'amour du Père, car, comme le demande l'apôtre Paul : « comment, avec son Fils, ne nous donnerait-il pas tout ? » (Romains 8,32 ; cf. 5,8). Et le Fils lui-même se donne tout entier, puisque « nul n'a d'amour plus grand que celui qui donne sa vie pour ceux qu'il aime » (Jean 15,13).

Les conséquences s'imposent à tout disciple du Christ : « Si Dieu nous a aimés ainsi, nous devons nous aussi nous aimer les uns les autres » (I Jean 4,11). Comme il est au cœur de Dieu, l'amour de charité est au cœur de la vie chrétienne : les deux commandements de l'amour de Dieu et du prochain résument la Loi et les Prophètes, explique Jésus au docteur de la Loi (cf. Matthieu 22,35-40). Jean explicite la relation fondamentale entre ces deux commandements : « Si quelqu'un dit : 'J'aime Dieu', et qu'il haïsse son frère, c'est un menteur. En effet, celui qui n'aime pas son frère qu'il voit, ne peut pas aimer Dieu qu'il ne voit pas » (I Jean 20). Un tel amour est-il possible à l'homme laissé à ses seules forces ? Jean et Paul répondent que « l'amour vient de Dieu » (I Jean 4,7) et qu'il « a été répandu dans nos cœurs par l'Esprit qui nous a été donné » (Romains 5,5).

Hymne à la charité

Quand je parlerais les langues des hommes et des anges, si je n'ai pas la charité, je ne suis plus qu'airain qui sonne ou cymbale qui retentit.

Quand j'aurais le don de prophétie et que je connaîtrais tous les mystères et toute la science, quand j'aurais la plénitude de la foi, une foi à transporter les montagnes, si je n'ai pas la charité, je ne suis rien.

Quand je distribuerais tous mes biens en aumônes, quand je livrerais mon corps aux flammes, si je n'ai pas la charité, cela ne me sert de rien.

La charité est longanime ; la charité est serviable ; elle n'est pas envieuse ; la charité ne fanfaronne pas, ne se gonfle pas ; elle ne fait rien d'inconvenant, ne cherche pas son intérêt, ne s'irrite pas, ne tient pas compte du mal ; elle ne se réjouit pas de l'injustice, mais elle met sa joie dans la vérité. Elle excuse tout, croit tout, espère tout, supporte tout.

La charité ne passe jamais.

Les prophéties ? Elles disparaîtront. Les langues ? Elles se tairont. La science ? Elle disparaîtra. Car partielle est notre science, partielle aussi notre prophétie. Mais quand viendra ce qui est parfait, ce qui est partiel disparaîtra. Lorsque j'étais enfant, je parlais en enfant, je pensais en enfant, je raisonnais en enfant ; une fois devenu homme, j'ai fait disparaître ce qui était de l'enfant. Car nous voyons à présent dans un miroir, en énigme, mais alors ce sera face à face. A présent, je connais d'une manière partielle ; mais alors je connaîtrai comme je suis connu.

Maintenant donc demeurent foi, espérance, charité, ces trois réalités, mais la plus grande d'entre elles, c'est la charité.

Apôtre Paul
(*1re lettre aux Corinthiens* 13)

La charité et la vie éternelle

S'il est vrai, selon Paul, que rien ne peut nous « séparer de l'amour de Dieu manifesté en Jésus-Christ » (Romains 8,38-39), l'amour de charité, s'il est parfait, bannit la crainte, affirme Jean, « et nous avons pleine assurance pour le jour du jugement » (I Jean 4,17-18). Comme le dit Jean de la Croix : « A la fin du jour, c'est sur l'amour qu'on vous examinera ».

En effet, selon la parabole évangélique, le Seigneur fera découvrir aux « justes » que tout ce qu'ils auront fait à l'un de ces plus petits qui sont ses frères, c'est à lui qu'ils l'auront fait ; en revanche, tout ce que les autres n'auront pas su faire à ses frères, c'est à lui qu'ils ne l'auront pas fait (Matthieu 25,31-46). L'enjeu de l'amour de charité vécu dès cette vie n'est autre que la vie éternelle : « qui demeure dans l'amour demeure en Dieu et Dieu demeure en lui » (I Jean 4,16).

C'est pourquoi la charité ne passe point : comme la foi et l'espérance, elle est un don de Dieu répandu dans les cœurs par son Esprit — c'est ce que signifie l'expression « vertus théologales » : ce sont les dispositions fondamentales du cœur que le disciple reçoit de Dieu pour être uni à lui. Mais, à la différence de la charité, la foi et l'espérance passeront, lorsque le disciple sera en présence de Dieu qu'il verra face à face : fils adoptif, il communiera pleinement à l'amour éternel qui unit le Père, le Fils et l'Esprit.

L'imitation et la suite du Christ

Tout disciple, qui aime le Christ, cherche à l'imiter comme le fait l'apôtre Paul, et Jésus lui-même invite à « marcher à sa suite ». La vie, les gestes, les paroles, les attitudes du Christ, contemplés dans les évangiles, sont la règle de conduite pour tout chrétien.

Jésus pratique la loi de Moïse, et, quand on l'interroge sur le plus grand commandement, il explique que toute la loi et les prophètes se résument et se concentrent dans le double commandement de l'amour de Dieu et du prochain. Et lui qui vit intensément cet amour du Père et de ses frères, il laisse à ses disciples un commandement nouveau « Comme je vous ai aimés, vous devez vous aussi vous aimer les uns les autres… » (Jean 13,34). La morale chrétienne a son fondement dans cet amour de charité.

Les deux commandements, le commandement nouveau

Un docteur de la Loi demanda à Jésus : « Maître, quel est le grand commandement dans la Loi ? » Jésus lui déclara : *Tu aimeras le Seigneur ton Dieu de tout ton cœur, de toute ton âme et de toute ta pensée* (Deutéronome 6, 5). C'est là le grand, le premier commandement. Un second est aussi important : *Tu aimeras ton prochain comme toi-même* (Lévitique 19, 18). De ces deux commandements dépendent toute la Loi et les Prophètes.

(*Matthieu 22,35-40*)

> Je vous donne un commandement nouveau : aimez-vous les uns les autres. Comme je vous ai aimés, vous devez vous aussi vous aimer les uns les autres. Si vous avez de l'amour les uns pour les autres, tous reconnaîtront que vous êtes mes disciples… Nul n'a d'amour plus grand que celui qui donne sa vie pour ceux qu'il aime.
>
> (*Jean 13,34-35 et 15,13*)

L'exemple du Christ, qui n'a cessé de manifester sa prédilection pour les plus pauvres, pour les exclus de la société, pour les malades et les infirmes, pour toutes les victimes des calamités ou des persécutions, conduit le chrétien à travailler pour plus de justice, de respect des personnes et de la vie, de solidarité, etc. Ce sont là les principes intangibles qui commandent le comportement social des chrétiens et leur engagement dans le monde. Car le Christ, qui les « retire du monde », au sens où il les investit de sa grâce libératrice du péché, les « envoie dans le monde » qu'il est venu, non pas condamner mais sauver (cf. Jean 17,15-18 et 3,17).

C'est aussi à l'appel du Christ, qui a vécu pauvre, chaste, obéissant, que certains chrétiens veulent s'engager sur la « voie étroite » de l'Évangile en vivant comme lui dans la pauvreté, la chasteté et l'obéissance. Par ce choix, qui se veut radical, ils signifient que le Royaume de Dieu, selon l'image évangélique, est le trésor, la perle précieuse pour laquelle on vend tout ce qu'on possède. Cette « suite du Christ », dans la fidélité aux trois vœux de pauvreté, chasteté, obéissance, est la source de toutes les formes de vie monastique et religieuse qui se développeront ensuite dans l'histoire de l'Église.

La vie sacramentelle et la prière du chrétien

Si le Christ envoie les douze apôtres prêcher pour faire des disciples, il les charge en même temps de baptiser. De fait, les évangiles rapportent les gestes que Jésus accomplit en signe de sa mission, gestes qu'il accompagne souvent de paroles qui leur donnent sens : il guérit l'aveugle-né et lui fait découvrir la lumière de la foi (Jean 9) ; il délivre le grabataire de sa paralysie, montrant ainsi qu'il a le pouvoir de remettre les péchés (Matthieu 9) ; invité à un repas de noces, sur la remarque de sa mère Marie, il change l'eau en vin (Jean 2), et lors du dernier repas, la veille de sa mort, il partage le pain et fait passer la coupe de vin : « ceci est mon corps », « ceci est la coupe de mon sang versé pour la multitude », dit-il aux disciples, en ajoutant : « Faites ceci en mémoire de moi ».

Aussi les apôtres se sont-ils attachés à redire ces paroles et à refaire ces gestes du Christ, signes de salut. A travers eux, ils ont compris que le Seigneur donnait sa grâce, accordait son pardon, communiquait sa vie et son amour. Fidèle à la pratique transmise par les apôtres, l'Église a appelé *sacrements* ces gestes accompagnés de paroles : ce sont des *rites* qui marquent les étapes de la vie chrétienne. Parce que l'homme est un être de chair, ces rites comportent les éléments matériels de la vie quotidienne : l'eau, le pain, le vin, l'huile. Le Christ lui-même les a utilisés. (Signalons qu'au XVIe siècle, les Églises issues de la Réforme — cf. le chapitre 3 — contesteront la doctrine traditionnelle des sacrements).

Le baptême, premier des sacrements, et la confirmation

« Celui qui croira et sera baptisé sera sauvé » (Marc 16,16). Le baptême est par excellence le sacrement de la foi, par laquelle l'homme, s'attachant à Jésus-Christ, commence une vie nouvelle. « Nul, s'il ne naît d'eau et d'Esprit, ne peut entrer dans le Royaume de Dieu » affirme Jésus à Nicodème (Jean 3,5). A partir du rite lui-même, par lequel l'homme est plongé dans l'eau pour en ressortir, Paul explique que « par le baptême, en sa mort, nous avons donc été ensevelis avec lui, afin que comme Christ est ressuscité des morts par la gloire du Père, nous menions nous aussi une vie nouvelle. Car si nous avons été totalement unis, assimilés à sa mort, nous le serons aussi à sa résurrection » (Romains 6,4-5). En la fête de Pâques, le Christ est passé de la mort à la vie : par le baptême, le chrétien fait lui aussi, mystérieusement, ce passage, si bien qu'il doit considérer « qu'il est mort au péché et vivant pour Dieu en Jésus-Christ » (Romains 6,11).

Nouvelle naissance pour une vie nouvelle dans l'Esprit du Christ, le baptême chrétien se différencie du baptême donné par Jean le Baptiste, qui était avant tout un rite de purification et un appel à la conversion. Assimilé au Christ mort et ressuscité par le baptême, le disciple devient, par le fait même, membre de son corps qui est l'Église. On le voit dès le matin de la Pentecôte : ceux qui accueillent par la foi la parole de Pierre, reçoivent le baptême et se joignent à la communauté (Actes 2,41).

La résurrection du Christ, à Pâques, est inséparable de l'envoi de l'Esprit Saint, à la Pentecôte — cinquante jours après. Par le *baptême*, le chrétien vit la résurrection de Jésus, et par la *confirmation*, il reçoit le don de son Esprit, qui le fortifie dans la communion et la mission de l'Église : si le baptême est sa Pâque, la confirmation est sa Pentecôte. Pour souligner que l'Esprit pénètre, comme une onction d'huile, et transforme tout l'être du baptisé, les chrétiens d'Orient préfèrent le mot *chrismation* à celui de confirmation.

La réconciliation et l'onction des malades

Le baptême fait « mourir au péché », selon l'expression de Paul : il s'agit non seulement des péchés commis personnellement par l'adulte, mais aussi de la solidarité dans le péché avec toute l'humanité depuis Adam — on appelle traditionnellement « péché originel » cet état de péché dans lequel naît tout homme. Par la puissance de sa grâce, donnée au baptême, le Christ, nouvel Adam, instaure une solidarité nouvelle dans la sainteté de l'amour de Dieu, plus forte que la solidarité dans le péché : « là où le péché a proliféré, la grâce a surabondé » (Romains 5,20).

Il arrive que le baptisé, c'est un fait d'expérience, retombe dans le péché, et perde ainsi la vie de la grâce reçue au baptême. Or les évangiles montrent le Christ pardonnant les péchés à maintes reprises ; le soir de la résurrection, il vient et se tient au milieu des disciples : « La paix soit avec vous. Comme le Père m'a envoyé, à mon tour je vous envoie. » Ayant ainsi parlé, il souffla sur eux et leur dit : « Recevez l'Esprit Saint. Ceux à qui vous remettrez les péchés, ils leur seront remis. Ceux à qui vous les retiendrez, ils leur seront retenus » (Jean 20,21-23). Ce geste et ces paroles du Christ sont à l'origine du sacrement de *pénitence* — le mot signifie primitivement conversion — ou de *réconciliation*, par lequel sont pardonnés les péchés. Dans les premiers siècles, ce sacrement n'était donné qu'une fois par l'évêque, lors de célébrations communautaires ; plus tard, il fut donné, plus fréquemment par les prêtres accueillant personnellement les baptisés venus confesser leurs péchés (cf. Jacques 5,16).

Si le Christ a pardonné les péchés, il a également guéri les malades, révélant ainsi la miséricorde de Dieu pour toutes les souffrances et les infirmités humaines. Selon l'évangile de Marc (16,17-18), Jésus annonce les « signes qui accompagneront ceux qui auront cru... ils imposeront les mains à des malades, et ceux-ci seront guéris ». L'apôtre Jacques est témoin de la pratique chrétienne du sacrement de l'*onction des malades* lorsqu'il écrit : « L'un de vous est-il malade ? Qu'il fasse appeler les anciens de l'Église et qu'ils prient après avoir fait sur lui une onction d'huile au nom du Seigneur. La prière de la foi sauvera le patient ; le Seigneur le relèvera et, s'il a des péchés à son actif, il lui sera pardonné » (Jacques 5,14-15).

L'Eucharistie, au cœur de la vie de l'Église

Venu partager la vie des hommes, Jésus a pris avec eux de nombreux repas ; à cette occasion, il a fait des gestes significatifs et donné des enseignements importants. C'est ainsi qu'il choisit le cadre du repas festif de la Pâque pour laisser à ses disciples comme le testament de toute sa vie. En effet, cette fête juive fait revivre aux fils d'Israël le passage de l'esclavage d'Égypte à la liberté de la terre promise : c'est l'événement fondateur de leur histoire, et le repas de l'agneau pascal est pour eux le « mémorial » de cette action merveilleuse de Dieu, qui, par la suite, leur propose l'alliance dans le désert du Sinaï.

Au cours de ce dernier repas, Jésus institue l'*Eucharistie* : le mot signifie *action de grâce* et se justifie puisque le Christ célèbre l'accomplissement du dessein du Père qui a envoyé le Fils sauver le monde. Ce salut, Jésus le réalise pour la multitude en s'offrant lui-même, en livrant son corps et en versant son sang : ce repas annonce le *sacrifice de la Croix* qui lui donne son sens fondamental.

En son sang, Jésus scelle la *nouvelle alliance* avec ses douze disciples, prémices de ce peuple, l'*Église*, qui doit rassembler tous les hommes appelés, par la foi, au Royaume de Dieu. En partageant le pain — son corps —, en faisant passer la coupe de vin — son sang —, le Christ se donne en *nourriture* : non pas matériellement, selon la chair, mais selon l'Esprit qui fait vivre de la vie de Jésus ressuscité. Dans un long discours à la synagogue de Capharnaüm, Jésus avait expliqué qu'il était le « pain vivant descendu du ciel » : « Celui qui mangera de ce pain vivra pour l'éternité. Et le pain que je donnerai, c'est ma chair, donnée pour que le monde ait la vie » (Jean 6,51).

En chargeant ses apôtres de « faire cela en mémoire » de lui, le Christ leur confie, non pas un souvenir à rappeler, mais le *mémorial* de la nouvelle alliance, de son sacrifice, de son action de grâce : en communiant au corps et au sang du Ressuscité, qui se rend ainsi présent au milieu d'eux, les disciples revivent son sacrifice, accompli une fois pour toutes, et passent en lui, mystérieusement, de la mort à la vie. Le soir de Pâques, sur la route d'Emmaüs, Jésus a accompagné deux disciples en leur expliquant les Écritures et il s'est fait reconnaître, à l'auberge, par la « fraction du pain ». L'Eucharistie est par excellence le sacrement de la Nouvelle alliance, source et sommet de la vie de l'Église.

L'ordre et le mariage

Choisis par le Christ au milieu des disciples, les douze apôtres sont envoyés, comme lui et par lui, poursuivre la mission même qu'il a reçue du Père : « Qui vous accueille, m'accueille moi-même, et qui m'accueille, accueille Celui qui m'a envoyé » (Matthieu 10,40) et « Qui vous écoute m'écoute, et qui vous repousse me repousse ; mais qui me repousse repousse Celui qui m'a envoyé » (Luc 10,16). Une telle assimilation des disciples au maître n'est pas possible sans l'Esprit Saint que le Christ envoie à ses apôtres pour qu'ils soient ses témoins.

Aussi, pour choisir des collaborateurs ou des successeurs, les apôtres commencent-ils par prier avant d'imposer les mains aux candidats qu'on leur présente ou qu'ils choisissent (cf. Actes 6,6). S'adressant à « son enfant bien-aimé », Timothée, l'apôtre Paul lui écrit : « Je te rappelle d'avoir à raviver le don de Dieu qui est en toi depuis que je t'ai imposé les mains. Ce n'est pas un esprit de peur que Dieu nous a donné, mais un esprit de force, d'amour et de maîtrise de soi. N'aie donc pas honte de rendre témoignage à notre Seigneur... » (II 1,6-8). Le geste biblique de l'imposition des mains est à l'origine du *sacrement de l'ordre* par lequel des ministres — évêques, prêtres, diacres — sont « ordonnés » au service des communautés chrétiennes.

Quant au mariage, Jésus est amené à prendre position à la suite d'une question sur la répudiation des femmes que permet la loi de Moïse. Il se réfère à la volonté du Créateur de l'homme et de la femme, selon la Genèse (2,34). « Ainsi ils ne sont plus deux, mais une seule chair. Que l'homme donc ne sépare pas ce que Dieu a uni ! » (Matthieu 19,6). Ce faisant, le Christ restaure l'idéal et l'exigence du mariage monogame, en conformité avec le dessein créateur.

Méditant sur l'amour du mari pour sa femme, Paul donne comme modèle l'amour du Christ pour l'Église, qui est son corps et son épouse : « Maris, aimez vos femmes comme le Christ a aimé l'Église et s'est livré pour elle. » Il se réfère aussi aux paroles de la Genèse — tous deux ne seront qu'une seule chair — et conclut : « Ce mystère est grand : je déclare qu'il concerne le Christ et l'Église » (Éphésiens 5,25-32). L'alliance du Christ et de l'Église, ainsi mise en rapport avec l'alliance de l'homme et de la femme, présentée comme un « mystère », est à l'origine du *sacrement de mariage* pour les baptisés, afin qu'ils reçoivent du Christ la grâce du don de soi et de la fidélité parfaite.

Les fêtes de la liturgie chrétienne

La célébration des sacrements, spécialement de l'eucharistie, constitue l'essentiel du culte public que les chrétiens rendent à Dieu, par le Christ, dans l'Esprit. « Service du culte », la liturgie chrétienne comporte des prières et des cérémonies, qui, à l'origine, se sont inspirées de la liturgie juive : par exemple les grandes bénédictions solennelles, par les quelles commencent la lettre aux Éphésiens et la première lettre de Pierre. Mais le Christ, « grand prêtre de la Nouvelle Alliance », selon l'épître aux hébreux, est au centre de la liturgie chrétienne, qui s'est progressivment développée avec ses caractères propres.

Le sabbat, septième jour où le Créateur se repose après l'œuvre des six jours, rythme la semaine juive : il en est de même pour les chrétiens avec le « jour du Seigneur » — le dimanche — où ils célèbrent la résurrection du Christ. Le Seigneur est ressuscité le lendemain du sabbat : c'est le *premier* jour de la semaine, mais aussi le *huitième* ; ce double chiffre est symbolique de la volonté de rythmer le temps à partir de la Résurrection qui est, à la fois, l'accomplissement de l'œuvre de salut de Dieu, et le commencement d'un monde nouveau.

L'année liturgique est évidemment centrée sur la fête de *Pâques*, qui célèbre le mystère de la Résurrection, inséparable de l'envoi de l'Esprit Saint, fêté à la *Pentecôte*. La *Semaine Sainte* fait revivre aux chrétiens les derniers événements de la vie du Christ : l'entrée solennelle à Jérusalem — les Rameaux —, la dernière Cène — Jeudi saint —, la Passion et la mort — Vendredi saint —, le silence du tombeau — Samedi saint. La fête de Pâques est préparée par les quarante jours du *Carême*, temps de prière plus intense, de jeûne en signe de conversion du cœur, de partage avec le prochain. *Noël* fête la naissance de Jésus, adoré par les bergers, fils d'Israël, et l'*Épiphanie*, le 6 janvier, la manifestation du Sauveur aux mages représentants des nations païennes. Au cours de l'histoire, d'autres fêtes ont été ajoutées à ce calendrier initial.

La prière des chrétiens

C'est fondamentalement la prière du Christ, que l'Esprit Saint inspire à ses disciples, en venant au secours de leur faiblesse, car ils ne savent pas prier comme il faut… (cf. Romains 8,26-27). Voyant Jésus en prière, souvent seul, les disciples lui ont demandé de leur apprendre à prier : ce sont les paroles du « Notre Père », que le Christ fait siennes en les partageant avec ses frères. Cette « prière du Seigneur » est la référence de toute prière chrétienne.

La prière enseignée par le Christ

Notre Père,
qui es aux cieux,
que ton Nom soit sanctifié,
que ton Règne vienne,
que ta Volonté soit faite
sur la terre comme au ciel.

Donne-nous aujourd'hui
notre pain de ce jour,
pardonne-nous nos offenses
comme nous pardonnons aussi
à ceux qui nous ont offensés,
et ne nous soumets pas à la tentation
mais délivre-nous du mal.

Car c'est à Toi qu'appartiennent
le règne, la puissance et la gloire
pour les siècles des siècles.
Amen.

Dans la prière s'expriment des demandes, l'action de grâce, la louange, l'adoration, le regret du péché, bref toutes les attitudes de l'homme en face de Dieu, dans toutes les situations de l'existence. Pour l'action de grâce, les chrétiens font volontiers leurs les cantiques de Marie, lorsqu'elle rend visite à Élisabeth — le Magnificat —, et de Zacharie, après la naissance de Jean-Baptiste — le Benedictus — (Luc 1,47-55 et 68-79).

Ils chantent des hymnes de louanges au Christ, tels que ceux que nous rapportent les lettres aux Philippiens (2,6-11) et aux Colossiens (1,15-20).

Comme tout juif, Jésus a prié avec les psaumes, dont certains ont été composés par le roi David ; sur la croix, il a redit le psaume 21 où, du fond de sa détresse, l'homme finit par dire sa confiance en Dieu. A l'exemple du Christ, les chrétiens reprennent ces psaumes, très largement, dans les prières publiques de l'Église.

La méditation de l'Écriture est une forme indispensable de prière, car un dialogue s'instaure entre le croyant qui répond à Dieu qui lui parle à travers le texte inspiré. Lorsqu'il médite les évangiles, le chrétien se met en présence du Christ et entre en conversation avec lui.

Qu'elle soit personnelle, dans le secret de la chambre, ou qu'elle soit communautaire, dans les offices liturgiques, la prière faite dans l'Esprit du Christ exprime les dispositions les plus variées de fils adoptifs qui s'adressent à leur Père. Mais l'apôtre invite surtout à l'action de grâce : « En tout temps, à tout sujet, rendez grâce à Dieu le Père au nom de notre Seigneur Jésus-Christ » (Éphésiens 5,20).

Le signe de la Croix

Il est la marque propre des chrétiens. Il s'inscrit dans l'architecture et la décoration de leurs églises et de leurs temples, sur les ornements de leur liturgie comme sur leurs vêtements ordinaires. C'est aussi un geste par lequel ils commencent et achèvent leur prière.

Il est si fréquent parce qu'il rappelle concrètement les mystères fondamentaux de la foi chrétienne : le mystère de Dieu, qui est Père, Fils, Esprit au nom desquels est donné le baptême qui fait naître à la vie d'enfant de Dieu ; le mystère du salut par la Croix du Christ « livré pour nos fautes et ressuscité pour notre justification »

(Romains 4,25). Si la croix est un supplice de mort, que Jésus transforme en offrande de sa vie pour la réconciliation des pécheurs avec Dieu, elle évoque aussi cette gloire dans laquelle le Christ « élevé de terre attire à lui tous les hommes » (Jean 12,32 et 8,28).

Le Christ ne cache pas à ses disciples que s'il veulent marcher à sa suite, il leur faut porter la croix : les serviteurs ne sont pas plus grands que le maître (Jean 13,16). Lui qui s'est présenté comme « la voie, la vérité et la vie », a été en butte à l'hostilité du monde ; les chrétiens, s'ils sont fidèles à la vérité et à l'amour qu'ils reçoivent de leur Seigneur pour en être les témoins, doivent s'attendre à être, eux aussi, des « signes de contradiction ». Depuis les origines et tout au long de l'histoire, beaucoup ont été fidèles jusqu'au martyre.

Tous ne sont pas appelés jusque-là. Mais tous doivent choisir « le bon combat de la foi » et lutter contre les forces de péché qui asservissent l'homme : mensonge, égoïsme, orgueil, convoitise, haine, volonté de puissance, désordres de la sexualité, toutes formes d' idolâtrie... A ces passions et ces désirs désordonnés, l'apôtre Paul oppose le fruit de l'Esprit : amour, joie, paix, patience, bonté, bienveillance, foi, douceur, maîtrise de soi... L'exhortation qu'il adresse aux Galates (5,25) est vraie pour tous les chrétiens : si vous vivez par l'Esprit, marchez aussi sous l'impulsion de l'Esprit, car c'est à la liberté du Christ que vous êtes appelés.

Cette liberté est celle des *béatitudes* : le premier, Jésus les a vécues tout au long de sa marche vers la nouvelle Jérusalem, le Royaume de Dieu, où, dans la communion des saints, « cette foule immense que nul ne peut dénombrer » (cf. Apocalypse 7 et 21-22), il attend ses disciples et tous les hommes de « bonne volonté ».

Les béatitudes

Bienheureux ceux qui ont une âme de pauvre,
car le Royaume des cieux est à eux.

Bienheureux les doux,
car ils posséderont la terre.

Bienheureux les affligés,
car ils seront consolés.

Bienheureux les affamés et assoiffés de la justice,
car ils seront rassasiés.

Bienheureux les miséricordieux,
car ils obtiendront miséricorde.

Bienheureux les cœurs purs,
car ils verront Dieu.

Bienheureux les artisans de paix,
car ils seront appelés fils de Dieu.

Bienheureux les persécutés pour la justice,
car le Royaume des Cieux est à eux.

Bienheureux êtes-vous quand on vous insultera,
qu'on vous persécutera
et qu'on dira faussement contre vous
toute sorte d'infamies à cause de moi.
Soyez dans la joie et l'allégresse,
car votre récompense sera grande dans les cieux.

(*Matthieu 5,3-12*)

La Vierge Mère de Dieu, Trône de la divine sagesse,
1150-1200.

CHAPITRE 2

L'Église catholique et l'Église orthodoxe

par Claude Bressolette

De nos jours existent une Église *catholique*, une Église *orthodoxe*, des Églises *protestantes*, une Église *anglicane*, etc. Les chrétiens sont divisés, et cherchent à recomposer l'unité de l'Église du Christ en participant au mouvement *oecuménique*. Alors que le Christ a prié pour l'unité de ses disciples, comment est-on arrivé à cette situation de division ? Et pour nous en tenir à l'Église *catholique* et à l'Église *orthodoxe*, quelles caractéristiques les distinguent ?

L'Église au premier millénaire

Compagnons du Christ durant sa vie, confidents de son enseignement, témoins de sa résurrection, les apôtres sont envoyés par lui dans le monde entier pour faire de toutes les nations des disciples.

Témoignage de l'apôtre Jean

> Ce qui était dès le commencement, ce que nous avons entendu, ce que nous avons vu de nos yeux, ce que nous avons contemplé et que nos mains ont touché du Verbe de vie, — car la vie s'est manifestée, et nous avons vu et nous rendons témoignage et nous vous annonçons la vie éternelle, qui était tournée vers le Père et qui s'est manifestée à nous —, ce que nous avons vu et entendu, nous vous l'annonçons, à vous aussi, afin que vous aussi, vous soyez en communion avec nous. Et notre communion est communion avec le Père et avec son Fils Jésus-Christ. Et nous vous écrivons cela pour que notre joie soit complète.
>
> *(1re lettre de Jean 1,1-4)*

Dès le matin de la Pentecôte, en leur nom, Pierre proclame l'Évangile, c'est-à-dire la *bonne nouvelle* du Christ ressuscité : ceux qui se convertissent au Seigneur Jésus sont baptisés et forment ainsi, autour des apôtres et des disciples, la première communauté, l'Église de Jérusalem.

L'ouverture aux païens

Peu à peu, les apôtres gagnent les autres villes de Palestine, où ils prêchent et fondent de nouvelles communautés de disciples. Allant toujours au delà, ils atteignent Antioche, importante ville-carrefour, où pour la première fois juifs et païens, également convertis, sont réunis dans une même communauté, celle des *chrétiens* puisque ce nom leur est désormais donné ; mais la cohabitation de juifs et de païens, qui jusque-là ne se fréquentaient pas, soulève des difficultés et des discussions que l'on soumet finalement à l'arbitrage de l'Église de Jérusalem. Réunie autour des anciens, l'assemblée écoute Paul, Pierre et Jacques exposer leur point de vue, et l'on parvient à un consensus décisif pour la suite de l'histoire de l'Église.

Il est décidé, en effet, que l'on n'imposera pas aux païens qui se convertissent au Christ les prescriptions de la loi de Moïse, notamment la circoncision, ce qu'auraient souhaité certains judaïsants. Comme l'affirme Paul avec énergie, seule la foi au Christ, et non la Loi de Moïse, est source du salut. Paul reçoit le soutien de Pierre qui, appelé à annoncer le Christ dans la famille d'un centurion romain — un païen ! —, avait constaté que le Saint-Esprit leur était donné à eux aussi, car Dieu ne fait pas de différence entre les hommes. Jacques se rallie, en demandant seulement qu'on se réfère aux prescriptions de l'époque de Noé, qui s'appliquent à tous les hommes et pas seulement à la race d'Abraham.

Consignée dans une lettre, qui sera portée à l'Église d'Antioche par des envoyés de l'Église de Jérusalem, la décision solennelle est introduite par ces mots étonnants : « Le Saint-Esprit et nous-mêmes avons décidé... » (*Actes des Apôtres*, 15,28). Les apôtres ont en effet reçu du Christ lui-même l'assurance qu'ils seraient assistés et conduits par son Esprit lorsque, en son nom, ils auraient à prendre position sur la vérité de la foi et l'annonce de l'Évangile. Dans la suite de l'histoire de l'Église, l'assemblée de Jérusalem servira de référence aux divers conciles qui se réuniront, et la lettre adressée par une Église à une autre deviendra d'un usage courant : si elle est circulaire, envoyée à plusieurs Églises ou même à toutes, elle s'appellera « encyclique ».

La prédication évangélique et la fondation d'Églises se poursuivent, au delà d'Antioche, en Asie mineure, en Grèce puis en Italie, bref dans tout l'Empire romain. Cette expansion est attestée par les *Actes des Apôtres,* qui décrivent essentiellement les missions de Pierre et de Paul, et pas les *Lettres* adressées par les apôtres à diverses Églises : celles de Paul, les plus nombreuses, sont aussi les plus riches en détails concrets.

L'organisation des Églises

Par l'action des apôtres, de leurs collaborateurs et de leurs successeurs, qu'on appellera évêques, les communautés chrétiennes se multiplient dans les cités de l'Empire romain et dans sa capitale, Rome.

Aux problèmes d'organisation et d'institution de chefs ou de collèges d'anciens avec leur présidents, aux arbitrages de conflits, s'ajoutent des questions qui touchent à la foi et à la vie chrétiennes : catéchèse, exposés doctrinaux, directives morales, souci de défendre la rectitude de la pensée chrétienne — l'orthodoxie — contre l'abus des discussions internes et les influences de doctrines étrangères. Dès l'origine, en effet, les apôtres font face à des hérésies qui peuvent entraîner la formation de sectes séparées de l'Église.

Or il est vital pour ces Églises locales dispersées, affrontées à des difficultés diverses, parfois à des persécutions, de se soutenir entre elles et de s'assurer qu'elles partagent la même foi et qu'elles sont, à elles toutes, l'unique Église du Christ car elles ont « un seul Seigneur, une seule foi, un seul baptême »(*Éphésiens* 4,5). Favorisées par les voies de communication de l'Empire romain, les relations se développent d'une communauté à l'autre grâce à des envoyés, des lettres, des collectes, comme celle qu'organise Paul au profit des pauvres de l'Église de Jérusalem.

Au IIe siècle, comme en témoignent les lettres d'Ignace, évêque d'Antioche martyrisé à Rome avant l'année 117, et les écrits d'Irénée, évêque de Lyon, peut-être martyr à la fin du siècle, se confirme un triple phénomène :

– La généralisation de la structure épiscopale des Églises locales (un évêque, avec un collège de prêtres et des diacres, comme on l'a vu dans le chapitre *Christianisme*).

– La conscience de former une seule « Église catholique répandue dans tout l'univers » par la communion de toutes les Églises avec l'Église de Rome, où Pierre et Paul ont rendu le suprême témoignage de la foi au Christ (cf. le même chapitre).

– Le consensus à peu près acquis sur le « canon » des Écritures, c'est-à-dire l'ensemble des livres du Nouveau Testament, qu'à l'instar de ceux de l'Ancien, les Églises reconnaissent comme inspirés et donc règle de la foi.

Extension du christianisme et naissance du monachisme

Dans l'Empire romain, qui ne reconnaît pas la religion des chrétiens, victimes de persécutions souvent locales, parfois systématiques comme au milieu du IIIe siècle sous l'empereur Décius ou au début du IVe sous Dioclétien, la christianisation progresse pourtant aussi bien dans les campagnes que dans de nouvelles couches de la société : milieux intellectuels et politiques, entourage de l'empereur.

Ces progrès en extension s'accompagnent, chez certains chrétiens, d'une exigence plus radicale de vie évangélique : retirés dans les déserts d'Égypte, les uns cherchent la solitude — les ermites —, d'autres mènent une vie commune fraternelle — les cénobites. Ainsi, à la fin du IIIe siècle, avec Antoine, naît le monachisme, promis à un immense développement : en Orient, les laurés de Palestine, les monastères dont saint Basile formule la règle, puis ceux du Mont Athos, etc. ; en Occident, les monastères de Lérins et de Marseille, puis, à partir du VIe siècle, tous ceux qui suivent la règle de saint Benoît, reprise par Cluny et saint Bernard, etc.

Constantin et la liberté de l'Église

Pour mieux résister aux difficultés intérieures et aux pressions extérieures des barbares sur les frontières du Rhin, du Danube et de la Perse, Dioclétien avait divisé l'empire en deux ensembles confiés chacun à un empereur : l'Occident et l'Orient. Mais Constantin parvient à rétablir l'unité de l'Empire à son profit et transfère la capitale à Byzance, devenue solennellement Constantinople en 330.

Mais surtout, à l'occasion d'une victoire, en 312, l'empereur se convertit au christianisme. Dès 313, à Milan, il accorde aux chrétiens le libre exercice de leur culte désormais licite.

Avec la liberté, et sous l'autorité d'un empereur chrétien, s'ouvre donc une ère nouvelle favorable à l'expansion du christianisme, dont le signe évident est la construction d'églises et de basiliques. Désormais les chrétiens peuvent librement se rencontrer et célébrer publiquement leur culte, tandis que se multiplient les œuvres où ceux qu'on appelle les « Pères de l'Église » défendent et exposent la foi.

Le premier concile œcuménique de Nicée en 325

Dans l'Église d'Alexandrie, la prédication d'un prêtre savant, Arius, suscite autant de séduction que d'opposition, car certains, tel le diacre Athanase, accusent sa doctrine de ruiner la divinité du Christ. Les discussions gagnent d'autres Églises, Antioche, Constantinople, au point d'y créer de graves conflits. Inquiet pour la paix publique, Constantin décide de convoquer les évêques de l'Empire en un concile qui trancherait les débats et proposerait la doctrine orthodoxe, conforme à la foi catholique reçue des apôtres.

Dans le passé, déjà, des évêques avaient pu se réunir en conciles locaux pour débattre de questions touchant la foi et la vie de l'Église. Mais pour la première fois, à Nicée, ils étaient officiellement convoqués par l'empereur lui-même et venaient de toutes les régions de l'Empire, surtout orientales, mais l'Occident était représenté : le concile est dès lors qualifié d'*œcuménique* puisque toutes les parties de « la terre habitée » sous l'autorité de Rome, y ont des représentants.

Même s'il préside, Constantin n'intervient pas dans les débats, qui se poursuivent quelques semaines. La doctrine d'Arius est condamnée, et, surtout, l'assemblée adopte un « symbole de la foi », un *credo*, c'est-à-dire un texte qui présente les principales vérités de la foi chrétienne que tous reconnaissent et confessent. Pour préciser le témoignage des Écritures sur le Christ, les Pères — les évêques — du concile n'hésitent pas à utiliser un mot du vocabulaire de la philosophie grecque de leur temps, quitte à en transformer le sens : « consubstantiel » appliqué au Christ, Fils éternel du Père, afin de souligner qu'il forme un même être avec le Père et qu'il est vrai Dieu né du vrai Dieu.

Outre ces questions fondamentales de la foi, le concile se préoccupe de discipline du clergé — il prend par exemple des mesures concernant l'ordination des évêques — et d'organisation de l'Église qu'il adapte aux structures administratives de l'Empire. Pour favoriser la communion ecclésiastique, il fixe l'ordre des sièges apostoliques et détermine la région sur laquelle ils ont autorité : en premier Rome, dont l'évêque, le pape, est patriarche d'Occident, puis Alexandrie et enfin Antioche, avec leurs patriarches respectifs et les territoires qui leur sont confiés.

Du fait des contestations, l'élaboration de la foi se poursuit, et en 381, le concile de Constantinople affirme la divinité du Saint-Esprit, complétant ainsi celui de Nicée ; aussi parle-t-on du *credo de Nicée-Constantinople* que les chrétiens confessent aujourd'hui encore. En 431 et 451, au milieu de longues controverses, les conciles d'Éphèse puis de Chalcédoine défendent l'unité de la personne du Christ et ses deux natures, divine et humaine.

Mais les conciles œcuméniques ne parviennent pas toujours à rétablir la paix des esprits et la communion des Églises. On le voit ainsi avec le concile de Chalcédoine, dont les formules ne sont pas acceptées par une partie des chrétiens d'Égypte, de Syrie ou d'Arménie, qui s'en tiennent aux positions qu'on appelle « monophysites » par leur insistance sur l'unité du Christ. Un schisme apparaît donc, puisque se forment des Églises orientales, en rupture tant avec Rome que Constantinople.

Les 7 conciles œcuméniques

Nicée (325)
Constantinople (381)
Éphèse (431)
Chalcédoine (451)
Constantinople II (553)
Constantinople III (680-681)
Nicée II (787)

Monopole du christianisme, division de l'Empire romain

Chrétien convaincu, l'empereur Théodose, allant plus loin que Constantin, accorde au christianisme une place privilégiée puisque, en 380, il fait proclamer par un édit que tous les peuples de l'Empire doivent professer « la foi de l'apôtre Pierre » ; des mesures successives accentuent les caractères d'une religion de l'État, et, finalement, en 391-392, de nouveaux édits proscrivent toute pratique du paganisme, quelque trente ans après le bref règne de Julien l'apostat qui avait favorisé une réaction païenne. En moins d'un siècle, le christianisme passe d'un régime de liberté à celui du monopole religieux.

Sous son règne, de 379 à 395, Théodose, à l'exemple de Constantin, parvient à unifier l'Orient et l'Occident sous sa seule autorité. Mais à sa mort, l'unité de l'Empire romain est définitivement brisée, et les deux moitiés de l'empire connaîtront des destinées politiques, sociales, culturelles de plus en plus divergentes.

En Orient, de langue et de culture grecques, l'empire qu'on appellera byzantin, à travers des alternances d'expansion et de repli, de splendeur et de décadence, se maintiendra jusqu'en 1453, date de la prise de Constantinople par les Turcs.

En Occident, de langue et de culture latines, le déferlement des barbares, en vagues successives, entraîne la chute de l'Empire en 476 : pendant un temps, l'Église, avec le pape et les évêques, doit assurer une suppléance en faisant face aux exigences les plus matérielles de l'administration. En 800, malgré l'empereur byzantin, Charlemagne restaure l'empire d'Occident avec l'appui du pape Léon III. Ce sera ensuite le Saint Empire romain germanique, avec les dynasties allemandes.

Ces situations différentes ne manqueront pas d'influencer l'Église et de marquer la vie des chrétiens, affrontés d'autre part, en Orient comme en Occident, aux pressions et aux conquêtes des arabes musulmans.

La promotion de Constantinople comme siège rival de Rome

A partir du moment où les empereurs chrétiens choisissent Constantinople comme capitale de l'Empire d'Orient, la position de son évêque est renforcée par la proximité de la cour impériale. N'appelle-t-on pas Constantinople « la nouvelle Rome » ? Aussi, dès le concile de Constantinople réuni en 381 par Théodose, on considère que cette capitale est le siège du deuxième patriarcat, après celui de Rome, mais avant ceux d'Alexandrie et d'Antioche. Cette décision est confirmée au concile de Chalcédoine, en 451, par le canon 28, que le pape Léon Ier refuse de sanctionner, car il contrevient aux décisions du concile de Nicée.

Des deux côtés, on reste sur ses positions. De plus en plus, le patriarche de Constantinople cherche à se faire reconnaître, dans l'Empire d'Orient, une autorité comparable à celle du pape dans l'Empire d'Occident. Ce dernier, comme successeur de Pierre, tend à affirmer sa primauté dans toute l'Église, en intervenant directement dans les affaires des patriarcats orientaux. Au VIe siècle, le patriarche de Constantinople s'attribue le titre de « patriarche œcuménique », qui s'imposera dans la suite, malgré les protestations réitérées des papes.

Ces différends, dans lesquels interviennent inévitablement les empereurs byzantins, engendrent parfois des ruptures de communion entre les Églises de Rome et de Constantinople. Mais elles restent passagères, et finalement la volonté de restaurer l'unité de l'Église est la plus forte durant le premier millénaire.

Différences entre l'Orient et l'Occident

Par delà des querelles de personnes et des revendications de pouvoirs, sont en jeu plus profondément des conceptions de l'Église et de son unité. Et ces conceptions entraînent des pratiques, plus monarchiques en Occident, où, du fait des circonstances, le pape est amené à jouer un rôle civil et même politique dans l'effondrement général des structures de l'empire, alors qu'elles sont plus synodales en Orient, où les patriarches président des conseils d'évêques qui délibèrent avec eux.

Ces différences s'inscrivent elles-mêmes dans des différences plus larges qui tiennent aux traditions liturgiques, spirituelles, théologiques, propres les unes à l'Orient, les autres à l'Occident.

Par exemple, l'Orient est peu sensible à la crise soulevée en Occident, au début du Ve siècle, par les idées de Pelage, un moine irlandais : il défend la liberté et l'effort moral de l'homme par rapport à la grâce de Dieu, que le grand évêque d'Afrique, saint Augustin, affirme au contraire comme étant première et source des mérites de l'homme ; la théologie occidentale sera marquée durablement par ces débats sur la grâce et la liberté.

En revanche, l'Occident, même s'il n'accepte pas les icônes, ne connaît pas les drames causés en Orient, aux VIIIe et IXe siècles, par la querelle iconoclaste qui met en question la légitimité de ces saintes images du Christ et des saints, surtout de la Mère de Dieu ; réuni à Nicée en 787, le septième concile œcuménique justifie la tradition de représenter le Christ, le Fils de Dieu qui, par l'incarnation, s'est rendu visible dans l'histoire des hommes : il est donc légitime de vénérer les icônes du Christ, de Marie la Mère de Dieu, des anges et des saints, car le culte qu'on rend aux images s'adresse à leur modèle, et la vénération est à distinguer de l'adoration réservée à Dieu seul. Mais la crise ne s'apaise qu'en 843 avec la restauration solennelle des images au cours d'une liturgie que rappelle chaque année la fête de l'Orthodoxie, célébrée le 11 mars.

Cantique de Marie
Magnificat

Mon âme exalte le Seigneur,
exulte mon esprit en Dieu, mon Sauveur !
Il s'est penché sur son humble servante ;
désormais, tous les âges me diront bienheureuse.
Le Puissant fit pour moi des merveilles ;
saint est son nom !
Son amour s'étend d'âge en âge
sur ceux qui le craignent.
Déployant la force de son bras,
il disperse les superbes.
Il renverse les puissants de leurs trônes,
il élève les humbles.
Il comble de biens les affamés,
renvoie les riches les mains vides.
Il relève Israël, son serviteur,
il se souvient de son amour,
de la promesse faite à nos pères,
en faveur d'Abraham et de sa race, à jamais.

Le schisme de 1054

Durant les dernières décennies du IXe siècle, la désignation de Photius sur le siège patriarcal de Constantinople à la place d'Ignace, déposé, suscite conflits et ruptures avec le pape. Les dissensions religieuses, dans la capitale byzantine, sont aggravées par les intrigues politiques du palais impérial. S'y mêlent d'autres affaires comme celle de la juridiction ecclésiastique sur le Royaume bulgare, récemment converti au christianisme, que se disputent Rome et Constantinople. A dix ans de distance, deux conciles sont réunis à Constantinople, le premier (869-70) qui condamne Photius, le second (879-80) qui le réhabilite. Cette pénible affaire trouve son apaisement, après la mort d'Ignace, lorsque le pape reconnaît Photius comme patriarche.

Plus encore que des conflits théologiques, à propos des relations du Saint-Esprit avec le Père et le Fils dans le mystère trinitaire, cette querelle met de nouveau en lumière le grave dissentiment sur l'autorité suprême et son exercice dans l'Église que le credo de Nicée-Constantinople confesse « une, sainte, catholique et apostolique » : est-ce l'« ancienne Rome », siège de Pierre et de ses successeurs, qui détient la primauté, ou la « nouvelle Rome », Constantinople, capitale de l'Empire chrétien, héritier de l'Empire romain ?

Cependant l'unité de l'Église est maintenue, durant le Xe siècle, jusqu'au milieu du XIe, tandis qu'avec la dynastie macédonienne, l'Empire byzantin retrouve sa prospérité et reconquiert sur l'Islam une partie des provinces perdues. A Rome, en revanche, la papauté, mise en tutelle par des factions rivales, est affaiblie et tente de retrouver son indépendance par rapport au pouvoir politique des laïcs.

La querelle resurgit avec Michel Cérulaire, devenu patriarche en 1043. Craignant que les populations grecques de l'Italie du sud soient latinisées, il lance une offensive contre certains usages du clergé latin, notamment le célibat, dénonce un reste de judaïsme dans l'utilisation du pain azyme pour l'eucharistie, rejette la théologie latine du Saint-Esprit, comme l'avait déjà fait Photius, et condamne l'addition du « Filioque » (Le Saint-Esprit procède du Père « et du Fils ») dans le credo ; en 1052, il ordonne la fermeture des églises latines de Constantinople.

Le pape Léon IX réagit en envoyant trois légats, dont le peu diplomate cardinal Humbert, auprès de l'empereur, qui souhaitait l'appui pontifical dans les affaires d'Italie ; en échange, le pape lui demande de faire cesser les agissements du patriarche, et les légats remettent à ce dernier une lettre lui reprochant l'irrégularité de sa promotion, ses empiétements sur l'autorité des autres patriarcats d'Alexandrie et d'Antioche, ses attaques contre les usages latins. Indisposé, le patriarche refuse d'entrer en relation avec les légats, d'autant que le pape était mort en avril ; l'empereur tente vainement de s'entremettre, et, finalement, les légats déposent le 16 juillet 1054, sur l'autel de Sainte-Sophie, une sentence d'excommunication du patriarche et de ses partisans. A son tour, Michel Cérulaire et son synode lance l'anathème contre le libelle et les agissements des légats.

Une séparation durable

Cette nouvelle rupture sera-t-elle passagère comme les précédentes ? On pense d'abord qu'il s'agit d'un incident de plus dans les relations entre l'Orient et l'Occident.

En fait, les ex-communications réciproques sont maintenues, même si, pour des raisons politiques, les relations ne sont pas rompues, au contraire, entre les papes et les empereurs byzantins : les uns et les autres doivent faire face aux conquêtes des Normands, aux ambitions de Venise et surtout au déferlement des Turcs, qui rompent l'équilibre existant en Orient entre les possessions arabes et l'Empire byzantin. Pour sauver la Terre sainte, le pape Urbain II prêche, en 1096, la première croisade, suivie par d'autres qui aboutissent à la création d'un royaume latin de Jérusalem difficilement maintenu contre les Turcs.

L'arrivée en Orient des croisés d'Occident soulève de multiples difficultés, et le drame éclate avec la quatrième croisade : en 1204, malgré les protestations du pape Innocent III, les latins se détournent de Jérusalem et s'emparent de Constantinople, livrée aux massacres et au pillage. Un empire latin y est fondé, et se maintient jusqu'en 1261, les grecs se réfugiant à Nicée où ils transfèrent un moment l'empire byzantin. Ces événements tragiques creusent entre l'Occident et l'Orient un fossé que ne parvient pas à combler l'accord théologique obtenu entre grecs et latins au concile de Lyon, en 1274.

Les conquêtes turques éliminent d'abord le royaume latin de Jérusalem, puisque Acre, sur la côte, tombe en 1291 ; elles réduisent ensuite progressivement l'empire d'Orient à Constantinople et sa région. Au début du XVe siècle, sa capitale étant menacée, l'empereur Jean VIII Paléologue recherche l'alliance de l'Occident et propose de restaurer l'union entre Rome et Constantinople. Le pape Eugène IV accepte, et en 1438, à Ferrare, est réuni un concile auquel participent les grecs conduits par l'empereur et le patriarche ; il est transféré à Florence où se poursuivent activement les débats théologiques jusqu'à la proclamation solennelle de l'union le

6 juillet 1439. Non sans d'inévitables malentendus, le patriarche de Constantinople reconnaît la primauté universelle du pape, et un accord doctrinal est trouvé, notamment sur la question du Saint-Esprit et du « Filioque ».

Cependant, tous les grecs ne signent pas l'acte d'union, notamment le représentant du patriarche d'Antioche. D'autre part, de retour à Constantinople, la délégation au concile est assaillie de reproches par la population excitée par les moines, pour avoir trahi la foi contre de l'argent ; plusieurs évêques se rétractent, et l'empereur n'ose promulguer l'union, qui le sera seulement le 12 décembre 1452.

Pour venir au secours de Constantinople, le pape, de son côté, ne peut réunir qu'une petite armée, qui se fait écraser en 1444. Le 18 avril 1453, l'armée turque entreprend le siège de la ville et donne l'assaut final le 29 mai. L'empereur est tué, Mahomet II entre dans Sainte-Sophie qu'il transforme en mosquée, et Constantinople devient Istanbul. Abandonné de l'Occident, l'Empire d'Orient a vécu.

La Russie, qui refuse l'acte d'union de Florence en 1448, se considère alors comme l'héritière de Byzance : Ivan III épouse la nièce du dernier empereur et prend le nom de César — tsar —, tandis que Moscou se fait appeler « la troisième Rome ».

Le poids de l'histoire

Le Christ a envoyé ses disciples dans le monde, tout en voulant les garder du monde : l'Église est inévitablement mêlée à l'évolution des sociétés dans lesquelles elle est appelée à témoigner coûte que coûte de l'Évangile. Si elle défend sa foi contre les philosophies humaines, elle emprunte, pour l'exprimer, à la pensée et au langage de chaque époque ; si elle tient du Christ sa structure ministérielle héritée des apôtres, elle s'organise en tenant compte des institutions civiles qui l'environnent ; si elle doit sauvegarder la liberté chrétienne contre tous les pouvoirs, elle est souvent victime, parfois consentante, des intrigues et des séductions politiques. Les faits, brièvement rapportés plus haut, le montre abondamment au long de quinze siècles.

Sans doute la séparation entre les Églises d'Occident et d'Orient a-t-elle ses causes profondes dans des débats théologiques et des conceptions de la structure de l'Église. Mais les passions humaines ont avivé des conflits que favorisaient en outre les différences culturelles et les divergences de destinée politique : l'unité se maintient difficilement quand s'installe l'incompréhension et que chacun, de son côté, doit faire face aux circonstances imposées par l'histoire.

L'Église est *catholique* en un double sens : elle garde la vérité totale qu'elle a reçue du Christ et elle est envoyée dans le monde entier pour l'offrir à tout homme ; elle est *orthodoxe* en un double sens, aussi : elle rend à son Seigneur la gloire qui lui est due et elle est attachée à la rectitude de la foi qu'elle confesse. Le schisme de 1054 a pour conséquence fâcheuse que chacun de ces deux qualificatifs, pourtant indissociables, est approprié par une réalisation historique du christianisme : dans l'Occident latin, l'Église s'appellera « catholique » et dans l'Orient grec, « orthodoxe ». Dès lors, au cours de longs siècles, s'accentuent les traits distinctifs tant de l'Église *catholique* que de l'Église *orthodoxe.*

L'héritage commun

Mais avant d'examiner les différences, rappelons brièvement ce que l'une et l'autre ont en commun, et qui est considérable :

– l'Écriture, la Tradition apostolique, la doctrine des Pères ;
– les sept conciles œcuméniques du premier millénaire ;
– la succession apostolique des évêques et les sept sacrements ;
– le culte de la Vierge Marie, Mère de Dieu, et des saints ;

– l'annonce de l'Évangile et l'élan missionnaire ;

– l'essor de la vie monastique, sous ses multiples formes, comme signe de l'appel radical de l'Évangile.

Tel est le fondement d'un dialogue œcuménique, qui s'abstient de polémiquer sur les divergences pour retrouver ce qui unit.

Les 7 sacrements

Pour l'initiation
BAPTÊME
CONFIRMATION OU CHRISMATION
EUCHARISTIE

Pour la guérison
PÉNITENCE OU RÉCONCILIATION
ONCTION DES MALADES

Pour le service de la communauté
ORDRE
MARIAGE

L'Église catholique

Le pape garant de l'unité de l'Église

L'importance accordée au pape, successeur de Pierre, est une des marques du catholicisme. En raison des promesses du Christ rapportées par les évangiles, on lui reconnaît le ministère de l'unité de l'Église entière, puisque toute Église locale doit être en communion avec l'Église de Rome dont il est l'évêque. Il exerce sa charge dans l'ordre de l'enseignement de la foi — le *magistère* — et du gouvernement pastoral — la *juridiction*.

En effet, il peut être amené, dans des cas précis, par exemple lorsqu'il y a confusion, erreur ou même oubli des vérités fondamentales de la foi et de la vie chrétiennes, à se prononcer solennellement : son jugement est alors *infaillible*, c'est-à-dire protégé contre l'erreur, parce qu'il reçoit l'assistance de l'Esprit Saint, l'Esprit de vérité que le Christ a donné à son Église ; cette infaillibilité personnelle est la même que celle des conciles œcuméniques, lorsque les évêques, successeurs des apôtres, avec le pape qui « confirme ses frères » (cf. Luc 22, 32), sont réunis pour définir la foi qui doit être celle de tous les chrétiens.

D'autre part, il est pasteur de toutes les brebis du Christ, pour reprendre l'image évangélique (cf. Jean 21) ; pour conduire l'Église au nom du Christ, il reçoit la *primauté*, c'est-à-dire le pouvoir de gouvernement nécessaire au chef visible de l'Église pour veiller à la communion de tous, lutter contre les défaillances toujours possibles au milieu du peuple chrétien, et défendre, si nécessaire, la liberté des Églises locales contre les interventions des pouvoirs politiques.

Mais il faut aussi reconnaître que l'exercice de cette charge a été marqué par l'histoire qui la fait apparaître comme une monarchie universelle, avec une administration très centralisée.

Recherche d'une synthèse intégrant les données de la foi

Un autre trait du catholicisme tient aux orientations profondes de la spiritualité et de la théologie. Là, il faut noter l'influence considérable du plus grand docteur de l'Église latine, saint Augustin (354-430) : outre ses commentaires de l'Écriture, il a su exposer admirablement son expérience de pécheur et de converti, sa conviction de la priorité de la grâce de Dieu dans la sanctification de l'homme, son exploration du mystère trinitaire, sa réflexion sur l'histoire du salut et des civilisations.

Le développement des universités au XIIIe siècle favorise l'essor de la scolastique, cette méthode d'exposé cohérent et systématique de toutes les vérités de la foi. Tandis que le platonisme imprégnait la culture des premiers siècles, l'aristotélisme marque la pensée médiévale et sert de référence à la remarquable synthèse qu'est la *Somme théologique* de saint Thomas d'Aquin (1225-1274) : cet ouvrage reste exemplaire, dans l'Église catholique, de l'effort pour intégrer toutes les données de la foi dans une exposition à la fois analytique et synthétique.

Le docteur médiéval adopte l'approche augustinienne du mystère de Dieu à partir de l'unité de la nature divine et par analogie avec l'âme humaine et la vie de l'esprit, qui reste un dans ses trois facultés : mémoire, intelligence, volonté. Par sa doctrine des relations, analogues en Dieu et dans l'esprit de l'homme, créé à l'image de Dieu, il justifie la conception latine du Saint-Esprit qui « procède du Père et du Fils » (*filioque*).

Mais il comprend plus positivement qu'Augustin l'autonomie des réalités du monde créé et de l'homme, dont la liberté n'est pas détruite mais blessée par le péché, et il fait davantage confiance à la capacité de la créature à recevoir et faire fructifier les dons de la grâce. De là ressort un équilibre dans les rapports entre la raison et la foi, la liberté et la grâce, la société civile et l'Église, qui inspire généralement la vision catholique du monde, de l'histoire et de la destinée humaine.

Insistances catholiques et différences protestantes

On le sait (cf. le chapitre : *La Réforme protestante)* : au début du XVIe siècle, la papauté, impliquée dans la politique italienne et européenne, plongée dans le luxe de la Renaissance et les scandales moraux et financiers, est incapable d'engager la réforme tant attendue de l'Église. L'impuissance du concile de Latran, en 1512, à mettre en œuvre le renouveau spirituel, entraîne la protestation de Luther en 1517 et son excommunication en 1520. D'autres suivent son exemple, tels Calvin, Zwingli, Knox.

Convoquée par Charles-Quint en 1531, la Diète d'Augsbourg ne réussit pas à mettre d'accord catholiques et réformateurs. En conséquence se constituent des Églises réformées, séparées de Rome, tandis que le concile de Trente (1545-1563) entreprend avec succès la réforme de l'Église catholique romaine.

Rejetant l'autorité du pape et de son magistère, les réformés veulent revenir à la pureté de l'Évangile. Les polémiques amènent à durcir les oppositions doctrinales entre protestants qui excluent ce que les catholiques admettent comme légitime. Dans sa défense des positions traditionnelles et ses décisions réformatrices, le concile de Trente marque le catholicisme jusqu'au XXe siècle et au deuxième concile du Vatican (1962-65).

Ainsi, l'Église catholique maintient que l'Écriture est indissociable de la Tradition vivante reçue des apôtres et que l'interprétation authentique en est donnée par le magistère de l'Église. La foi est certes au principe du salut, mais on insiste sur le fait qu'elle agit par la charité et qu'elle est morte si elle ne fructifie pas dans des œuvres. Dieu seul est adoré, mais dans la communion des saints et la solidarité de tous les membres de l'Église, vivants et morts, la Vierge Marie, Mère de Dieu, et les saints sont des intercesseurs que le chrétien peut vénérer et prier.

Prêchée et méditée, la Parole de Dieu est source de la foi et de la prière, tandis que les sacrements communiquent au croyant, qui les reçoit dans la foi, la grâce du Christ dont ils sont les signes. Le sacrifice du Christ est unique, mais l'eucharistie l'actualise pour les fidèles qui communient à ce sacrement de la Nouvelle Alliance. Si tout baptisé participe au sacerdoce du Christ, les ministres de l'Église, évêques et prêtres, reçoivent, par le sacrement de l'ordre, la charge de l'exercer au service de tous.

Telle est, brièvement rapportée, la doctrine catholique. Mais il est certain que, du fait des polémiques, le catholicisme a eu tendance à accentuer ce que le protestantisme rejetait : la Tradition et l'autorité du magistère, les œuvres, le culte de Marie et des saints, le sacrifice de la messe, les sacrements, le rôle de la hiérarchie et l'obéissance du fidèle.

L'Église orthodoxe

La fidélité aux Pères de l'Église

L'Orthodoxie se caractérise en premier lieu par son attachement à la pensée et à l'œuvre des Pères de l'Église. On appelle ainsi les grands évêques qui ont mené le « bon combat de la foi », selon le mot de Paul : en méditant l'Écriture, ils ont approfondi l'intelligence des mystères, ils ont précisé l'expression de la foi dans le contexte culturel de leur temps, ils ont organisé l'Église et défendu sa liberté. Leur vie et leur recherche de Dieu donnent un témoignage de sainteté. Les sept conciles œcuméniques sont indissociables de leurs travaux.

Le IVe siècle est reconnu comme l'âge d'or des Pères : l'alexandrin Athanase, défenseur de la divinité du Christ et biographe d'Antoine, le père du monachisme ; les cappadociens Basile de Césarée, promoteur de la vie monastique, et, avec son ami Grégoire de Nazianze et son frère Grégoire de Nysse, théologiens du mystère trinitaire ; l'antiochien Jean Chrysostome, grand prédicateur à Constantinople dont il est patriarche. Citons encore, parmi d'autres, Cyrille de Jérusalem et ses catéchèses, Cyrille d'Alexandrie, défenseur au concile d'Éphèse (431) de l'unité de la personne du Christ et de Marie, Mère de Dieu.

Au VIIIe siècle, Jean Damascène compose une synthèse de leur pensée qui insiste sur la divinisation de l'homme par la médiation du Christ et le don de l'Esprit qui transforme toute réalité créée : « *Le Fils de Dieu s'est fait homme pour que l'homme devienne fils de Dieu* ».

Dans l'approche du mystère de Dieu, l'accent est mis sur la singularité concrète des personnes et leur rôle propre dans l'histoire du salut : le Père, inengendré, est la source de l'unité divine, lui de qui tout vient et vers qui tout revient ; le Fils, engendré du Père, par qui tout est fait et sauvé ; l'Esprit, qui procède du Père, selon l'expression johannique, en qui tout est créé et sanctifié. Au XIVe siècle, la synthèse de Grégoire Palamas présente le mystère du Dieu vivant, inaccessible en son « essence », mais qui, par libre amour, se rend participable dans ses « énergies », dans la lumière qui jaillit du Père, par le Fils, dans l'Esprit.

Ainsi ressort la différence de problématique avec la théologie latine, qui cherche à penser la diversité des trois personnes dans l'unité de la nature divine. Cette doctrine, on l'a vu, autorise l'affirmation du *Filioque* qu'adoptent l'Église d'Espagne dès le VIe siècle, puis les théologiens de Charlemagne, avant qu'un pape du XIe siècle ne l'ajoute au credo de Nicée-Constantinople. Dans cet acte unilatéral, les Orientaux voient une rupture de communion et surtout, ils dénoncent une théologie trinitaire qui majore le Fils au détriment de l'Esprit, entraînant des déséquilibres dans la structure de l'Église et dans la vie spirituelle des chrétiens.

Cette querelle est l'une des causes du schisme de 1054. Obtenu au concile de Florence (1439), après explicitation du *Filioque*, l'accord entre Latins et Grecs sur la légitimité des deux approches du mystère de la Trinité reste malheureusement sans suite.

La liturgie et la prière du cœur

La liturgie, au sens propre le « service » divin, est au cœur de la vie et de la pensée de l'Église orthodoxe, qui ne dissocie pas la réflexion théologique de la vie ascétique et spirituelle dans son orientation mystique. Amplement célébrés, les offices sont annonce de l'Évangile et participation à la vie renouvelée par la Résurrection. Le déroulement de l'année s'organise autour du cycle de Pâques, la « fête des fêtes », qui célèbre le Christ ressuscité. Accueillie dans la prière de la communauté, la présence de Dieu illumine et transfigure le monde créé, appelé à participer au Royaume de Dieu, anticipé dans les sacrements.

Dans l'église, dont l'architecture symbolise la rencontre du ciel et de la terre, les fresques, les mosaïques et surtout les icônes rendent visibles tous les mystères de la foi : en contemplant avec vénération les visages du Christ, de Marie, des saints, le fidèle est attiré vers eux et entre mystérieusement en communion avec la famille de Dieu. Au cœur de cette communion des saints, la Vierge Marie, Mère de Dieu fait homme, est présente par d'innombrables icônes : comme à l'ombre du Fils et mère de toute tendresse, elle est celle qui accueille Dieu au nom de l'humanité et qui montre le chemin vers lui. Enfin, la beauté des chants et des ornements liturgiques, des lumières et des gestes, est une pédagogie qui donne l'avant-goût de la liturgie céleste dont la célébration terrestre est le reflet et l'anticipation.

Par la grâce du baptême, le Christ restaure l'homme dans son unité profonde, corps et âme, et l'Esprit le pénètre et le pacifie dans toute la dimension de son être. Au plus intime, le « cœur », en sa réalité à la fois corporelle, intellectuelle et spirituelle, est le lieu de la prière : le souffle de l'homme qui prononce le Nom de Jésus, le Verbe incarné, s'unit au souffle de l'Esprit qui prie en lui. Le Nom, dans la Bible, est signe de présence : par la brève invocation « *Seigneur Jésus-Christ, Fils de Dieu, aie pitié de moi, pécheur* », le chrétien se place lui-même et toute son existence sous la lumière du Christ mort et ressuscité, et pratique ainsi le conseil évangélique et paulinien : « *priez sans cesse* ».

Une communion d'Églises locales

Corps du Christ, Temple de l'Esprit, Maison du Père, l'Église a pour fondement l'Évangile et l'Eucharistie. Toute communauté eucharistique, rassemblée autour de son évêque, la réalise donc et la manifeste concrètement ; mais il est essentiel que cette Église locale soit dans la communion de toutes les Églises locales, qui s'exprime elle-même dans la communion des évêques, inséparable du consensus de tout le peuple de Dieu.

La communion de l'épiscopat s'organise autour de « centres d'accord » que sont les patriarcats : le patriarche est élu par ses pairs, souvent avec la participation du peuple, et il est toujours entouré de son synode d'évêques qui délibèrent avec lui. Au service de l'unité de toute l'Église, le « patriarche œcuménique », évêque de Constantinople, détient une primauté d'honneur, non de juridiction, qui lui donne un droit d'initiative et de présidence, notamment des conciles panorthodoxes lorsqu'ils peuvent se réunir.

L'attachement aux conciles œcuméniques et à la tradition des Pères est le fondement de l'unité de l'orthodoxie. Car, au long de l'histoire, la communion entre les évêques a souvent souffert des rivalités entre patriarches et des particularismes d'Églises qui, sans l'accord des autres, se veulent *autocéphales*, c'est-à-dire indépendantes les unes des autres. D'autre part, l'insistance sur l'Église locale n'exclut pas le risque d'Églises nationales, avec la tentation de confusion entre les intérêts de l'Église et ceux d'une nation et de ses gouvernants. L'idéal orthodoxe vise une symphonie, dans le respect mutuel, entre les pouvoirs politiques et les autorités de l'Église, au service du peuple ; les circonstances ont souvent imposé de longues persécutions ou de dures sujétions tyranniques.

Le mouvement œcuménique

Au début du XXe siècle, l'expérience missionnaire a aiguisé la conscience du drame de la division des chrétiens. Dans les Églises protestantes et anglicanes d'abord, s'est développé un mouvement de rapprochement et de dialogue, dont l'aboutissement fut, à Amsterdam, en 1948, la création du Conseil Œcuménique des Églises. En 1961, à l'assemblée de New-Delhi, les Églises orthodoxes ont fait leur entrée dans le Conseil. Jusqu'ici, l'Église catholique a réservé sa participation, sauf à certaines des commissions, comme celle de « Foi et constitution » qui traite des questions doctrinales et théologiques.

En janvier 1959, le pape Jean XXIII annonce la convocation d'un concile de tous les évêques catholiques, et lui assigne comme objectif l'*aggiornamento*, la mise à jour de l'Église ; ce sera l'étape nécessaire pour préparer la « recomposition de l'unité des chrétiens » selon le mot de son successeur Paul VI.

Le Concile Vatican II s'ouvre donc le 11 octobre 1962, avec la présence d'observateurs protestants et orthodoxes représentant le patriarche de Moscou ; les envoyés du patriarche de Constantinople arriveront lors d'une session suivante. Cet événement est déjà un signe important, que confirment les prises de position du Concile sur plusieurs sujets de friction entre confessions chrétiennes. Promulgué le 21 novembre 1964, le décret sur l'œcuménisme définit l'attitude de l'Église catholique, engagée désormais dans le dialogue avec les frères séparés.

Dans la même ligne, le pape Paul VI entreprend un pèlerinage en Terre sainte du 4 au 6 janvier 1964, et il rencontre le patriarche œcuménique Athénagoras sur le mont des Oliviers. C'est la première fois, depuis les origines du christianisme, qu'un successeur de Pierre se rend à Jérusalem et qu'un pape, depuis le concile de Florence, en 1439, rencontre le patriarche. Fortement symbolique, cette réunion prélude à la suppression des anathèmes qu'en juillet 1054 s'étaient lancés Rome et Constantinople : l'annonce en est faite le 7 décembre 1965, veille de la clôture du Concile.

L'obstacle juridique étant levé, le dialogue peut être renoué officiellement entre les Églises « sœurs », l'Église catholique et l'Église orthodoxe, sans préjudice de celui qui s'est engagé aussi avec les Églises protestantes et anglicanes.

A la fin des années 70, une commission mixte catholique et orthodoxe, composée d'évêques et de théologiens, est constituée pour aborder les problèmes théologiques. Des accords sont déjà acquis. L'une des difficultés récentes est venue de la situation des Églises catholiques orientales, que souvent les orthodoxes appellent « uniates », car elles sont unies à Rome tout en ayant en commun avec l'orthodoxie les traditions liturgiques, théologiques et spirituelles ; sur ce point, un des résultats importants du dialogue est la reconnaissance, en 1992, que l'uniatisme n'est acceptable ni comme méthode pour faire l'unité, ni comme but.

Au sein de l'Orthodoxie elle-même, les patriarches œcuméniques, à la suite d'Athénagoras, poursuivent l'effort entrepris pour réunir un concile panorthodoxe et préparer les question à débattre. Bartholoméos Ier, le patriarche actuel, a inauguré le 15 mars 1992 une rencontre — synaxe — de tous les patriarches et chefs d'Églises autocéphales.

A l'actif du mouvement œcuménique, outre des rencontres de prières et des engagements communs au service des plus défavorisés et pour la défense des droits de l'homme, il faut noter des accords doctrinaux, spécialement avec les luthériens et aussi avec les anglicans : s'ils restent encore à officialiser, ils témoignent qu'au cours des trente dernières années, les chrétiens se sont rapprochés plus qu'au cours des quatre siècles précédents... Un signe de ce rapprochement, évident pour tous, est la traduction française commune du *Notre Père* et de la Bible (*TOB*, Traduction Œcuménique de la Bible). Une autre traduction commune est aujourd'hui en chantier, celle du *credo de Nicée-Constantinople.*

Prière du Christ pour l'unité

« Je ne prie pas seulement pour eux, je prie aussi pour ceux qui, grâce à leur parole, croient en moi : que tous soient un comme toi, Père, tu es en moi et que je suis en toi, qu'ils soient en nous eux aussi, afin que le monde croie que tu m'as envoyé ; et moi, je leur ai donné la gloire que tu m'as donnée, pour qu'ils soient un comme nous sommes un, moi en eux comme toi en moi, pour qu'ils parviennent à l'unité parfaite et qu'ainsi le monde puisse connaître que c'est toi qui m'as envoyé et que tu les as aimés comme tu m'as aimé ».

(*Jean 17,20-23*)

Le baptême du Christ,
1480-1490.

CHAPITRE 3

La Réforme protestante

par Brice Deymié

Les hommes et les dates

Luther

Luther allait commencer ses études de droit lorsque le 2 juillet 1505, revenant seul de Mansfeld à Erfurt il fut surpris par un violent orage et fit ce vœu : « Sainte Anne si tu m'aides, je deviendrai moine ». Le 17 juillet suivant, il annonça à ses amis et à son père qu'il entrait chez les ermites de Saint Augustin. C'est la peur de mourir sous l'orage qui a conduit Luther à se plonger dans la Bible et à étudier la théologie. Comme l'écrit Lucien Febvre[1], « ce qui importe à Luther de 1505 à 1515, ce n'est pas la réforme de l'Église. C'est Luther, l'âme de Luther, le salut de Luther, cela seul ». Pendant ces années, il cherche à comprendre comment l'homme peut être déclaré juste alors qu'il est pécheur. C'est en lisant l'apôtre Paul que l'« illumination » se produit et donne le départ de sa grande entreprise réformatrice. « L'homme est justifié par la foi, indépendamment des œuvres de la Loi » peut-on lire au chapitre trois de l'épître aux Romains.

Il découvre le point central de la théologie protestante naissante : la miséricorde de Dieu. L'homme, par ses œuvres, ne peut en rien contraindre Dieu. Aucune bonne action ne peut effacer sa propension au mal. Il ne peut qu'attendre et espérer la grâce sanctifiante de Dieu.

Il faut une fois pour toutes se défaire de l'idée couramment admise que c'est à cause de la détérioration des mœurs au sein de l'Église catholique que Luther et les réformateurs l'ont quittés. La Réforme est avant tout née de l'incapacité de l'Église catholique de ce XVIe siècle à répondre à la question angoissante du salut de l'âme. « Si tant de gens, écrit J. Delumeau, de niveaux culturels et économiques différents, optèrent pour la Réforme, c'est que celle-ci fut d'abord une réponse religieuse à une grande angoisse collective[2] ». Dans ce Moyen Age finissant, la mort est partout présente, à travers la guerre de Cent Ans, la Peste noire, les disettes... autant d'événements qui donnent toute sa pertinence à la question : que dois-je faire pour être sauvé ?

Trois dates : 1517, 1520, 1529

Ces trois dates peuvent à juste titre être prises comme l'origine historique de la Réforme. Elles sont importantes aussi pour montrer l'évolution du moine Martin Luther qui, partant d'un tourment intérieur, a fait naître un mouvement de protestation à l'intérieur de l'Église puis sur la scène politique et finit par définir les contours d'une nouvelle Église.

♦ Les indulgences : 1517

Entre novembre et décembre 1517 à Wittemberg, ville où résidait Luther, l'on vendait des indulgences qui devaient servir à la reconstruction de la basilique Saint Pierre à Rome. Ces indulgences permettaient à ceux qui en devenaient acquéreur une remise de peines de certains péchés. Ces indulgences ne remplaçaient en principe nullement le sacrement de pénitence, ni la nécessité d'une véritable conversion du

1. L. Febvre, *Martin Luther, un destin*, PUF, 1928, p. 49.
2. J. Delumeau, *Naissance et affirmation de la Réforme*, « Nouvelle Clio », PUF, 1965, p. 50.

cœur. Cependant l'Église catholique avait trouvé là le moyen de remplir ses caisses et d'apporter une réponse partielle à la question du salut de l'âme ; des hommes d'Églises parcouraient alors villes et villages pour proposer aux gens d'acheter ces précieux bouts de papier.

Luther considéra cette pratique comme particulièrement honteuse, et publia ses fameuses « 95 thèses » qui devinrent le premier manifeste de la Réforme. Luther refusait à la hiérarchie catholique le pouvoir d'effacer certaines peines. L'homme, pour Luther, devait vivre en permanence avec la conscience d'être pécheur et aucun homme, fût-il un clerc, ne pouvait restreindre cet état. Les « thèses » provoquèrent en Allemagne une grande polémique et un procès fut ouvert contre Luther. Ce procès déboucha sur un accord en janvier 1519, accord qui stipulait que Luther serait jugé, comme il le désirait, par un évêque allemand et non romain, en échange de quoi Luther cesserait toute polémique sur les indulgences.

♦ La rupture : 1520

La situation ne devait pourtant pas s'améliorer après l'accord de 1519. En 1520, trois ans après la rédaction de ses « Thèses », Martin Luther est excommunié par le Pape. Léon X, par la bulle *Exsurge Domine*, déclare hérétiques quarante et une formules tirées des Écrits de Luther, qui à son tour consomme la rupture avec l'Église catholique lorsque le 10 décembre 1520 il invite maîtres et étudiants de Wittemberg à venir assister à « la combustion de livres de droit ecclésiastique » parmi lesquels se trouve la Bulle d'excommunication du Pape.

En 1521, Luther est convoqué par l'Empereur Charles Quint à la Diète de Worms où il est invité à abandonner sa doctrine. Il refuse et la Diète met le Réformateur au banc de l'Empire. Il devient un hors-la-loi et n'importe qui peut le tuer. A la suite de cette Diète, le prince électeur de Saxe, Frédéric le sage, se rallie aux idées du réformateur et le cache au château de la Wartburg pendant un an.

Luther écrit là beaucoup d'œuvres qui contiennent les grands principes théologiques du protestantisme. Il entreprend également la traduction de la Bible en allemand à partir des textes grecs et hébreux. La traduction du Nouveau Testament parut en 1522 et l'édition complète en 1545.

♦ Les protestants : 1529

En 1526 la Diète de Spire refuse d'appliquer l'édit de Worms qui mettait Luther au banc de l'Empire et laisse temporairement aux princes et aux villes libres le choix de leur religion. En avril 1529, une nouvelle Diète voulut remettre en vigueur la Diète de Worms en condamnant la réforme protestante, alors six princes et quatorze villes libres élevèrent une protestation contre les décisions prises. On leur donna le nom de protestants. 1529 c'est, selon l'expression de J. Baubérot, « le mouvement par lequel la Réforme se transforme progressivement en protestantisme, l'événement en institutions, la rupture en organisations[1] ».

En 1555 la paix d'Augsbourg partage l'Allemagne entre le luthéranisme et le catholicisme selon le principe *Cujus regio, hujus religio* (tel prince, telle religion). A cette date, les deux tiers du pays sont devenus Luthériens et le rapport de force ne devait plus évoluer.

Luther est l'initiateur et l'acteur principal de ce mouvement, mais sa pensée n'aurait sans doute pas pris cette ampleur si l'humanisme n'avait pas aidé à la redécouverte de l'Écriture et aux remises en cause de l'autorité de l'Église ; si l'imprimerie n'avait pas permis la diffusion des idées de Luther ; si la bourgeoisie des villes n'aspiraient à une plus grande autonomie religieuse, et enfin si les princes allemands ne souhaitaient quelque indépendance vis-à-vis de Rome. La Réforme est

1. J. Baubérot, *Histoire du protestantisme*, « Que sais-je », PUF, p. 5.

née aux confins de ces routes au moment où l'on a ressenti le besoin vital de communiquer différemment avec Dieu, le besoin vital de réformer les modèles de vie chrétienne du Moyen Age.

Calvin

C'est le deuxième homme de la réforme ou comme l'appelait Bossuet « le second patriarche ». Il est né à Noyon en 1509, son père était un homme d'affaires de l'évêque de la ville. Il fit des études de philosophie et de droit et s'intéressa très tôt aux idées humanistes et lut les écrits de Luther. C'est à partir de 1533 qu'il commence à s'afficher comme protestant. Il aide à rédiger le discours de rentrée de son ami Nicolas Cop, recteur de l'Université. Ce discours prononcé le 1er novembre 1533 fit scandale car il contenait des passages entiers de l'œuvre de Luther. Cop et Calvin durent s'enfuir de Paris et se réfugièrent à Nerac chez Marguerite de Navarre, sœur du roi François Ier et proche des idées humanistes. Calvin tente par la suite un retour sur la capitale mais on l'accuse d'avoir affiché dans la nuit du 17 au 18 octobre 1534 des « placards » tenant des propos très durs contre la messe. Calvin dut à nouveau fuir le royaume de France. Il séjourna quelque temps à Bâle où il commença l'œuvre de sa vie, *l'Institution Chrétienne*. Il publia la première édition en latin à Bâle en 1536. Cette œuvre devait peu à peu s'enrichir jusqu'en 1559. Après la parution de son livre, il partit pour l'Italie où il fut l'hôte de Renée de France, duchesse de Ferare. Calvin profita d'une suspension des poursuites contre les hérétiques pour regagner la France et y liquider les affaires de son père. Il reprit ensuite la route de l'exil, voulant gagner Strasbourg mais le hasard de la guerre voulut qu'il fasse un détour par Genève. Genève devait devenir « sa » ville, c'est là qu'il passa la presque totalité du reste de sa vie.

Lorsqu'il arrive à Genève en 1536, la Réforme est déjà établie et le magistrat de la ville lui confie le soin d'organiser l'Église. Calvin fait preuve d'un grand sens de l'organisation mais également d'un certain autoritarisme qui le conduira jusqu'au conflit avec les autorités de la ville. De 1538 à 1541 Calvin doit même quitter Genève pour Strasbourg car le magistrat de la ville lui est devenu franchement hostile.

A son retour en 1541 il parvint à imposer sa conception de l'organisation pratique de l'Église, son catéchisme et sa liturgie. Alors qu'en France sévit la chasse aux hérétiques, Genève devient le centre de rayonnement de la Réforme calviniste, et attire de nombreux Français en fuite et en particulier des artisans et des intellectuels. En 1559 la création de l'Académie où enseignent des professeurs illustres comme Théodore de Bez, couronne ce prestige et fait de Genève la ville de formation pour les pasteurs francophones.

Calvin joue un rôle de conseiller spirituel pour l'établissement de la Réforme en France et en Angleterre, il veut se poser en unificateur de La Réforme.

La théorie générale de la Réforme

La Réforme concerne principalement des pays en mutation, où se développe l'imprimerie, ouverts aux nouveautés, où la bourgeoisie urbaine compte de plus en plus. On rencontre deux types d'implantation de la Réforme :

Dans les cités-état, des villes qui se situent sur l'axe Rhénan et en Suisse, comme Genève, la Réforme est de type calviniste et humaniste. Elle se caractérise par un certain élitisme et par une rupture plus radicale avec le passé. C'est une Réforme décidée par les conseils des villes et qui touche principalement les couches moyennes et supérieures de la population.

Le second type d'implantation se situe dans les petits états territoriaux, comme la Saxe ou la Scandinavie où la Réforme est plus conservatrice. Elle est décidée par le prince et englobe toute la population. Cette Réforme est de type luthérien et correspond au principe *Cujus regio hujus religio*. Ceux qui ne voulaient pas embrasser la religion du prince pouvaient dans certains cas émigrer vers un autre état.

La théologie luthérienne insiste beaucoup sur la distinction entre le spirituel et le temporel, c'est ce qu'elle nomme la doctrine des deux règnes. Cette doctrine conduira parfois à une attitude passive des luthériens face au pouvoir politique.

Calvin au contraire affirme que la religion doit concerner toute la vie. Toutes nos activités professionnelles, familiales, économiques doivent concourir à la gloire de Dieu, le quotidien le plus banal devenant l'occasion de glorifier Dieu. Le calvinisme développe ainsi une véritable religion du travail, travail qui ne doit pas permettre d'accumuler des richesses mais au contraire de réinvestir sans cesse ces richesses pour la seule gloire de Dieu. La tradition calviniste ignore donc la doctrine des deux règnes, elle est attentive à l'organisation de la cité et donc aux problèmes socio-politiques, tout en étant attentif à l'adage évangélique : « rendez à César ce qui à César et à Dieu ce qui est Dieu ».

La Réforme luthérienne et calviniste se circonscrit dans un espace de quarante ans (de 1520 à 1560). En 1560 les frontières sont fixées et n'évolueront pratiquement plus jusqu'à nos jours.

La Réforme en France

Elle ne se pose pas du tout dans les mêmes termes qu'en Allemagne pour une raison essentielle : la France est un pays très centralisé autour de son roi, en l'occurrence François Ier. Ce dernier entretient de très bons rapports avec Rome depuis qu'un concordat avec le Pape donne au roi un pouvoir important sur l'organisation de l'Église française.

Les laïcs aspirent cependant à un certain renouveau de l'Église ; ils souhaitent qu'elle soit plus pure, plus fidèle à l'idéalisme chrétien. Ainsi naît le mouvement évangélique qui compte des gens comme Érasme, Lefebvre d'Étaples, Guillaume Briçonnet, évêque de Meaux et surtout celle qui va être la protectrice des « évangélistes-humanistes », la sœur de François Ier : Marguerite de Navarre.

Les idées évangéliques vont d'autant mieux faire leur chemin que de 1527 à 1530 une grande partie de l'œuvre de Luther est diffusée en Français. Ces évangélistes sont pendant un temps tolérés à cause du soutien que leur assure Marguerite de Navarre. Mais la Sorbonne et le parlement leur sont de tous temps opposés et ils engagent des poursuites à la moindre occasion. « L'affaire des placards » en octobre 1534 fournit à François Ier l'occasion de soutenir la machine judiciaire chargée de condamner l'hérésie. Ses successeurs, Henri II puis François II, durciront la répression contre les évangélistes contraints d'émigrer vers Genève. Calvin, depuis la Suisse, intervient auprès des évangélistes français en leur demandant expressément de ne céder en rien à l'Église catholique. Il faut dit-il choisir entre le martyre et la fuite. Il tente aussi d'endiguer autant que possible l'émergence de communautés évangéliques « sauvages » c'est-à-dire sans pasteurs et sans disciplines ecclésiastiques. C'est en 1555 que Calvin parvient à dresser la première Église calviniste de Paris. Sociologiquement l'Église calviniste va peu à peu évoluer et son poids augmente considérablement. En 1560 sur 15 millions de Français on compte 2 millions de réformés (cette proportion ne sera plus jamais atteinte). On note également l'adhésion à la Réforme de beaucoup de nobles, le prince de Condé ou Gaspard de Coligny pour ne citer que les plus célèbres. En Janvier 1562 Catherine de Médicis accorde aux réformés l'Édit de Janvier qui leur garantit la liberté de culte mais à l'extérieur des villes. A cette date, on compte 670 Églises établies selon le modèle calvinien. Malheureusement, trois mois plus tard a lieu le massacre de Wassy où soixante-dix protestants sont massacrés par les hommes du Duc de Guise. Ce massacre va jeter le feu aux poudres et déclenche les guerres de religions : huit guerres vont se succéder de 1562 à 1598. Henri Navarre qui abjure sa foi protestante et monte sur le trône de France va parvenir à pacifier le royaume et en 1598 il octroie aux protestants l'Édit de Nantes.

L'Édit accorde à la religion protestante un statut durable bien qu'inférieur à la religion catholique qui reste la religion d'État. S'il reconnaît aux protestants la totale liberté de conscience et la liberté de ne pas être inquiété pour sa religion, il maintient toutefois le droit de culte dans de strictes limites géographiques. Par ailleurs il donne aux protestants cinquante et une places fortes (lieux, villes ou châteaux où ils peuvent entretenir une garnison) et cinq villes libres royales (comme La Rochelle) dont le gouvernement sera assuré par les protestants. A la mort d Henri IV, l'Édit d'Alès confirme l'Édit de Nantes mais enlève aux protestants leurs places fortes ce qui entraîne la reconversion au catholicisme de la haute noblesse. En 1631 Richelieu poursuit le grignotage systématique des acquis de l'Édit de Nantes. De tracasseries en tracasseries la répression augmente et culmine en octobre 1685 avec l'Édit de Fontainebleau, le plus sévère Édit anti-religieux de toute l'Europe, qui supprime l'Édit de Nantes.

On assiste alors à trois types de réactions au sein de la population protestante. Dans le nord de la France l'émigration domine : de 1680 à 1690 deux cents à trois cents mille personnes s'enfuient en Hollande, en Angleterre, en Suisse, en Allemagne et en Europe de l'Est. Dans le sud des paysans des Cévennes, appelés Camisards, décident de lutter les armes à la main contre le pouvoir royal. A ces deux attitudes très marquées on peut en ajouter une troisième, répandue sur tout le territoire français : le conformisme extérieur, consistait à abjurer tout en continuant à pratiquer en cachette la religion protestante.

Il faut attendre le règne de Louis XV pour que les protestants bénéficie à nouveau d'une certaine tolérance de fait, variable cependant selon les régions. En 1787 Louis XVI officialise l'état de fait en promulguant l'Édit de Tolérance. Mais c'est la Révolution Française qui va explicitement, par la constitution de 1791, prévoir la liberté de culte. Les protestants ont beaucoup soutenus la Révolution et l'avènement d'un état laïc, même si il faut encore attendre 1905 pour que l'Église soit définitivement séparée de l'État.

La théologie protestante

La Réforme est avant tout une entreprise théologique et non la simple contestation des abus de l'Église catholique. Trois principes fondamentaux la caractérisent : Dieu seul, l'Écriture seule, la grâce seule.

Dieu seul

A la fin du Moyen Age, l'Église catholique avait tendance, pour rendre Dieu plus présent, à multiplier de façon exagéré toutes les différentes médiation du sacré : le culte des saints avaient pris des proportions considérables, l'on prêtait à l'hostie consacrée des pouvoirs mystérieux et magiques.

Devant ces attitudes, les Réformateurs affirment avec force que Dieu seul est Dieu. C'est Dieu qui a le monopole du saint et du sacré, il est au delà de tous les objets et de tous les êtres du monde. L'homme est incapable par lui-même de connaître Dieu. Le calvinisme plus encore que le luthéranisme, insistera sur la corruption de la nature humaine et sur le fait que seule la grâce de Dieu peut permettre à l'homme de faire le bien. Cette conception du Dieu purement transcendant entraîne chez le protestant une certaine liberté vis à vis de toute chose et de toute autorité. Il n'y a plus d'hommes ou d'institutions qui gèrent le sacré, l'homme est face à Dieu qu'il tutoie et ne reconnaît que la seule autorité de la Bible. Aujourd'hui l'époque a changé et les préoccupations des Réformateurs ne sont plus tout à fait les nôtres. Le protestant du XXe siècle ne se sent plus « écrasé » par la grâce divine et ne sent plus de la même façon le poids de son péché, (péché dans le sens de séparation d'avec Dieu et non d'un catalogue de mauvaises actions) mais il reste foncièrement libre vis à vis de toute institution qui tenterait de gérer la volonté de Dieu et la sienne à sa place. Contre toute tentative d'anthropomorphisation de Dieu, le protestant continue d'affirmer que Dieu seul est Dieu et qu'il n'est visible que dans le face à face que le croyant entreprend individuellement avec la Bible.

L'Écriture seule

Tous les chrétiens reconnaissent à la Bible l'autorité suprême en matière de foi ; tous s'entendent pour dire qu'à travers la Bible on entend la Parole de Dieu. Les Réformateurs n'ont donc pas redécouvert la Bible, comme si elle avait été enfouie dans une vieille malle, mais ils ont modifié fondamentalement la manière de la lire et de l'interpréter.

Tout d'abord en pratiquant une étude scientifique du texte à partir de la langue originale, l'hébreu pour l'Ancien Testament et le grec pour le Nouveau Testament. Les Réformateurs ont voulu revenir au sens premier du texte, en le remettant dans le contexte dans lequel il a été écrit, puis dans un deuxième temps seulement voir en quoi il peut concerner le présent du lecteur. Livre écrit par des hommes, la Bible porte la marque des époques diverses où elle a été composée. De nombreux genres littéraires s'y côtoient et il est bien difficile d'établir une concordance stricte entre les textes. Mais tous ces textes expriment une rencontre avec Dieu. Ces textes sont autant de témoignages de l'action de Dieu dans l'histoire des hommes. Ainsi la Bible nous montre que le Dieu purement transcendant, le « tout autre » se révèle à l'homme, il rend sa parole audible. La révélation suprême sera pour les chrétiens l'incarnation de Dieu en Jésus-Christ, là où *la parole s'est faite chair*. Pour les catholiques, toute doctrine pour être dite vraie doit être conforme au triple critère de l'universalité, de l'antiquité et du consensus général. La théologie protestante par contre n'a recourt qu'au seul critère de la conformité aux Écritures. L'article 4 de la *Confession de foi de la Rochelle* (1571), document fondateur des Églises Réformées de France, est clair : « l'Écriture est règle très certaine de notre foi, non pas tant par le commun accord et le consentement de l'Église que par le témoignage et la persuasion intérieure du Saint-Esprit ».

« Chaque protestant est un pape la Bible à la main » ironisa Bossuet. Cette boutade exprime à la fois l'autorité de la Bible pour les protestants mais aussi l'individualisme qui en découle, car chaque croyant lirat sa Bible débarrassée de tous les commentaires « officiels » qui faisaient corps avec elle, il entend ainsi la Parole de Dieu dans sa liberté de croyant.

La grâce seule

L'homme n'est pas sauvé par ses œuvres mais par sa foi affirme Luther à la suite de l'apôtre Paul. Le salut de Dieu ne pouvant nous être qu'offert gratuitement, sans que nos œuvres terrestres n'influencent Dieu. Les œuvres que nous accomplissons doivent être une conséquence de notre foi et la foi est elle-même l'accueil que nous réservons au salut que Dieu seul nous donne. Loin d'encourager à un attentisme désespérant ou de faire de la foi une œuvre, les réformateurs veulent au contraire en proclamant ce salut gratuit donner à nos œuvres la légèreté de l'action « pour rien ». « Voilà donc que la foi, écrit Luther, est source d'amour et de joie dans le Seigneur, et que, de l'amour découle une disposition heureuse qui s'élance librement au service dévoué du prochain[1] ». Avec sa doctrine de la prédestination, Calvin insiste encore davantage sur la toute puissance de Dieu. Beaucoup ont fait de cette doctrine le centre de la théologie calvinienne, elle est en fait tout à fait périphérique dans son œuvre mais elle est symptomatique d'une époque. Selon cette doctrine, avant même la création du monde, de toute éternité, Dieu aurait décidé ce qu'il adviendrait du genre humain, il aurait en particulier, désigné les uns pour leur salut et les autres à la perte éternelle sans que l'homme puisse influencer cette décision[2]. Aujourd'hui peu de personnes croient encore à la doctrine de la prédestination. Le salut gratuit est annoncé et proclamé sans restrictive, encore faut-il s'entendre sur le terme de salut qui ne signifie pas exclusivement une vie après la mort mais définit un rapport entre Dieu et l'homme construit sur la base du pardon et de l'amour.

L'éthique protestante

La prédication de la grâce n'empêche nullement l'action, au contraire, elle la libère de contraintes extérieures à elle. Mais alors, à quels critères répondent nos actions et en quoi sont-elles conformes à la volonté de Dieu ?

Les théologies de Luther et de Calvin se rejoignent sur beaucoup de points mais divergent sur le rôle de la loi. Pour Luther, la Loi (de Dieu) ne sert qu'à désespérer l'homme en le conduisant sur les voies d'une perfection impossible. L'éthique selon lui n'a absolument pas comme objectif de transformer l'homme et la société au nom d'un idéal chrétien. L'éthique est contingente et reste du domaine exclusif du temporel, ce n'est qu'un modus vivendi. Calvin au contraire exprime vis à vis de la loi de Dieu une compréhension plus positive. La Loi, donnée à Israël par l'intermédiaire de Moïse, n'est pas abolie par le Christ, mais révélée dans toute sa profondeur, Jésus-Christ venant accomplir la Loi et non l'abolir. Ainsi pour Calvin, l'exigence de la Loi est infinie et dépasse largement les possibilités naturelles de l'homme. Mais celui-ci reçoit de l'Évangile la promesse que l'Esprit Saint l'aidera chaque fois qu'il répondra de façon responsable à l'interpellation de la Loi. Tout ce que l'homme peut faire est bien entendu en-deçà de ce que l'exigence éthique de l'amour réclame de lui. Mais ce que fait l'homme n'a rien de dérisoire, de négligeable puisqu'il rend témoignage de l'action de l'Esprit Saint en lui. Ainsi l'engagement éthique du chrétien est nécessaire et il devient témoignage de la grâce de Dieu. Le chrétien pour Calvin participe pleinement à la gestion de la cité, il s'engage aux côtés des plus pauvres et des plus démunis pour faire triompher la justice. Il ne doit jamais obéir aveuglement au pouvoir en place mais au contraire jouer quand il le faut le rôle de contre pouvoir.

Fiers de ce principe les protestants essayent de faire entendre leurs voix dans les grands débats éthiques de notre temps. A propos de la bioéthique, le Sida, l'avortement, la Fédération Protestante de France[3] prend une position originale qui tranche souvent avec les condamnations romaines, en essayant d'apporter un regard critique et constructif sur notre modernité. Lorsque la Réforme a cherché à décléricaliser l'État, tout en luttant pour la liberté de l'Église, elle a voulu qu'un espace soit introduit entre le pouvoir et l'autorité, et qu'un jeu de renvoi puisse s'établir entre eux par le biais de l'éthique.

---

1. Luther, *Traité de la liberté chrétienne, Œuvres,* Labor et Fides, t. II, p. 297.
2. Dans son fameux traité *L'éthique protestante et l'esprit du capitalisme* (1905), Max Weber insiste sur cette prédestination en disant que le protestant, ne sachant pas s'il fait partie des élus ou des réprouvés, a tendance à lire dans la réussite de ses activités économiques la confirmation de son élection.
3. Fédération qui regroupe les principales composantes du protestantisme français.

L'Église et le croyant

Pour les protestants il existe deux types d'Église : l'Église invisible représentée par le corps du Christ et l'Église visible qui est l'institution purement contingente. La Confession d'Augsbourg (1530), le texte symbolique le plus important du luthéranisme, définit ainsi l'Église : « Elle est la réunion de tous les croyants parmi lesquels l'Évangile est prêché purement et les saints sacrements conférés d'une manière conforme à l'Évangile ». L'Église dans le protestantisme est toujours seconde par rapport au message transmis. Sa structure n'a rien d'éternelle et elle a d'autorité que celle que veulent bien lui conférer les fidèles. Les protestants ne reconnaissent que deux sacrements, le baptême et la cène, car ces deux seuls sacrements ont été institués par le Christ dans la Bible. Les sacrements ne sont pas efficaces en eux mêmes, ce n'est pas le sacrement qui opère le salut. Ils sont avant tout la visibilité d'une grâce invisible. Le centre d'un culte protestant n'est pas la sainte cène mais la prédication, qui est le commentaire qu'élabore le pasteur sur le texte biblique du jour. La Réforme refuse la distinction entre clercs et laïcs et affirme que nous sommes tous prêtres, ou tous laïcs. A l'intérieur de cette communauté de laïcs, le pasteur exerce une fonction particulière : il l'anime, prêche l'Évangile, enseigne les enfants... mais il reste un laïc. Les pasteurs sont les permanents de l'Église qui après des études de théologie sont élus par la communauté il exerce cette charge à plein temps, en tout cas dans les Églises luthériennes et calvinistes, le pasteur peut se marier.

Les dimanches, les fêtes et les grandes étapes de la vie

La Réforme avait centré toute la vie de l'Église autour du culte du dimanche, et les fêtes chrétiennes comme Noël ou l'ascension n'étaient pas célébrées un autre jour que le dimanche.

Même le mariage était autrefois célébré au cours du culte dominical, mais aujourd'hui il a lieu généralement le samedi lors d'un culte séparé. L'Église protestante ne marie pas : elle bénit une union qui a déjà eu lieu à la mairie. De tout temps elle a autorisé le divorce bien que pendant les premiers temps de la Réforme ce fut théorique puisque les autorités civiles l'interdisaient. Pour éviter tout dérapage vers un culte des morts, la Réforme avait supprimé les funérailles religieuses. Le mort était enterré dans un cimetière distinct de celui des catholiques mais sans prières ni pasteur. Cette attitude fut très mal vécue par la population protestante tant le rite d'accompagnement du mort était culturellement important. Aujourd'hui l'Église protestante, pratique un service funèbre mais en insistant sur le fait qu'il s'agit avant tout d'un service destiné aux vivants pour les accompagner dans leur deuil. Une autre étape de la vie est également célébrée dans l'Église protestante c'est la fin de la période d'instruction religieuse ; vers 14-15 ans on demande aux catéchumènes s'ils veulent au non confirmer la parole de leur baptême lors d'une célébration que l'on nomme la confirmation ou encore la première communion. Cette cérémonie marque leur entrée en tant qu'adulte dans l'Église et ils deviennent à l'issu de celle-ci membres électeurs.

La notion de rite de passage est essentielle à comprendre pour aborder cette demande de cérémonie religieuse (baptême, mariage, enterrement) de la part de ceux qui ne sont pas pratiquants. Si la France compte environ 6 % de pratiquants par rapport au nombre déclaré de protestants ou de catholiques, par contre près de 70 % font baptiser leurs enfants et plus de 80 % demandent un enterrement religieux. Pour nos Églises, ces cérémonies restent quelque fois la seule occasion de rencontrer des hommes et des femmes qui ne viendraient sinon jamais à l'Église. Les Églises Luthériennes et Réformées sont des Églises qui sont dites de multitudes, c'est-à-dire qu'elles n'imposent pas à ceux qui y participent de signer une confession de foi. On compte environ 67 millions de luthériens et 53 millions de réformés à travers le monde.

La diversité protestante

Parler d'Église protestante est insuffisant pour exprimer la grande diversité du protestantisme mondial. Outre les deux Églises, luthérienne et réformée, qui représentent le courant majoritaire, on trouve à leur côté l'Église anglicane représentant un type de réforme un peu particulier, les baptistes, les pentecôtistes, les mennonites et les méthodistes pour ne parler que des plus importantes. Il faut également mentionner l'Armée du salut qui est à la fois Église et œuvre sociale.

L'anglicanisme

Sa fondation remonte à la reconnaissance du roi Henri VIII comme chef suprême en 1534. L'Église d'Angleterre s'engagea dans une voie médiane entre une hiérarchie et une liturgie qui s'apparentent davantage aux catholiques et un dogme à tendance calviniste. L'Église d'Angleterre comporte trois courants : La *High Church* valorise la tradition de l'Église Ancienne en insistant sur l'importance de l'épiscopat et sur la succession apostolique. Par ces usages elle serait assez proche du catholicisme bien que l'ordination de femmes prêtres ait semble-t-il ralenti les tentatives de rapprochement de la part de Rome et de l'Église orthodoxe, ces deux Églises restant opposées à l'ordination des femmes. La *Low Church* insiste sur le fait que l'anglicanisme est issu de la Réforme, se fonde sur l'autorité de la Bible et a une liturgie simple et dépouillée. Et enfin la *Broad Church* qui est la mouvance libérale de l'anglicanisme.

Le souverain demeure le gouverneur de l'Église et nomme les quarante-quatre diocésains ; mais la primauté spirituelle revient à l'archevêque de Canterbury. L'Église anglicane compte environ 27 millions de fidèles en Angleterre et une trentaine de millions à l'extérieur (Écosse, Irlande, Pays de Galle, États-Unis et Commonwealth).

Les baptistes

La première communauté baptiste est issue de la communauté puritaine anglaise de Gainsborough qui avait fuit l'Angleterre avec son pasteur, John Smyth à cause des persécutions du roi Stuart, Jacques Ier en 1608 pour rejoindre Amsterdam. Durant cet exil, Smyth arriva à la conviction que le baptême des adultes était le seul valable. En 1612, ils retournèrent en Angleterre et fondèrent la première Église baptiste, dotée de sa propre confession de foi. Les baptistes connurent un essor important aux États-Unis. Aujourd'hui l'Alliance Baptiste Mondiale, qui regroupe une bonne partie des Églises baptistes, compte une trentaine de millions de membres dans le monde. Les principes fondamentaux de l'Église baptiste est l'autorité souveraine de la Bible, la séparation complète de l'Église et de l'État, la notion d'Église de professants, où le croyant n'est baptisé par immersion totale qu'après avoir professé sa foi en Jésus-Christ. Chaque Église locale est autonome et souveraine.

Les pentecôtistes

Ce mouvement est né au début du siècle. Il accorde une grande importance au baptême de l'Esprit par lequel Dieu accorde ce qu'il a promis dans la Bible : des dons, une puissance qui guérit les malades et libère des démons. Réagissant contre un certain intellectualisme des confessions classiques, les pentecôtistes estiment que quiconque habité par l'Esprit peut prophétiser, parler en langues, et prêcher à la communauté. Toutes les assemblées pentecôtistes sont autonomes les unes par rapport aux autres. Le pentecôtisme s'est beaucoup développé ces dernières années en Amérique Latine en particulier où il peut à la fois jouer un rôle conservateur par rapport aux institutions en place et véhiculer une certaine protestation sociale. Le nombre de pentecôtistes est évalué à un soixantaine de millions.

Les mennonites

Les mennonites sont les descendants directs de ceux que l'on a appelé au XVIe siècle les anabaptistes. Ceux-ci refusaient le baptême des enfants et pratiquaient le baptême d'adultes. Ils refusaient également le principe d'une Église de multitude en symbiose avec l'État, les charges publiques et le port d'armes. Un homme nommé Menno Simons, ancien prêtre de l'Église catholique (1496-1561) rassembla parmi les anabaptistes une frange qui refusait de rejoindre les éléments les plus extrémistes. Cet homme de forte personnalité fut un évangéliste itinérant et au XVIe siècle Metz et Strasbourg comptèrent des communautés importantes. A la suite de différentes persécutions les mennonites se réfugièrent en Pologne et en Ukraine puis au XVIIIe et XIXe siècle ils émigrèrent vers l'Amérique et le Canada.

Aujourd'hui les mennonites compteraient 700 000 membres que l'on trouve surtout aux États-Unis et en Hollande. Chaque communauté est dirigée par des anciens, des prédicateurs et des diacres qui sont élus et consacrés ; il n'existe pas de pasteurs à plein temps au service de la communauté.

Les méthodistes

L'Églises méthodiste est issue de l'Église anglicane. Le fondateur, John Wesley (1703-1791) devint diacre de l'Église anglicane et participa à un groupe de prière et d'encouragement mutuel aux bonnes œuvres. Il reçut par dérision le sobriquet de « méthodiste » à cause de la régularité de la méthode que chacun des membres de ce groupe mettait dans sa vie religieuse. Puis il se sépara de l'Église anglicane pour fonder l'Église méthodiste. Elle se développa en France et dans les pays anglophones à la faveur d'un réveil spirituel et religieux. Il y a actuellement cinquante millions de méthodistes dans le monde dont 14 millions aux États-Unis où il constitue le deuxième courant protestant après le baptisme. Les doctrines méthodistes insistent particulièrement sur la nécessité de la sanctification qui est une ascension spirituelle constante. Les méthodistes représentent une Église de confessant, c'est-à-dire qu'ils n'acceptent dans leur rang que ceux qui déclarent personnellement leur foi en Jésus-Christ.

L'Armée du Salut

Elle fut fondée par William Booth (1829-1912), pasteur méthodiste qui se consacra à l'évangélisation des masses miséreuses à Londres. En 1878 W. Booth adopta à sa Mission des structures militaires pour des raisons d'efficacité pratique. L'action de l'Armée du salut repose sur les trois « S » : Soupe, Savon, Salut. Pour les salutistes toute œuvre sociale est une œuvre d'évangélisation mais on ne peut pas venir la Bible à la main à la rencontre du prochain s'il a faim où s'il manque de tout. C'est pourquoi le « S » de salut ne vient qu'en troisième position. La structure de l'Armée du Salut est pyramidale, elle est dirigée par un général élu par les responsables des pays où l'armée est implantée. Elle est présente dans 86 pays et compte environ 26 000 officiers. Aucun sacrement n'est pratiqué dans l'Armée du Salut mais chaque salutiste est libre d'y recourir dans une autre Église.

PARTIE IV

L'HINDOUISME ET LE BOUDDHISME

Le combat de Krishna contre le démon Nâraka,
vers 1530-1540.

Krishna est représenté en haut et à gauche. On le reconnaît à sa couleur bleu-noir, plus sombre (en sanskrit : *krishna*) que les autres. Il a quatre bras, signe de sa puissance surnaturelle. D'un bras il tient un bouclier, d'un autre un arc. Du troisième il bande l'arc et de sa quatrième main il tient une arme de jet. Il a auprès de lui Arjuna. Tous deux sont portés, sur un trône fait d'un lotus épanoui, par Garuda, la monture de Vishnou, que l'on reconnaît à son bec d'aigle, à ses ailes, et à son allure volante (jambes écartées et pliées).

Krishna est en effet un *avatar* de Vishnou. Devant Krishna et Arjuna est représentée la redoutable armée de Nâraka, constituée d'éléphants au nombre de cinq, de chevaux au nombre de trois et de soldats sur ces montures. Ils ressemblent à des guerriers du Moyen Age occidental, ce qui dénote une influence venant de l'Ouest. De son palais, un couple royal, Nâraka et son épouse ? assiste au combat et le commente.

Page d'un manuscrit du Bhâgavata Purâna : « Récit antique des partisans du Bienheureux Krishna ».

CHAPITRE 1

Présentation de l'hindouisme

par Michel Delahoutre

Situation actuelle dans le monde et en France

L'hindouisme est l'une des grandes religions du monde, non seulement par le nombre de ses adeptes (plus de 700 millions) mais aussi par son dynamisme et sa grande faculté d'adaptation.

C'est aussi l'une des plus anciennes : dans l'Inde qui est son berceau et où s'est faite une incessante transformation de la religion depuis les temps les plus reculés, on retrouve encore dans les coutumes actuelles ou dans les rares sites archéologiques antérieurs au deuxième millénaire av. J.-C., les vestiges de ses formes anciennes sans pouvoir toujours les distinguer des formes plus récentes. Par exemple, on ne sait pas trop si les vestiges des grandes villes de Mohenjo Daro et de Harappa dans le bassin de l'Indus, qui datent du IIIe millénaire av. J.-C., doivent être compris comme les ruines consécutives aux invasions aryennes ou antérieures à elles. On penche aujourd'hui pour la première hypothèse. Par contre, on sait que beaucoup de rites religieux, de mythes, de symboles remontent à une époque très ancienne.

Ce qui est certain en tout cas, c'est que l'hindouisme n'a cessé de se transformer et de se développer depuis maintenant 40 siècles, depuis l'époque où des tribus aryennes indo-européennes venues des fonds de l'Asie septentrionale ont envahi le bassin de l'Indus, avant de se répandre plus pacifiquement dans le bassin du Gange, et, de là, dans le reste du continent indien. L'hindouisme que nous connaissons est le résultat de la fusion d'un apport indo-européen d'il y a 40 siècles et d'une base religieuse autochtone.

Aujourd'hui l'hindouisme a ses adeptes les plus nombreux en Inde (83 % de la population soit près de 700 millions) mais il en a aussi dans les pays de culture indienne ou influencés par cette culture : à Sri Lanka (Ceylan) où le nord-est du pays — d'origine tamoule — est hindoue. En Indonésie, il subsiste dans l'île de Bali sous une forme particulière bien adaptée au pays. On le trouve en Malaisie, à Singapour, aux îles Fiji, à l'île Maurice où la population d'origine indienne compte pour plus de la moitié de l'ensemble et a gardé sa religion hindoue. On trouve des hindous à l'île de la Réunion, à Madagascar, en Afrique du Sud (Gandhi a d'abord professé son métier d'avocat parmi les hindous d'Afrique du Sud), dans les pays des Caraïbes comme Surinam et Trinidad.

En France, les hindous sont sans doute quelques dizaines de milliers : tamouls de nationalité française originaires de Pondichéry, ancien comptoir français, des tamouls venus de Sri Lanka, des Mauriciens, des Réunionnais.

L'hindouisme a marqué le paysage de l'Inde au point que l'on ne peut dissocier la visite du pays de la référence à la religion hindoue. Il en est de même à Sri Lanka, à Bali, et à l'île Maurice. Par contre, ailleurs c'est différent. La France, par exemple, ne compte pas de temples hindous dans son paysage. La raison la plus importante ne doit pas être cherchée dans le nombre relativement peu important de ses adeptes mais dans le fait que, comme nous le verrons, la religion n'a pas besoin de temples pour s'exercer : c'est une religion qui se pratique en famille d'abord. D'autre part, ouvrir un temple au public, c'est toujours choisir le culte de tel ou tel dieu hindou, ce serait donc l'ouvrir pour les fidèles de ce dieu, et sans doute pour peu de fidèles. Ce serait donc une démarche quasi inutile.

Il en est différemment du bouddhisme qui commence à marquer le paysage de la France.

Le bouddhisme se reconnaît comme ayant un fondateur humain Gautama Siddhârtha, devenu Bouddha — l'Éveillé, ou encore Sâkyamouni, l'ascète du clan des Sâkya. L'hindouisme, lui, n'a pas de fondateur humain. Les hindous disent qu'il a toujours existé et existera toujours. C'est le *Sanâtana Dharma*, l'Ordre permanent et éternel des choses. Il y a dans l'hindouisme un tel enracinement dans la nature, dans le cosmos et dans la vie, qu'il est par nature fondamental et normatif. Saluer le lever du jour en s'adressant au Soleil est un geste qui n'est pas seulement naturel mais qui est religieux. Célébrer la naissance, le mariage, la mort etc., c'est donner sens et force à ces événements de la vie qui marquent les individus, les rattacher à plus qu'eux-mêmes, les sacraliser.

Les Occidentaux sont le plus souvent frappés et séduits par ce lien étroit entre la vie quotidienne et la religion. Alors que dans nos pays occidentaux, la sécularisation a privé nos cultures de leurs racines religieuses, l'Inde ignore cette dichotomie du sacré et du profane, ou en tout cas la vit tout autrement. De ce point de vue l'hindouisme a beaucoup à nous apprendre et nous a déjà beaucoup apporté à travers des auteurs marquants de notre culture religieuse contemporaine : Mircea Éliade, Georges Dumézil et beaucoup d'autres ont longuement séjourné en Inde. « C'est l'Inde qui m'a formé » disait M. Éliade. L'hindouisme apporte entre autres à notre monde occidental le sens du symbole, le sens de la transmutation intérieure par la spiritualité et le sens du sacré qui se manifeste à travers le cosmos.

Un hindouisme ou des hindouismes ?

L'hindouisme s'est adapté aux régions dans lesquelles il s'implantait et aux périodes historiques qu'il traversait. Il s'est donc beaucoup diversifié. C'est pourquoi l'on devrait, en toute rigueur de terme, parler de plusieurs hindouismes, et en tout cas de deux hindouismes au moins : un hindouisme ancien ou védisme et un hindouisme dit « moderne ». A une époque où le terme d'hindouisme n'existait pas, avant le XIXe siècle, on parlait des « religions et coutumes de l'Inde » ce qui était plus conforme à la vérité.

Ce n'est qu'au début du XIXe siècle qu'un hindou, d'ailleurs proche de l'islam et du christianisme, Râm Mohan Roy, a eu l'idée de forger sur le mot *hindu*, un terme qui existait depuis longtemps, car il est lié au fleuve Indus, celui d'hindouisme. Il l'a fait par mimétisme pour les noms qu'il entendait à Calcutta en anglais comme *christianism, protestantism, mahométism* etc.

Suite à cette innovation, les Britanniques, les Français et les autres occidentaux ont cherché derrière ce mot, quelque chose d'analogue à ce qu'ils connaissaient chez eux des religions ou des doctrines désignées par des mots se terminant en « isme ». Ils se sont donc attendus à trouver une certaine unité dans les pratiques et les doctrines de l'hindouisme.

Or, il faut savoir que c'est un mot trompeur : il n'y a pas *un hindouisme* mais *des hindouismes ;* certains vont jusqu'à dire que l'hindouisme n'existe pas.

Ce qui est vrai, c'est que, chaque fois que nous rencontrons un hindou, ou quelqu'un qui est classé comme tel, il nous faut encore découvrir ce qu'il est, ce à quoi il croit, quelles sont ses pratiques, etc. A ce sujet, il y a toujours des surprises. Entre un hindou comme Vivekânanda disciple de Râmakrishna, le mahatma Gandhi et les personnages politiques comme Jawaharlal Nehru ou Indira Gandhi, il y a des différences considérables du point de vue religieux : l'un est mystique comme son Maître, l'autre est hindou ouvert à toutes les religions, et les deux derniers sont « sceptiques » ou pragmatiques. Pourtant tous sont hindous, car tous sont d'une part profondément indiens, attachés à leur culture et à leur terre, et aucun n'a renié l'appartenance à son pays et à sa religion, même s'il l'interprète d'une façon différente des autres. Mais il faut surtout dire qu'il existe entre tous ces représentants de l'hindouisme une certaine parenté spirituelle et religieuse qui les fait, par exemple, respecter et tolérer les expériences religieuses qui ne sont pas forcément les leurs.

Malgré toutes les réserves que l'on peut faire sur l'usage du mot, nous continuerons à l'utiliser et à parler *d'hindouisme* pour la religion puisque ce mot s'est acclimaté chez les Indiens eux-mêmes, du moins en anglais. La langue hindie parlée dans le Nord de l'Inde, utilise le mot *hindu* pour désigner l'habitant de l'Inde (le continent indien) qui suit les préceptes des Écritures Indiennes, c'est-à-dire le *Sanâtana Dharma*, l'Ordre éternel et naturel des choses. Le hindi connaît également les mots *Hindustân* ou *Hindusthân* pour désigner le Nord de l'Inde.

A l'origine de tous ces mots, se trouve le fleuve *Indus* ou *Sindhu*, le fleuve qui irrigue le bassin de l'Indus, aujourd'hui au Pakistan. Les Grecs ont connu très tôt ce bassin de l'Indus qu'ils ont appelé India. C'est aussi ce mot que l'on trouve dans la Bible au Livre d'Esther par exemple et qui désigne l'une des 127 provinces de l'Empire Perse.

Pourquoi le pays de l'Inde (bassin du Gange et plateau du Deccan) a-t-il reçu un nom qu'il ne mérite pas par sa géographie ? Parce que les hindous (primitivement habitants du bassin de l'Indus) qui ont continué leurs migrations après être venus d'ailleurs, se sont trouvés en Inde (bassin du Gange cette fois) avant le VIe siècle av. J.-C. et y ont été rejoints par les envahisseurs turcs au XIe siècle. Ceux-ci, ont imposé leurs habitudes linguistiques en appelant hindous ceux qui, de l'Indus au Gange et au-delà, ne partageaient pas leurs croyances et leurs propres pratiques. Par la suite les Britanniques ont adopté cette manière de parler.

Les mots *hindou*, et *hindouisme* sont des mots chargés d'histoire mais ont, du moins au départ, une connotation géographique car ils renvoient en premier lieu à l'Indus.

L'hindouisme : au départ, un polythéisme de base

Malgré les profondes transformations internes qui se sont opérées dans l'hindouisme au cours de son histoire et dont nous ferons mention plus loin, l'hindouisme garde comme base ou arrière-fond un polythéisme : c'est la conviction que de multiples divinités régissent l'univers en se répartissant leurs zones d'influence. Le cosmos tout entier est sacralisé, non pas parce qu'il a été créé par un Dieu unique comme dans la Bible, mais parce que chaque partie de l'univers est régie par un dieu qui la contrôle.

L'exemple le plus simple est peut-être celui du Feu, d'Agni. Il est actif partout où nous pouvons détecter la présence du feu, de la chaleur. Il est donc le dieu du foyer domestique. Celui-ci doit être vénéré comme tel, et l'hindou d'il y a quatre mille ans, comme celui d'aujourd'hui, le vénère en lui faisant de petites offrandes de nourriture. A chaque cérémonie importante de la famille, naissance, initiation, mariage, le dieu Agni (Feu) est invoqué et vénéré.

Il existe d'autres dieux liés de près au cosmos : le Vent, appelé Vâyu, le Soleil appelé Surya, la Lune appelée Chandra (masc.). Le monde entier est considéré comme peuplé de divinités. Les hindous modernes y croient ou n'y croient pas selon leurs convictions personnelles, mais chez ceux qui sont pieux ou orthodoxes, ces convictions font bon ménage avec les idées modernes sur ces mêmes réalités cosmiques.

Il n'y a pas que des dieux préposés aux réalités cosmiques, il y a ceux qui ont eu des fonctions plus guerrières comme Indra, un dieu qui entraînait les tribus aryennes à la conquête des pays envahis, et qui, un temps, a été vénéré à la tête des dieux. Par la suite, au fur et à mesure que leurs croyances se sont approfondies, les hindous ont pris conscience qu'il y avait, au dessus d'eux et au dessus des autres dieux, un Dieu suprême qu'ils ont appelé Prajâpati « le Seigneur des êtres vivants » ou encore Brahmâ « la Parole Sacrée » personnifiée, un dieu masculin. Nous verrons comment, plusieurs siècles avant notre ère, les hindous se sont tournés, suite à un approfondissement de la pensée védique et à un développement de la religion dévotionnelle, vers des dieux suprêmes qu'ils ont appelés Çiva (Shiva) « le Propicieux » c'est-à-dire Celui que l'on se rend favorable, ou encore Vishnou « l'Omnipénétrant », Celui qui est présent partout.

Le polythéisme de base s'est donc trouvé corrigé par la prépondérance accordée à certains dieux : Brahmâ, Vishnou, Shiva — et par une réflexion sur ces mêmes dieux qui les a fait s'identifier à l'Absolu. Il ne s'agit donc pas d'un polythéisme grossier. Lorsque, dans certains courants modernes du néo-paganisme, les Occidentaux regrettent le temps du polythéisme grec, romain ou celtique, ils pensent avec une certaine nostalgie au temps où le monde était sacralisé par la présence des dieux et où l'écologie allait de soi, ce qui demanderait à être vérifié de plus près.

Une société hiérarchisée

Quand, en Occident, on prend contact avec la société indienne, on est frappé par le gigantisme des villes comme Calcutta ou Bombay, par la pauvreté des gens qui sont dans la rue, par le nombre de gens qui ont des emplois défavorisés, etc. On a tendance à mettre ces aspects négatifs de la société sur le compte de la religion ou du système des castes. En fait, ces phénomènes d'urbanisation et d'industrialisation sont dûs, comme chez nous, à une conjoncture moderne qui occulte la structure fondamentale de la société indienne. Cette dernière ne peut apparaître qu'après réflexion ou information.

Il est vrai que, sur le plan économique, l'Inde est en train de changer. Les classes moyennes s'enrichissent alors que les pauvres restent pauvres. Cependant, l'Inde reste, malgré tout, essentiellement rurale et surtout marquée par le système des castes.

La caste

Il n'est pas facile de se faire une idée exacte de la caste. Les langues indiennes, tel le hindi, utilisent deux mots pour la caste : *varna* ou couleur, et *jâti* ou famille. Ce sont les *jâti* qui constituent la caste véritable. Les *jâti* sont des familles, au sens large du mot, ou des groupes de familles qui ont quelque chose de commun, sans pouvoir toujours dire d'ailleurs s'il s'agit d'une même origine, d'un même métier ou d'autre chose... Ce quelque chose de commun, qui est de l'ordre de l'appartenance à un groupe reconnu, fera qu'elles le défendront jalousement en se fermant sur elles-mêmes et en excluant les autres, en pratiquant l'endogamie, c'est-à-dire le mariage à l'intérieur du groupe, et en refusant de se compromettre par des alliances à l'extérieur. La plupart des Indiens ne connaissent pas les castes des autres régions, analogues aux leurs, et ne sont familiers qu'avec celles qu'ils rencontrent dans leurs villages ou aux environs.

Hormis quelques rares exceptions, la seule façon d'appartenir à une caste est donc de naître de parents membres de cette caste et une personne reste membre de cette caste toute sa vie.

Un village type en Inde comprend des familles appartenant à diverses castes — qui ne se mélangent pas et sont pourtant interdépendantes car ces castes ont besoin les unes des autres pour vivre, exister, se faire représenter sur un plan religieux, administratif, culturel etc.

Dans l'Inde, il existe des milliers et des milliers de *jâti* ou groupes de familles. Toute la société indienne est divisée en (ou mieux constituée de) groupes fermés qui occupent chacun une position particulière au sein d'un système plus vaste, car, au dessus de cette multitude, une idéologie millénaire a surimposé une autre classification sociale, une hiérarchie de grandes classes sociales appelées *varna* ou couleurs. Au départ de ces quatre grandes classes : trois grandes fonctions auxquelles s'ajoute celle plus humble de serviteur.

Quatre grandes classes

La première grande classe, la mieux représentée aujourd'hui qualitativement et la plus facile à reconnaître est celle des brahmânes, une caste chargée de la culture. Autrefois, les brahmânes avaient en propre la parole sacrée : le *brahman*, d'où leur nom de brahmânes ou détenteurs de la parole sacrée. Ils apprenaient et connaissaient les formules à réciter pour les cérémonies religieuses dans les lieux aménagés pour le culte. Ils étaient demandés chez les particuliers. Ils apprenaient tout oralement. C'était les clercs, ils s'intéressaient à tous les aspects du savoir de leur temps, composaient les traités ou commentaires des Écritures sacrées, organisaient la vie religieuse et les fêtes, composaient les traités de médecine ou d'architecture, d'astronomie, de poésie et de musique, de danse et de théâtre. Ils étaient à l'occasion pour les familles astrologues et psychologues, déterminaient à l'usage des rois, les temps favorables ou défavorables aux grandes entreprises royales, et à l'usage des familles le temps des mariages, des initiations, des funérailles etc. Les castes de brahmânes, qui étaient le mieux organisées, subsistent aujourd'hui sans changements notables, sauf qu'elles se sont reconverties en professeurs d'université, instituteurs, journalistes, agents de voyages, éditeurs et hommes politiques. Ce sont eux, et eux seuls, qui sont habilités à servir les divinités majeures qui résident dans les grands temples, à présider les cérémonies religieuses des mariages, à officier dans les familles etc. Tous les hommes dont les noms sont *shastri* (savant) *âcârya* (maître), *jyoti* (lumière) peuvent être considérés a priori comme des brahmânes. En principe, dans chaque village indien, on trouve quelques brahmânes qui jouent le rôle de prêtres ou d'officiants ou l'un des rôles énumérés plus haut. Nehru était un brahmâne du Cachemire. Dans les grandes villes ils se regroupent en quartiers.

La seconde grande classe sociale ou *varna*, est celle des « guerriers » ou *kshatriya*. Autrefois ils se chargeaient de maintenir l'ordre dans le pays. C'était les rois, les râdjas (rois) et les mahârâdjas, les chefs d'armées. Aujourd'hui il n'est pas facile de les identifier car même parmi ceux qui ont exercé des pouvoirs politiques ou militaires, on trouve des gens de provenance inférieure qui sont devenus râdjas ou mahârâdjas parce que la région dans laquelle ils se trouvaient leur avait octroyé un pouvoir politique analogue à celui d'un roi ou d'un empereur.

La troisième grande classe sociale est celle des marchands, éleveurs, et agriculteurs, c'est-à-dire tous ceux dont la fonction est de faire fructifier les biens de ce monde et que l'on classait dans des clans (en sanskrit : *vish*) divers. D'où le nom de *vaishyas*. La grande masse des paysans de l'Inde sont des *vaishyas*. Gandhi était un homme de la « troisième » caste : son nom signifie « parfumeur ». Sa famille s'était lancée dans la politique en se mettant au service du gouverneur local.

Ces trois premières classes sociales sont dites « nobles » ou « pures », leur présence dans les temples est acceptée car elle ne les souille pas.

Certains auteurs comme Louis Dumont insistent avec raison sur le point suivant : l'idéologie qui sous-tend le système des castes et qui le rend intelligible même aux occidentaux, est celle du pur et de l'impur : les *jâti* sont endogames car elles entendent se préserver des contaminations extérieures ou bien ce sont les *jâti* supérieures qui entendent se préserver des contaminations en refusant de se mêler à elles. Il s'agit avant tout de la nourriture et des alliances matrimoniales mais aussi des contacts physiques. En ce qui concerne la nourriture, les règles ne sont pas les mêmes suivant les *jâti* : les hautes castes des brahmânes sont végétariennes et d'autres castes les imitent sur ce point, mais des castes non-brahmânes peuvent très bien, si elles ont établi d'autres règles, manger de la viande ou boire de l'alcool, comme c'est le cas habituel des râdjas. A la limite, c'est-à-dire au bas de la hiérarchie, les intouchables peuvent tout se permettre et même manger du porc. Ils sont en fait hors du système.

Fait encore partie du système des castes, la quatrième classe sociale ou *varna* qui est celle des serviteurs ou shoudras qui regroupe en principe ceux qui, héréditairement, servent les trois premières classes. Ce sont des subalternes.

Par contre, les intouchables sont hors-système : rend intouchable tout métier qui met en contact avec des matières impures : peaux d'animaux à travailler, excréments et ordures à ramasser etc., c'est-à-dire le métier de fossoyeur, d'éboueur etc., qui entraîne une impureté permanente pour l'ouvrier et sa famille et les met au rang des intouchables. On cite le cas d'intouchables qui sont les véritables exclus de la société indienne et qui ne peuvent jamais, par exemple, traverser librement le centre de leur propre village.

La conséquence de la mise en application des règles de la caste est le rejet de certains individus par leur propre caste : rejet provisoire ou définitif.

Quelques exemples sont célèbres car ils concernent des personnalités qui sont entrées en contact avec des étrangers considérés comme impurs : Gandhi, par exemple, avait été excommunié provisoirement de sa caste pour s'être rendu en Angleterre et avoir ainsi bravé l'interdiction de traverser la mer. Avant lui, des précurseurs de l'hindouisme moderne, comme Râm Mohan Roy, avaient bravé les interdictions pour voyager et venir en Occident. Rabindranath Tagore, le grand poète bengali qui a eu le prix Nobel de littérature, était d'une famille princière qui se réclamait d'une lignée brahmânique, mais suite à des compromissions avec le milieu musulman qui n'avaient jamais été compensées par des rites expiatoires, il n'était pas considéré comme étant « de famille pure » par les hindous de caste.

De nos jours encore, en France par exemple, il arrive que des hindous ou des hindoues soient considérés par leurs familles restées en Inde ou à l'île Maurice comme s'étant exclus eux-mêmes de la famille par des alliances matrimoniales avec des étrangers.

Ce qui est clair en tout cas, c'est que le système des castes, loin de se diluer dans la vie moderne comme on l'avait envisagé à un moment donné, fonctionne toujours bien et a même tendance à se renforcer. Il s'est particulièrement bien adapté à la démocratie parlementaire dans laquelle la caste se meut aujourd'hui comme dans son élément naturel. Les parlementaires utilisent volontiers les énergies sous-jacentes des castes, et pas forcément dans le mauvais sens : Nehru avait un contact facile avec les castes paysannes et s'est appuyé sur elles.

Ce qui est clair encore, c'est que le système fonctionne obligatoirement : les chrétiens sont considérés comme une caste inférieure à moins qu'ils n'aient gardé leur caste d'origine. Ils ne sont pas pour autant hors-caste. Les Jains (adeptes d'une religion ascétique fondée par un contemporain du Bouddha) sont assimilés à la caste des marchands. Les musulmans sont eux aussi divisés en castes et en sous-castes. En Inde, le pire c'est de n'avoir pas de caste ou d'avoir perdu les liens de la famille et de la société. Les plus défavorisés sont donc les enfants qui sont dans la rue sans protection sociale. Ils sont alors exploitables à merci et rejoignent la masse des hors-castes.

Une question est souvent posée : quel rapport entre la religion et la société ? Ce sont deux aspects différents de la vie. Globalement la société religieuse hindoue appuie et sacralise l'ordre social basé sur la famille. Et donc la caste en commençant par le haut : les textes anciens du *Veda*, considérés comme normatifs par la caste brahmânique, font sortir les brahmânes de la bouche de Brahmâ le dieu créateur alors que les guerriers sortent de sa poitrine, les *vaishyas* sortent de ses bras et les serviteurs de ses jambes. Par contre la religion hindoue comme telle n'a pas de projet pour la solution des problèmes sociaux qui ont des causes modernes et conjoncturelles. Les tentatives pour redonner vie et dignité aux couches les plus défavorisées de la société indienne sont dues à des initiatives individuelles qui sont d'ailleurs bien accueillies par l'ensemble des hindous qui sont assez lucides pour reconnaître les problèmes.

Des âshrams pour tous ou le sens du devoir d'état

Nous avons déjà trouvé une expression utilisée par les hindous eux-mêmes pour définir leur religion : c'est le *Sanâtana Dharma*, « l'Ordre éternel et permanent des choses ». Il existe d'autres expressions du même genre avec une référence plus précise aux castes et aux étapes de la vie. Le mahatma Gandhi, par exemple, définissait l'hindouisme comme un « *varnâshramadharma* » c'est-à-dire un ordre de choses (*dharma*) qui s'impose à chaque hindou du fait de son appartenance à une caste (*varna*) et à son « état de vie » (*âshrama*).

Le mot *âshram* est un mot que l'on rencontre souvent dans les livres ou articles traitant de l'hindouisme ou de l'Inde. Il désigne alors un lieu où l'on peut s'exercer, en compagnie ou sous la conduite d'un gourou, à des pratiques spirituelles. On parle, par exemple de l'*âshram* d'Aurobindo à Pondichery, aujourd'hui dirigé par un successeur de la Mère.

Le terme *âshram* est dérivé d'une racine CRAM qui signifie, comme verbe, « s'efforcer, s'astreindre, pratiquer l'ascétisme ». *Ashrama* signifie donc le lieu où l'on pratique, où l'on apprend une spiritualité, un ermitage où l'on trouve un Maître. Mais c'est aussi l'une des étapes de la vie spirituelle d'un brahmâne, l'une des quatre étapes dans la mesure où elle est envisagée sous l'angle des devoirs à accomplir.

Nous avons vu plus haut que la caste brahmânique est celle qui, aujourd'hui encore, est la mieux structurée sur le plan spirituel et social : c'est donc elle qui sert d'exemple aux autres ou à ceux qui veulent s'en inspirer pour se placer plus haut dans la hiérarchie ; non pas que l'on puisse passer d'une caste à une autre mais on peut toujours, sur un plan alimentaire ou spirituel, s'inspirer de l'exemple qui vient d'en haut. C'est en tout cas la caste brahmânique qui imprègne de son esprit l'hindouisme dans son ensemble au point que le mot brahmanisme est un équivalent du mot hindouisme.

Quelles sont les étapes classiques d'un hindou brahmâne ?

La principale étape de sa vie est celle du « maître de maison ». C'est en effet chez lui, dans sa famille, qu'il réalise le mieux son *karma*, ce à quoi l'ont prédestiné ses actes antérieurs. Il est fait pour cela. En tant que chef de famille, l'hindou, surtout s'il est brahmâne, sait exactement ce qu'il doit faire, quels sont les actes religieux et profanes qu'il doit accomplir : honorer les dieux de la famille et de la caste, pratiquer l'aumône, l'hospitalité, assurer par son travail la subsistance de sa famille, etc.

A ce sujet, il est important de souligner que ce que le christianisme met souvent au registre de la charité, de l'amour du prochain, est mis dans l'hindouisme au compte tout simplement du devoir d'état du chef de famille. Et en un sens c'est plus « normal », plus simple et plus naturel. Une attitude altruiste découle des devoirs d'état du chef de famille.

Elle n'est pas motivée par la religion proprement dite ou par la recherche du mérite ou du salut, pas directement en tout cas. Ou alors il faut dire autrement les choses et souligner que la religion imprègne toute la vie. Nous percevrons mieux, plus loin, avec la réflexion brahmânique sur les buts de la vie, que l'esprit hindou n'est pas structuré de la même manière que l'esprit juif, chrétien ou musulman. L'éthique hindoue se rattache à la caste et à la situation dans laquelle la vie nous a placés, c'est-à-dire notre état de vie.

Une étape précède la vie du chef de famille, c'est celle de la formation. Autrefois elle commençait avec l'introduction, vers l'âge de 10-12 ans, du jeune garçon dans la communauté des adultes, autrement dit l'initiation. Avec la vie moderne et en dépit des changements dans l'instruction, l'initiation a été maintenue à ce même âge de 10-12 ans et elle est toujours pratiquée régulièrement. Autrefois, le jeune Indien était « conduit » (en sanskrit, la « duction » ou « conduction » se dit *nâyana*, un mot formé sur la racine NA, conduire), « auprès » (en sanskrit, auprès se dit *upa*) d'un Maître qui lui apprenait le Veda et les sciences annexes du Veda. L'initiation s'appelait donc *upanâyana*. Nous aurons à reparler des Écritures hindoues plus loin pour en dire ce qu'il en reste.

Après la première et la seconde étape, lorsque le brahmâne était déchargé de ses devoirs envers ses enfants devenus adultes, il avait autrefois la possibilité de se retirer dans la forêt proche du village. C'était la troisième étape. Il pouvait même ensuite, s'il le désirait, pousser plus loin encore le détachement et s'en aller sur les routes, sans feu ni lieu, et se consacrer entièrement à la recherche du véritable bonheur spirituel comme à une préfiguration de l'au-delà.

Nous reconnaissons dans cette dernière étape l'état de vie du total renonçant, du *sannyâsin*. C'est cette étape que le futur Buddha avait inauguré dès l'âge de 29 ans quand il avait quitté sa famille et bien qu'il ne fût pas brahmâne mais de la seconde classe, celle des guerriers. C'est aussi l'étape qui l'avait conduit dans différents lieux pour y pratiquer la méditation sous la direction d'un Maître, et dans un autre endroit pour y pratiquer la plus grande austérité. Finalement, le Buddha a établi sa propre voie, celle aussi qu'il propose aux autres, dans un juste milieu entre la vie mondaine du chef de famille et celle du « total renonçant ».

Chez les hindous, grâce à une réforme opérée par le grand philosophe du VIIIe siècle, Shankara, les jeunes gens peuvent, s'ils le désirent, ne pas passer par la seconde et la troisième étapes pour entrer dans la voie des renonçants. Ils entrent alors dans un ordre religieux. On trouve ainsi en Inde, sur les routes, quantité de renonçants appartenant à un ordre, auxquels s'ajoutent des *sâdhus* ou hommes pieux, des ascètes qui se sont mis eux-mêmes sur les routes en dehors de toute orthodoxie. Ce phénomène a existé en Inde depuis toujours, pour autant qu'on puisse se fier aux témoignages des textes anciens indiens ou grecs.

L'idéologie des *âshramas* permet entre autres de comprendre qu'il existe une attitude morale et sociale qui se rattache directement au *dharma* : le *varnâshramadharma*.

La sacralisation des étapes de la vie

Les étapes de la vie d'un brahmâne, telles que nous venons de les voir, sont aussi, pour l'essentiel, celles d'un homme des trois premières castes, et des autres. Chacun ne doit-il pas se marier, un jour mourir, et commencer par naître et se former ? Les étapes ainsi définies sont introduites par des rites qui leur donnent leur véritable sens ; ce sont des rites « perfectifs » (en sanskrit : *samskâra* — la traduction souvent donnée de sacrements n'est pas juste) qui ne se donnent qu'au moment même où les événements naturels se déroulent.

Dans l'esprit des hindous, ces rites sont importants du point de vue moral et social, car ils permettent à chacun de savoir ce qu'il est et surtout ce qu'il a à faire. Ils définissent le devoir de chacun : le *varnâshramadharma* « les devoirs qui s'imposent en raison de la caste et de l'état de vie ».

Le *samskâra* qui sacralise l'entrée dans l'état de vie de maître de maison est le rite du mariage. Normalement, comme nous l'avons vu, l'homme se marie avec une femme de sa caste ou jâti. Presque toujours c'est un mariage arrangé par les deux familles indépendamment des futurs conjoints : on se marie par devoir et l'amour vient ensuite. La plupart des unions sont heureuses et stables. La cérémonie du mariage se célèbre dans les familles et non dans les temples. Un brahmâne officiant vient réciter des prières et veiller au déroulement de la cérémonie. Il rappelle aussi le devoir des époux. Comme partout dans le monde, le tout se termine par un banquet.

De tous les rites de la vie, le plus marquant pour les garçons est celui de l'initiation (en sanskrit : *upanâyana*, litt. « introduction » — « auprès » sous-entendu : d'un maître). C'est ce jour-là que le jeune garçon des trois premières castes est initié à la pratique du sacrifice domestique : le père ou un brahmâne lui indique comment sacrifier aux dieux — et à la pratique de la prière quotidienne au Soleil. Le jeune garçon change alors de statut social et devient un membre à part entière de la société hindoue. C'est comme une nouvelle naissance : il devient un « deux-fois né » (en sanskrit : *dvi-ja*).

Cette cérémonie nous fait bien comprendre que l'hindou est avant tout un homme qui appartient à une caste et qui reçoit d'elle la liste de ses obligations morales, sociales et religieuses. Personne ne peut devenir vraiment hindou sans passer par cette cérémonie — et personne ne peut passer par cette cérémonie s'il n'a pas pris naissance dans une famille hindoue. Être hindou n'est pas une affaire de conviction ou de foi ou de croyance mais une question d'appartenance.

Les rites de la naissance se pratiquent quelques jours après l'événement lui-même. Le père choisit et impose un nom à l'enfant. Un rite considéré comme bénéfique et générateur de longue vie est alors accompli avec de l'eau : on la verse en un jet continu sur le corps de l'enfant tandis que l'on récite un hymne approprié, dit hymne de longue vie. Selon les historiens, dans les anciennes religions scandinaves et germaniques, on connaissait aussi pour les rites de la naissance, une cérémonie analogue utilisant le même symbolisme de l'eau.

Quant aux funérailles, le quatrième *samskâra* important de la vie, elles se célèbrent normalement dans des lieux appropriés, mais jamais dans des temples ou des lieux saints car le contact des cadavres rend impur : chaque ville fixe elle-même ses lieux de crémation, le plus souvent le long des ruisseaux ou des fleuves. Le corps enveloppé d'un linceul blanc est déposé sur un bûcher et c'est le fils aîné de la famille ou, à son défaut, un autre membre de la famille ou de la caste, qui conduit la cérémonie.

Il est difficile à un occidental de se rendre compte de l'imprégnation du quotidien par le sacré. Il lui est donc difficile de respecter la sensibilité de l'hindou. Par exemple le lieu le plus sacré de la maison est la cuisine car c'est là que se prépare la nourriture, qui doit être pure. Elle est plus sacrée encore que la salle dans laquelle se trouve le petit sanctuaire domestique où l'on vénère les divinités familiales. Un autre lieu important est la salle d'eau et dans les lieux sacrés, l'étang ou le cours d'eau. Lorsqu'il prend ses ablutions le matin dans sa salle d'eau, le brahmâne orthodoxe ou pieux prie ou chante. Tout hindou sait que la quinzaine claire de la lune est favorable à certaines actions alors que la quinzaine sombre, lorsque la lune décroît, est défavorable. Les grandes cérémonies religieuses, celles qui célèbrent la naissance, l'initiation ou le mariage se font le matin quand le soleil se lève. Le temps est donc lui aussi valorisé : un moment de la journée n'est pas qualitativement identique à un autre. L'astrologue de la famille intervient pour déterminer les moments favorables aux cérémonies familiales.

Des approfondissements successifs au cours de l'histoire

L'hindouisme est une religion qui se vit et se pratique à des niveaux de profondeur très différents les uns des autres. Chacun trouve son compte comme il le désire. Pour certains l'essentiel de la religion consiste dans la vénération des dieux déjà vénérés dans la famille depuis des générations et des générations. Dans ce cas, ils offriront de menues offrandes ou des dons en nature : fruits ou argent, à des représentations divines conservées dans les maisons, ou à des idoles conservées dans les temples. D'autres n'iront jamais au temple mais se contenteront de prier chez eux ou de méditer des textes sacrés. D'autres encore approfondiront leur attitude religieuse en la disciplinant selon telle ou telle méthode spirituelle qu'ils s'efforceront de connaître et d'appliquer.

D'où provient une telle diversité ? Tout d'abord parce que ce sont toutes des attitudes qui sont naturelles, liées en tout cas à une interprétation immédiate de la religion. Il n'est donc pas nécessaire ni utile qu'il y ait une autorité religieuse qui rappelle la norme. Rien de comparable à une Église qui imposerait un comportement identique. Pourtant, n'importe qui ne fait pas n'importe quoi. C'est la tradition qui fait loi. Et la tradition, ce sont les pratiques religieuses imposées par la famille et par la caste. A la limite, on peut croire ce que l'on veut, pourvu que l'on fasse ce qui est prescrit par la tradition : la pratique juste (orthopraxie) a le pas sur la croyance juste (orthodoxie).

La pratique juste, c'est ce qui se fait depuis toujours : les rites et pratiques qui jalonnent la vie d'un individu et que nous avons examinés plus haut, les fêtes qui rythment les saisons de l'année, les pratiques immémoriales.

Sur ce fond commun, que chacun interprète à sa façon, mais sans y changer quoi que ce soit, s'est surimposé une autre pratique, ou se sont surimposées d'autres pratiques qui, elles, relèvent de la spiritualité ou de la dévotion approfondie, et qui ont été inventées à une époque donnée de l'histoire.

Les hindous sont fiers de leur culture, et de l'effort de leurs philosophes et de leurs sages qui, il y a maintenant plus de 2 500 ans, ont renouvelé la religion et lui ont donné une dimension plus spirituelle. Encore aujourd'hui, ils se réfèrent à cette époque lointaine et y puisent leur intuition.

C'est d'ailleurs une époque tellement importante non seulement pour l'Inde, mais aussi pour toute l'humanité, que des philosophes lui ont donné le nom de « période axiale ». Marcel Gauchet, dans le « Désenchantement du monde » montre bien qu'à cette époque, l'humanité a changé d'orientation. C'est l'époque où un peu partout dans le monde, on passe d'une religion centrée sur le culte de la fertilité et de la fécondité et la pratique du sacrifice animal, à une religion plus intérieure, plus spirituelle. En Israël c'est l'époque des prophètes comme Isaie.

En Inde, c'est l'époque dite de la fin du Veda, de son aboutissement, des conclusions ultimes tirées du Veda. On assiste à l'apparition d'une attitude nouvelle par rapport à celle qui existait jusque là, et qui ne s'enseignait qu'à une élite, à des disciples choisis et méritants. Pour recevoir cet enseignement, il fallait s'approcher d'un maître, décliner son identité en prouvant son ascendance noble, lui demander humblement le privilège de devenir son disciple, attendre patiemment qu'il juge le demandeur digne de recevoir son enseignement. Les petits traités qui nous sont restés de cette époque et qui condensent ces enseignements, qui ont été transmis oralement pendant des siècles et qui n'ont été mis par écrit que depuis peu, s'appellent *upanishads*. L'étymologie du mot est sans doute la suivante : on vient s'asseoir (*sad*) auprès (*upa*) d'un maître en vue de (*ni*) recevoir un enseignement.

Dans leur enseignement, les maîtres de l'époque faisaient comprendre à leurs disciples que si, jusque là, l'attitude religieuse essentielle consistait dans les rites à accomplir, c'est-à-dire dans les actions extérieures à l'homme, désormais c'est dans l'homme lui-même, dans son intériorité, que tout se jouerait.

L'homme devenait ainsi le maître de son propre destin. Il ne devait plus compter sur les dieux pour réaliser son propre salut. Il devait accomplir *en lui-même* la démarche qui le libérerait du devenir dans lequel son existence malheureuse était engagée. Il devait prendre conscience qu'il était, *lui*, dans son for intérieur (son *âtman*) identique à l'absolu diffus présent partout dans le monde : le *brahman*.

On peut aujourd'hui prendre contact avec l'une des 108 *upanishads* qui ont été composées du VIIe siècle av. J.-C. jusqu'au XVIe siècle ap. J.-C. On y trouve toujours, comme en filigrane, la même doctrine : l'homme, en ce qu'il a de plus profond en lui-même, n'est pas différent de l'absolu.

Une voie dont ils ont perçu les limites et le danger

Paradoxalement, cette voie que l'on peut comparer à celle que parcourent en Occident les spirituels et les mystiques, était attirante pour de nombreux jeunes désireux d'approfondir leur propre spiritualité. Malgré les difficultés de la démarche, ils furent nombreux à s'engager sur cette voie. Le futur Bouddha s'y est risqué, et il est devenu *Sâkyamuni* le sage silencieux des Sâkya, mais il a fini par déclarer que cette voie était difficile, voire impossible, et que l'homme avait autre chose à faire qu'à se poser des questions trop abstraites.

Ce qui est clair en tout cas, c'est que cette voie menait l'homme au détachement, à un désintérêt pour la vie mondaine et pour la vie sociale, et même pour la vie religieuse telle qu'on l'avait vécue jusque là, c'est-à-dire une vie centrée sur l'accomplissement des rites et des devoirs religieux.

Cette voie comportait donc un danger par les excès auxquels elle pouvait aboutir. Si l'essentiel était de connaître, de méditer l'*âtman*, le Soi universel, à quoi sert la dévotion aux divinités tutélaires de la famille, de la tribu ?

C'est au IIIe siècle av. J.-C. et donc plusieurs siècles après que cette découverte de l'intériorité eût été mise en place et enseignée, qu'un sage dont on ne connaît pas le nom mais que l'on connaît seulement par un surnom : le Sage au blanc mulet (Shvetâshvatara) prit conscience des dangers de l'approche upanishadique ou vedântique de l'absolu, et réagit en proposant de revenir à une attitude plus religieuse et plus respectueuse de la tradition.

Son raisonnement était le suivant : de même que pour profiter d'un enseignement sur l'absolu, sur l'*âtman/brahman*, il fallait approcher d'un maître, un gourou, avec révérence et dévotion, il était bon et profitable d'avoir vis à vis de l'Absolu, si on voulait le connaître, une attitude semblable de révérence et de dévotion. Par conséquent, à cet Absolu, il fallait lui donner un nom. Il fallait pouvoir le nommer, comme on avait fait autrefois pour les dieux. Le sage Shvetâshvatara proposait d'appeler cet Absolu Shiva, le Propicieux, Celui que l'on se rend propice en le vénérant comme tel.

Le sage Shvetâshvatara proposait en fait de réintégrer la religion dans la philosophie ou la sagesse. Ce que les Grecs n'ont pas réussi à faire : réconcilier philosophie et religion, devenait possible à condition de dire par exemple : Shiva, c'est l'*âtman*, c'est le *brahman*, c'est l'Ame du monde, c'est le Maître de l'univers, etc.

Cette alliance nouvelle du religieux et de la sagesse intellectuelle, a permis l'essor de ce que nous appelons l'hindouisme moderne (du IIIe siècle avant notre ère jusqu'à nos jours), une forme d'hindouisme différente du védisme ou hindouisme ancien (XXe siècle av. J.-C. jusqu'au VIIe siècle av. J.-C.).

Sans doute, nous ne pouvons pas savoir si c'est à Shvetâshvatara en priorité que nous devons attribuer cette alliance si heureuse de deux courants de pensée, mais ce qui est, par contre facile à constater, c'est que, d'une part les personnages religieux ou les philosophes qui se sont engagés sur la voie du *Veda* en en tirant les ultimes conséquences (ceux que l'on appelle les adeptes du *Vedânta* ou conséquences ultimes du Veda) et les autres personnages religieux, en particulier les poètes et théoriciens du religieux, ont toujours cherché, depuis, à ne pas dissocier la recherche intellectuelle et la recherche religieuse.

Et c'est aussi sans doute ce qui fait l'intérêt et le charme des courants dévotionnels qui se sont développés en Inde à partir, en gros, de l'ère chrétienne. Sans doute, on sait que des personnages historiques, comme Râma et Krishna, ont été tellement exaltés par leurs admirateurs qu'ils ont été assimilés à des « descentes » (*avatâra*) du Dieu Suprême, on sait surtout que des dieux, secondaires dans le Veda, comme Rudra-Shiva et Vishnou sont devenus des grands dieux grâce à cette identification avec l'absolu, devenue possible et favorisée par des sages comme Shvetâshvatara.

En tout cas l'hindouisme se présente aujourd'hui sous l'apparence d'un plurithéisme, c'est-à-dire une juxtaposition et une pluralité de plusieurs théismes qui ne s'excluent pas mais sont complémentaires l'un de l'autre. Les hindous disent en effet que le divin est trop riche pour pouvoir se dire en une fois, ou pour s'exprimer par un seul dieu. A l'unité indicible de l'absolu, répond en écho la multiplicité verbale des divinités.

La fréquentation des lieux saints et des temples

Puisque toute la religion peut se pratiquer à la maison, sauf les cérémonies des funérailles qui se font dans des endroits spécialisés désacralisés, il n'y a aucune obligation à fréquenter les temples sauf si l'on a une raison particulière : par exemple une dévotion envers tel ou tel dieu, ou encore un vœu que l'on fait, ou des habitudes familiales. C'est ainsi que dans le Sud de l'Inde certaines familles se rendent en groupes chaque matin au temple pour saluer Shiva dans son temple. Ce sont des cérémonies qui marquent beaucoup les enfants et qui rendent leur hindouisme très attachant.

Il n'y a plus aujourd'hui dans les temples de sacrifices d'animaux, sauf à Kali, qui est la déesse tutélaire de Calcutta, ou encore à Bhairava, Shiva sous son aspect terrible. Par contre, il existe une cérémonie d'offrande de fleurs, de fruits, d'encens, de lumières qui est très belle et qui se célèbre dans les temples, matin et soir, autour de l'idole ou de l'emblème qui est le substitut de l'idole. Même en Occident on peut y assister dans quelques lieux « hindouisants » comme la Mission Râmakrishna ou le Mouvement pour la Conscience de Krishna.

Il existe beaucoup de dieux, nous l'avons vu plus haut. Cependant les divinités les plus vénérées, celles dont le culte a suscité le plus de temples, sont Shiva et Vishnou.

On ne peut parler de Trinité à propos de ces grands dieux hindous, car, même s'il y a Brahmâ le dieu créateur, Vishnou le dieu protecteur et Shiva le dieu destructeur, en ce qui concerne à la fois le culte et les temples il n'y a plus que ceux de Shiva et de Vishnou, sans compter ceux de nombreuses autres divinités. Ces dieux ont leurs adeptes qui sont répartis suivant des ères géographiques et sociologiques complexes qui s'interpénètrent. Comme l'a fait remarquer J. Gonda, l'hindouisme évite les alternatives et exclusives de toutes sortes et il est prêt à penser en relations de complémentarité plutôt que d'opposition. Shiva et Vishnou n'occupent pas, pour ainsi dire, les mêmes créneaux. Ce sont deux façons de considérer et d'interpréter le divin.

Shiva est le dieu créateur et destructeur. C'est lui qui régit le temps et qui mène les êtres vivants de la vie à la mort. La représentation la plus célèbre en Occident est celle du Shiva dansant. Sa danse est à la fois destructrice et créatrice. Mais dans les temples shivaïtes la seule représentation qui soit gardée dans le sanctuaire principal est toujours celle du « linga » — « le signe » de Shiva, la marque de son énergie. C'est une colonne érigée au centre d'une cuvette. A Bénarès par exemple qui est la ville de Shiva, les pèlerins descendent au Gange pour s'y baigner et pour y puiser l'eau, puis remontent les escaliers et se rendent au temple du Seigneur de l'univers : Vishvanath, c'est-à-dire Shiva, pour y déverser l'eau sur son linga.

Vishnou, lui est le dieu protecteur et conservateur. Dans les sanctuaires qui lui sont consacrés, son image principale est celle où on le représente allongé et endormi sur un serpent qui symbolise ce qui reste entre deux créations successives. Vishnou sommeille. Quand il rêve, c'est la création qui prend forme. Alors que Shiva occupe le temps, Vishnou occupe l'espace. Il est partout chez lui. C'est ce qui signifie son nom : Vishnou, l'omniprésent ou l'omnipénétrant. Il protège. On dit qu'il descend chaque fois que le monde est menacé de destruction. On lui attribue ainsi toutes sortes de « descentes » (en sanskrit : *avatâra*). Les plus célèbres sont celles de Râma et de Krishna, sans doute deux personnages historiques qui ont été déifiés, un Roi dont la conduite exemplaire dans ses malheurs lui a valu la vénération et la dévotion des hindous et un guerrier aux exploits et à la sagesse hors du commun.

Même si beaucoup d'hindous pensent que la mythologie qui tourne autour de Shiva et de Vishnou n'est que symboles, légendes ou allégories, ils admettent que ces figures divines sont bonnes pour tout-un-chacun car elles donnent une idée du divin qui est en lui-même irreprésentable, elles le concrétisent.

Qu'il soit représenté en train de danser la danse cosmique ou par un linga (emblème phallique) Shiva est perçu comme le dieu qui déploie son énergie dans le monde pour le rendre manifeste, le créer.
Le plus souvent le linga se présente sous la forme d'une colonne dressée ayant comme base une cuvette désignée sous le nom de *yoni* ou vulve/ matrice. Parfois, comme ici, le linga est orné d'un visage de Shiva que l'on reconnaît à des traits qui lui sont propres : une chevelure avec chignon et tresses, le troisième œil sur le front.
D'autres traits lui sont communs avec les dieux : une figure pleine et arrondie, le cou arrondi avec des plis, des parures — boucles d'oreille et collier. Les ondulations de la coiffure suggèrent le mouvement vers l'extérieur. Le linga est l'objet d'un culte qui consiste à déverser sur lui de l'eau, de l'huile, des parfums, des fleurs tout en récitant des formules. Le linga est au centre des temples shivaïtes, protégé du contact impur de l'extérieur dans un sanctuaire central (cf. plus loin).

Linga orné d'une tête de Shiva, IXe ap. J.-C.

L'hindouisme et les voies spirituelles

En plus d'un fond commun que nous venons de présenter dans les pages précédentes, l'hindouisme est une religion qui comporte de nombreuses annexes.

En effet, c'est une religion « ouverte » dans un double sens. Tout d'abord il n'y a rien de caché, et tout peut se savoir. Il est aussi « ouvert » en ce sens qu'il admet qu'on lui pose les questions auxquelles il ne répond pas dans la vie courante par le recours aux voies traditionnelles : entendons par là, aux moyens fournis habituellement par le *sanâtanadharma*, l'Ordre naturel et permanent des choses.

Nous l'avons noté à propos de la société : des questions se posent aujourd'hui à l'Inde comme à l'Occident par l'urbanisation, l'industrialisation, la vie moderne, la disproportion entre les riches et les pauvres, etc. Il en est de même pour les questions posées dans le domaine du salut : le *Dharma* ne suffit pas à libérer l'homme de la contrainte de renaître selon les conceptions hindoues, de l'asservissement au plaisir et à l'argent selon les conceptions morales. De ceci, les hindous en ont conscience depuis longtemps.

La voie a toujours été ouverte, pour résoudre ces problèmes, aux leaders politiques, sociaux, et religieux, aux personnalités charismatiques, à tous ceux qui font des expériences spirituelles et religieuses. A eux de s'imposer dans leur domaine et de proposer des voies et des modèles. A eux de devenir des entraîneurs et des gourous. On pense tout naturellement aux personnages plus récents comme Râmakrishna ou son disciple Vivekânanda, à Gandhi, à Nehru, à Sri Aurobindo et même à Mère Thérésa dont le charisme de charité chrétienne est bien perçu comme tel en Inde.

Sans doute le pire peut côtoyer le meilleur mais toutes les initiatives sont permises. L'hindouisme est un immense laboratoire où tout ce qui a paru digne d'être expérimenté a été testé. Certaines expériences ont fait école. Les différents « *yoga* » que nous connaissons en Occident proviennent de ces Écoles où l'expérience a réussi. Nous les avons souvent adaptés à notre mentalité en les tronquant de leurs finalités religieuses et libératrices.

S'il n'est pas possible de les présenter toutes, nous pouvons du moins en présenter quelques-unes. Ce sont des « voies » spirituelles.

Entre « *yoga* » et « voie spirituelle » il existe une identité de structure, même si cette identité ne s'exprime pas de la même manière. L'Occident connaît des « spiritualités » qui se définissent avant tout par leur dépendance par rapport à l'ascèse, la dévotion, la mystique ou la foi. Elles permettent la culture de l'esprit, souvent en opposition avec la matière et le corps, mais en insistant sur l'ascèse, la dévotion etc., et en proposant un équilibre entre des tendances différentes susceptibles de se manifester sur un plan individuel ou social.

En Inde, tout *yoga* se définit par rapport aux énergies corporelles ou mentales qu'il a pour charge de discipliner, d'unifier pour en tirer le meilleur profit dans un but précis.

Il a donc comme horizon immédiat : le corps, le mental, affectif et intellectuel. Par rapport à ces énergies, il les renforce ou les détruit. « Tout yoga » nous dit une *upanishad*, « est à la fois création et destruction » (*Katha upanishad* VI 11). Tout *yoga* est, comme toute spiritualité, un choix, une valorisation de certaines énergies, et un affaiblissement, une résorption d'autres énergies. Ceux qui s'engagent dans un *yoga* doivent être conscients du choix qu'ils font et ne pas le faire à la légère. Ce sont des choix normalement irréversibles.

Plusieurs de ces voies ont été introduites en Occident. Nous ne pouvons que les énumérer : voie de la connaissance, voie de la *bhakti* ou dévotion, et le *yoga* sous deux formes : le *hatha yoga* ou voie de l'effort physique, qui insiste sur les *âsana* (poses), et le *râja-yoga* ou *yoga* royal qui est plus méditatif. Ces voies ont leur importance et ont une influence sur certains Occidentaux mais ce qui a encore le plus d'importance est sans doute le cadre de pensée que l'hindouisme fournit à l'Occident. L'étude des religions a été renouvelée par des auteurs qui, tel M. Éliade et G. Dumézil, ont fait des séjours en Inde où ils ont découvert le sens du sacré, ce qu'est l'attitude religieuse de base, la méditation, la spiritualité et, par contre-coup, ils ont mieux compris qui ils étaient eux-mêmes sur tous ces plans. Leurs travaux nous entraînent à notre tour à la découverte d'un Orient qui a beaucoup à nous apporter.

Hindouisme et mentalité occidentale ou : de l'Occident à l'Orient, un col difficile à franchir

Les pages précédentes ont présenté une certaine figure de l'hindouisme en insistant sur les liens entre le *dharma* (la Loi fondamentale), le *varna* (la caste) et les *ashramas* (les états de vie). C'était la définition pragmatique d'un Gandhi pour qui l'hindouisme est le *varnashramadharma*, « la Loi (qui découle) de la caste et de l'état de vie ». Mais l'Occidental n'appartient pas à une caste, il ne se sent pas d'emblée dans un état de vie et ne se sent pas dominé par un Ordre des choses qui s'impose à lui. Est-il donc exclu sur tous les plans de cet ensemble culturel et religieux ? D'autre part la dévotion envers tel ou tel dieu, Vishnou, Shiva ou Krishna aura bien de la peine à s'infiltrer dans sa mentalité occidentale du fait que ces dieux sont trop liés à la culture indienne pour lui dire d'emblée quelque chose !

Pourtant, nous l'avons vu, des Occidentaux ont tiré profit de leurs contacts avec la culture indienne et tout le monde sait que des « pratiques » orientales comme la Méditation, le yoga ou encore la croyance en la réincarnation trouvent bon accueil en Occident. Par là l'hindouisme peut même rénover en Occident le souci de la spiritualité et favoriser une réflexion qui amène à redécouvrir des spiritualités déjà pratiquées en Occident.

Mais cela suffit-il pour que l'Occidental entre vraiment dans l'hindouisme ? Quelle est dans la mentalité occidentale la difficulté la plus grande à surmonter pour entrer dans la mentalité hindoue ?

Il semble bien en effet qu'il existe un « col » (pour prendre une image empruntée au franchissement des montagnes) que l'Occidental aura toujours de la peine à franchir car il délimite et sépare la mentalité hindoue (et bouddhique) et la mentalité occidentale. Ce lieu difficile à franchir, nous l'avons rencontré avec la notion d'*âtman/brahman*. Nous présentons ici autrement les choses mais il s'agit toujours du même problème fondamental de la réalité ultime qui constitue les êtres vivants.

L'Occidental a sa mentalité investie par la notion d'individualité et de personne. Avant même d'être inscrit à l'état civil et avant que la société lui reconnaisse ainsi le droit d'exister et d'agir, on le construit autour de ce pôle : des sa naissance les parents ne se privent pas de mettre sur un piédestal ce petit être qui leur est donné et qui s'affirme. La société lui reconnaît des droits. La philosophie s'empare de cette notion d'individualité pour la prolonger par une réflexion sur l'identité, la permanence du moi et, en connivence avec la religion ou les religions de la Parole de Dieu, sur la *personne* humaine. Le prénom que reçoit l'enfant, suivi du nom du père ou de la mère, crée dans la mentalité de chacun la conviction que tout être est original et qu'il est une « personne ».

Sans doute, en Occident, on n'oublie jamais que « *persona* » qui signifie étymologiquement « masque » ou « rôle » peut désigner le meilleur et le pire d'un individu, c'est-à-dire tout aussi bien ce qu'il affirme légitimement de lui-même, ce qu'il prétend être, que ce qu'il cache ou dissimule.

Mais en tout cas la pensée occidentale, celle du moins qui reste ouverte au transcendant, ne voit aucun inconvénient dans l'ensemble, à transposer sur Dieu même cette notion de personne, confortée en cela, si c'est une pensée religieuse, par la Révétation judéo-chrétienne et musulmane.

Or il n'en est pas de même dans l'hindouisme. Ce qui vient d'être dit de la personne ne peut être dit de l'*âtman* ni du *brahman*. Ni sur le plan de l'Absolu, ni sur le plan des individus nous ne pouvons parler de personne. L'être vivant est un *âtman* incorporé, c'est-à-dire une part de divin liée à un corps et donc à la matière. Lorsque, selon l'hindouisme, un individu se considère pour lui-même, indépendamment de l'*âtman* qui est sa source, lorsqu'il se prend pour quelque chose, ou une personne, ou un individu, il le fait par méprise, ou illusion. Il n'est rien car il est identique au Tout. Pas pour lui de milieu entre le Tout auquel il appartient en son fond et dans lequel il devra se fondre, et le rien auquel il croit appartenir et qu'il désigne comme dans toutes les langues, par un mot : « aham » c'est-à-dire « je ». C'est le petit « moi » qui doit un jour disparaître pour que se réalise la libération.

L'hindou est toujours invité à s'effacer au profit de sa caste. Pour lui c'est l'appartenance qui compte. C'est elle qui est évidente et qui est célébrée et vécue à toutes les étapes de la vie dans des « *samskara* » ou rites perfectifs, des cérémonies qui ont précisément pour but, disent les spécialistes, canaliser toutes les énergies d'un individu en lui fixant un but, celui qui lui est assigné par la société.

Pour l'hindouisme, le divin, l'*âtman/brahman* est ineffable et infini par essence. Il ne peut être dit une personne car toute personne est limitée par définition. L'*âtman* ne peut s'exprimer dans une parole (même la Parole de Dieu) car alors il se limiterait et ne communiquerait pas son mystère.

Tout ce qui se dit ne peut pas transmettre ce mystère du divin. Il suffira donc qu'un Occidental pense au « Je », à la Personne, même avec toute l'amplification que peut lui suggérer une majuscule, il ne désignera jamais par là l'*âtman*, le Soi impersonnel qui, selon l'hindouisme, est au fond de son essence et constitue le mystère dont il est porteur.

L'Occidental est-il capable d'aller au delà de la représentation d'un Dieu personnel et d'admettre, comme l'hindouisme l'y invite, le Mystère du divin impersonnel ? Il ne peut le faire que s'il se persuade que la Personne est une réalité qu'il faut encore dépasser. C'est pourquoi certaines spiritualités inspirées de l'Orient parlent de réalité « transpersonnelle » et en corrélation de psychologie « transpersonnelle ».

Avec ce nouveau langage, l'Occidental est-il mieux capable de comprendre de quoi il s'agit ? Théoriquement peut-être. Pratiquement c'est autre chose. A-t-il même intérêt à quitter sa mentalité pour essayer d'adopter une vision hindouiste des choses ? N'est-ce pas, par là, s'exposer à renier ce qui fait peut-être l'essentiel de sa culture ?

Terminer en situant ce « col » très haut et en insistant sur la difficulté à le franchir, ce n'est pas un constat d'échec. C'est plutôt la confirmation que pour entrer dans la mentalité de « l'autre » il faut quitter la sienne propre.

L'Occidental tourne actuellement la difficulté en utilisant la catégorie du « Transpersonnel ». Mais il suffira toujours que, consciemment ou inconsciemment, ce même Occidental dise « je » pour retrouver le « personnel » et revenir en Occident.

CHAPITRE 2

Présentation du bouddhisme

par Véronique Crombé

« ... Certaines personnes désirent changer de religion. C'est ce phénomène qui est le plus dangereux. Il faut que ces personnes réfléchissent beaucoup et longtemps. Car ce n'est pas naturel de se couper de ses racines. Si on le fait trop rapidement, c'est généralement par amertume et déception de son ancienne religion. Alors, on devient critique contre sa religion d'origine. Cela est très grave, car on détruit l'esprit même de la religion, qui est la tolérance, la sagesse, l'amour... » Ainsi s'exprimait le quinzième Dalaï-Lama, en novembre 1993, dans un entretien accordé aux journalistes d'Actualités Religieuses dans le Monde. Avertissement éclairé, et de bon sens, à un occident fasciné, et qui se cherche ?

Près d'une centaine de centres en France, rattachés à l'Association Zen Internationale ; 70 centres bouddhiques tibétains recensés ; une cinquantaine de lieux de culte ouverts aux croyants originaires d'Asie du Sud-Est ; une célébration annuelle à l'UNESCO à l'occasion de la fête de Vesak[1] ; reconnaissance officielle de monastères et attribution d'un siège d'administrateur au culte bouddhiste au conseil d'administration de la CAMAC[2], fondation, en 1986, d'une Union des Bouddhistes de France... Les chiffres et les faits sont assez parlants : le bouddhisme serait aujourd'hui, avec quelque 500 000 adeptes, dont 150 000 Français de souche[3], la cinquième religion de France. Certes, ces chiffres doivent être examinés avec prudence. On ne peut cependant plus ignorer le bouddhisme, ni le considérer comme un épiphénomène ne relevant que du domaine d'une poignée d'érudits, ou de quelques doux rêveurs mystiques.

Le milieu et l'Homme

Tradition plus de deux fois millénaire, diversifiée selon les pays dans lesquels il s'est développé, d'accès souvent malaisé pour l'occidental, le bouddhisme ne saurait être séparé de son milieu d'origine : l'Inde des VIe-Ve siècles avant notre ère. L'Inde traversait alors une période d'intense recherche spirituelle et intellectuelle. Plusieurs notions fondamentales de la pensée indienne étaient déjà acquises, et ancrées dans les esprits : nature cyclique du temps, enchaînement des êtres dans le cycle incessant des naissances et des morts, le samsâra[4]. Une élite intellectuelle s'efforçait d'apporter des réponses satisfaisantes aux grandes questions touchant la conception du monde, de la vie, de la mort, de l'homme et de sa destinée... Pour certains brahmanes, le sort heureux ou malheureux de l'homme est indéfectiblement lié à l'exécution minutieuse des rites. Les shramana[5] se recrutaient dans toutes les castes et formaient une société marginale, à la fois redoutée et respectée, professant les opinions les plus étranges et les plus diverses, adoptant parfois des comportements peu orthodoxes. Ils accordaient, eux, une importance capitale à la valeur morale de l'acte, cependant que,

1. Célébration du triple anniversaire de la naissance, de l'Éveil et du Nirvâna du Bouddha, courant mai, la date exacte variant chaque année.
2. Caisse Mutuelle d'Assurance Maladie des Cultes.
3. Chiffres donnés pour 1990 par la revue *Sangha*.
4. Littéralement « errance ».
5. Littéralement « ceux qui font des efforts ».

pour certains, le hasard seul présidait à la destinée. Tous avaient en commun une même préoccupation : comprendre le mécanisme de la transmigration des êtres, afin de découvrir une possible voie de libération. Nombreuses étaient alors les écoles qui, posant la coexistence en l'homme, d'une part matérielle transitoire et d'un principe personnel et éternel, voyaient en ce dernier l'élément transmigrant. La délivrance se concevait comme l'union du principe personnel au divin, auquel il est identique.

C'est donc dans ce milieu foisonnant, dont la diversité même explique une certaine hétérogénéité du bouddhisme, et aussi sa richesse, qu'allait se dérouler la prédication du Bouddha.

A l'origine de cette tradition, un homme. Et on ne saurait trop insister sur le caractère profondément humain du bouddhisme à ses origines. Un homme exceptionnel, dont l'historicité, un temps contestée, est maintenant admise. Ses dates exactes ne seront sans doute jamais connues avec certitude. On s'accorde toutefois à situer son existence, et sa prédication, au Ve siècle avant notre ère[1]. En dépit du zèle pieux des narrateurs successifs, qui a largement transformé la biographie du Bouddha en une véritable « légende dorée », il reste possible de retracer les grandes étapes de la vie de celui qui, après 547 existences antérieures, animales, humaines ou autres, passées à pratiquer les vertus et à accumuler les actes méritoires, choisit de se manifester une dernière fois, par compassion pour les créatures souffrantes, sur le sol de l'Inde. Né prince, dans un petit royaume du Teraï népalais, au sein d'une famille prospère, l'enfant, qui aurait très tôt manifesté des capacités hors du commun, reçoit le nom personnel de Siddhârtha, à moins, comme le pensent certains auteurs, qu'il ne s'agisse là d'un titre, son nom personnel nous restant alors inconnu. Son nom patronymique était Gautama. Sa jeunesse fut celle d'un jeune noble de son temps : vie aisée, études, mariage...

C'est vers l'âge de 30 ans, alors que, dit-on, il va être père, qu'il découvre, par quatre rencontres, les souffrances, d'abord, qui affligent les hommes : vieillesse, maladie, mort, puis, une voie vers l'espoir d'une délivrance, par la vision sereine d'un religieux renonçant. Lassé, depuis un moment déjà, de son existence de plaisirs vains, il fait le choix du renoncement, et, après plusieurs années de recherches variées, il opte pour la « Voie Moyenne », qui le mènera à la compréhension des choses telles qu'elles sont : illusoires, impermanentes, et à la découverte d'une méthode susceptible de libérer définitivement l'être des passions, des illusions génératrices de douleur. C'est l'Éveil, et il mérite dès lors pleinement le titre de Bouddha-L'Éveillé, de la racine sanskrite BUDH : s'éveiller. A ce titre, est fréquemment adjoint celui de Shâkyamuni, l'ascète du clan des Shâkya, qu'il reçut logiquement lorsqu'il choisit de renoncer au monde. Résistant à la tentation d'accéder immédiatement à une délivrance personnelle égoïste, le Bouddha choisit d'enseigner : 40 années durant, il voyagera dans la vallée du Gange, expliquant sa doctrine, faisant à l'occasion appel au souvenir de l'une ou l'autre de ses vies antérieures, rassemblant autour de lui moines et fidèles laïcs, acceptant également, à la fin de sa vie, et à l'insistance de son disciple Ananda, l'entrée de nonnes dans la communauté. Ayant atteint un âge avancé, considérant sa mission accomplie, il disparaît à jamais, accédant au Parinirvâna. Ses reliques, sitôt après sa mort, seront fort disputées, puis, partagées entre plusieurs royaumes, pour être enchâssées au cœur des premiers stûpa. En ce monument, caractéristique de l'architecture bouddhique, édifice commémoratif et reliquaire, les bouddhistes du monde entier se reconnaissent, au delà des transformations multiples que le temps devait lui faire subir. Un premier art bouddhique, bientôt, d'abord aniconique, avant d'accepter la

1. A la suite de recherches récentes, la date la plus fréquemment retenue pour le Nirvâna du Bouddha, 483 avant notre ère, est maintenant repoussée par certains auteurs, aux alentours de 400 avant notre ère.

représentation anthropomorphe du Bienheureux, s'emparera des extraordinaires récits de la vie du Bouddha, et de ses vies antérieures.

Les fondements de la doctrine

D'une littérature abondante, postérieure à la disparition du Bouddha, il est délicat d'extraire ce que dut être l'enseignement originel. On a pu, toutefois, déterminer un fond doctrinal commun aux diverses versions des textes les plus anciens, traditionnellement attribués au Bouddha, ou à ses premiers disciples.

C'est au cours du sermon de Sarnâth, délivré devant ceux qui deviendront ses premiers moines, que le Bouddha énonce pour la première fois, de manière précise, les « Quatre Vérités saintes » qui forment la base de son enseignement. Qu'elles soient exprimées en sanskrit ou en pâli, les deux langues principales de la littérature bouddhique indienne, la densité, la richesse de chacun des mots en rend la traduction très difficile.

Les Quatre Vérités saintes

> *Voici, ô moines, la Vérité sainte sur la douleur : la naissance est douleur, la vieillesse est douleur, la maladie est douleur, la mort est douleur, l'union avec ce que l'on n'aime pas est douleur, la séparation d'avec ce qu'on aime est douleur, ne pas obtenir son désir est douleur, en résumé, les cinq sortes d'objets de l'attachement sont douleur*[1].

La première Vérité est une constatation : l'universalité de « dukkha », terme pâli que l'on traduit habituellement par « douleur ». C'est effectivement là le sens premier du mot : souffrance physique et morale qui, toutefois, dans le contexte bouddhique, recouvre également les notions d'imperfection, de changement, d'impermanence.

D'où, précisément, la difficulté d'une traduction qui embrasserait toutes ces notions. Le troisième aspect recouvert par le mot « dukkha », « état conditionné », est le plus important, et aussi le plus complexe à cerner. Il amène à considérer la manière dont le bouddhisme conçoit ce que nous nommons « individu » : comme une combinaison d'énergies physiques et mentales, en perpétuel changement, énergies ou forces que l'on répartit en cinq agrégats : la matière, les sensations, les perceptions, les formations mentales, et la conscience. Arrêtons nous un instant sur le contenu de ces cinq agrégats : la matière recouvre tout ce qui est matériel dans l'univers ; les quatre éléments traditionnels — terre, eau, feu et air, symbolisant respectivement solidité, fluidité, chaleur et mouvement — ; les organes des sens, leurs facultés, et les objets qui leur correspondent, ainsi que les pensées, qui appartiennent au domaine des objets mentaux. Les sensations éprouvées par le contact des organes physiques *et* de l'organe mental avec le monde extérieur, sont en nombre variable selon les écoles. Notons bien que sont comprises les sensations d'ordre mental, le bouddhisme n'opposant pas l'esprit à la matière. Les perceptions sont de six sortes, en relation avec les six facultés intérieures, et les six sortes d'objets extérieurs. Phénomènes cognitifs, alors que les sensations sont du domaine affectif, les perceptions *reconnaissent* les objets physiques ou mentaux. L'agrégat des formations mentales englobe les actes volontaires, les intentions. Cette notion d'acte intentionnel est capitale pour le bouddhisme, car lui seul, bon ou mauvais, entraîne un fruit, une conséquence karmique. C'est ce qui est souvent connu sous le vocable de « karma ». Il convient, toutefois, de distinguer, afin d'éviter une confusion courante, l'acte lui-même, « karma », de sa conséquence, le fruit « phala ». On notera également que la théorie bouddhique du karma est l'expression d'une loi naturelle de causes et

---

1. Traduction donnée par E. Lamotte, *Histoire du bouddhisme indien, des origines à l'ère Shaka*.

d'effets, qui ne doit en rien être assimilée à une quelconque justice divine, qui impliquerait les idées de récompense ou de punition, et donc l'existence d'un Juge divin suprême.

Le bouddhisme définit donc ce qu'il est convenu d'appeler « individu » par la combinaison de ces cinq agrégats, impermanents et en perpétuel changement. Son raisonnement ne lui permet donc pas de découvrir l'existence d'un principe permanent, immuable que l'on pourrait nommer « le soi », ou « l'âme ». La mort est alors conçue comme la désorganisation de ces agrégats, qui ne disparaissent pas avec le corps physique, mais continuent leur existence sous une autre forme. Dans cette optique, le bouddhisme accepte parfaitement l'idée du samsâra, préférant la traduction de « renaissance » à celle de « réincarnation ».

> *Voici, ô moines, la Vérité sainte sur l'origine de la douleur : c'est la soif, qui conduit de, renaissance en renaissance, accompagnée du plaisir et de la convoitise, qui trouve çà et là son plaisir : la soif de plaisir, la soif d'existence, la soif d'impermanence.*

La deuxième Vérité pose à la douleur, une cause : la soif, le désir, l'attachement. Soif de plaisirs des sens, certes, de satisfactions matérielles ou intellectuelles immédiates, mais aussi soif d'existence et de devenir, tout autant que soif de non-existence. Et, dans ce sens, l'ardent désir de délivrance ne fait qu'enchaîner un peu plus encore dans le cycle douloureux. La soif, toutefois, est *une* cause, et non *la* cause première, car, tout étant interdépendant, il ne saurait y avoir de cause première. La soif n'est que la cause la plus immédiate, et la plus évidente. Car, au cours du raisonnement qui devait le mener à l'Éveil, le Bouddha, par une analyse approfondie, remonte à une autre cause : l'ignorance, qui est le premier de douze maillons constituant la chaîne de la « production conditionnée ». L'ignorance conditionne l'apparition des actes volontaires, producteurs de « fruits » qu'ils soient bons ou mauvais. Actes qui, à leur tour, conditionnent la conscience de renaissance, laquelle entraîne l'apparition du complexe des cinq agrégats. Un enchaînement logique s'ensuit : l'existence de six facultés sensorielles entraînant le contact de l'organe avec l'objet, d'où naîtra la sensation, puis, désir, prise de possession (ces termes retenus désignent, entre autres, l'union charnelle) processus de devenir, naissance, et enfin, vieillesse, décrépitude, souffrance, et mort, en vertu du fait que « tout ce qui est venu à la vie est promis à la mort ». Cycle éternel donc, que cette « Roue de la vie », que l'art bouddhique s'est attaché à évoquer, avec un zèle tout particulier dans le monde tibétain.

> *Voici, ô moines, la Vérité sainte sur la suppression de la douleur : l'extinction de cette soif, par l'anéantissement complet du désir, en bannissant le désir, en y renonçant, en s'en délivrant, en ne lui laissant pas de place.*

Le Bouddha offre, avec la troisième Vérité, l'espoir d'une délivrance : c'est l'affirmation du Nirvâna. Ce Nirvâna, tellement étranger à notre mode de pensée, et ô combien galvaudé dans notre vocabulaire. Concept quasi indéfinissable, et pour cause : le langage humain, créé par des hommes, pour exprimer choses et idées de l'ordre de l'expérience humaine, est trop pauvre pour traduire la nature de cette expérience « au delà de l'humain » qu'est le Nirvâna. Le sens fondamental du terme est « extinction ». Extinction, non du « soi », dont on enseigne qu'il est illusoire, mais extinction de *l'illusion* de ce « soi » permanent, et extinction des désirs. Mais attention : le Nirvâna n'est pas un néant : l'anéantissement est celui d'une illusion. Il ne s'agit pas non plus, comme on le pense souvent, d'un état réalisable exclusivement après la mort : toute passion, toute illusion peut être éteinte pendant la vie même. L'être ainsi délivré, l'arhat, l'homme saint par excellence du bouddhisme originel, sera longtemps proposé aux fidèles comme un idéal. Son Nirvâna, toutefois, est incomplet, car, si toute illusion est effacée, reste un corps physique, qui vivra le temps nécessaire à l'épuisement total du fruit des actes. C'est à la disparition de ce corps physique que l'on utilise l'expression pâlie de « parinibhuto » : « entièrement soufflé », d'après l'image évocatrice de la lampe à huile. Sans huile-fruits karmiques, plus de flamme. Si l'on a garde de ne plus ajouter au stock des fruits, l'individu s'éteindra complètement. Il n'y aura alors plus de re-naissance après cette mort.

> *Voici, ô moines, la Vérité sainte sur le chemin qui mène à la suppression de la douleur : c'est le chemin sacré à huit branches qui s'appelle : compréhension juste, pensée juste, parole juste, action juste, moyens d'existence justes, effort juste, attention juste, concentration juste.*

Ayant affirmé la possibilité d'une délivrance, le Bouddha indique la voie qui y conduit, et que l'on nomme couramment : « le Noble Sentier Octuple ». Huit facteurs, liés entre eux, car chacun aide à cultiver les autres, et que l'on regroupe traditionnellement en trois rubriques. La conduite éthique est basée sur la notion fondamentale d'amour et de compassion pour les êtres. Elle comprend : parole, action, et moyens d'existence justes, et implique de s'abstenir de mensonge, de parole ou d'acte malveillant, de bavardages ou d'actes inutiles, s'abstenir également, de gagner sa vie par une activité nuisible à autrui. La discipline mentale recouvre l'effort juste — volonté énergique de se débarrasser des états mentaux mauvais, et de favoriser l'apparition des états mentaux sains — l'attention juste — il s'agit ici de rester parfaitement lucide, afin de garder présentes à l'esprit, sans répit, les véritables réalités de l'existence : impermanence, insubstancialité — et la concentration juste qui tend vers le but, par la discipline, et l'entraînement de l'esprit.

La sagesse, enfin, touche la pensée, ou volonté juste, et la compréhension juste. Ici encore, se présente la difficulté de traduire, dans une langue européenne, le mot sanskrit de « samkâlpa », qui rappelle que tout acte est précédé d'un processus mental, et que, pour le bouddhisme, seul l'acte intentionnel porte des fruits. La compréhension juste consiste à comprendre la véritable nature des choses, telle que l'exposent les Quatre Vérités. On a souvent parlé de « foi » pure. Pourquoi pas ? Mais sans oublier que l'accent est mis sur la compréhension, la vision claire des choses. Ni dogme — on peut croire, certes, mais ce que l'on a reconnu pour vrai *par soi-même* — ni stériles spéculations intellectuelles : le Bouddha, qui se veut un instructeur pratique, n'enseigne que ce qu'il juge nécessaire à la poursuite du but. Le sentier peut être suivi par tous, mais seule la vie monastique était conçue comme vraiment compatible avec la discipline qu'imposait la recherche du Nirvâna, et le religieux sera l'idéal de conduite du bouddhisme ancien. Développement de soi-même par soi-même, « l'homme est son propre refuge » : le Bouddha est un sauveur, dans le sens où il a indiqué un chemin, mais chacun reste libre de l'emprunter ou non. La ligne de conduite est proposée, non imposée, et le cheminement est long et solitaire.

Les Quatre Vérités constituent l'héritage, inestimable, laissé par le Bouddha. Et jamais le bouddhisme, au cours de son histoire, au fil de ses enrichissements et de ses transformations, ne rejettera la moindre part de cet enseignement originel.

Après la disparition du Bouddha

Le Bouddha aurait nommément désigné son successeur : Mahâkâshyapa[1], un religieux âgé, dont la rigueur et l'austérité, connues de tous, constituaient une

1. Le Bouddha aurait d'abord pensé, semble-t-il, à deux autres disciples réputés pour leur sagesse et leur savoir, Sâriputra et Maudgalyâyana, mais tous deux étaient morts avant lui.

garantie de la cohésion de la communauté. Un premier concile se serait tenu à son initiative, afin de mettre en forme l'enseignement. Cet enseignement, qui devait, vers le début de l'ère chrétienne, être fixé par chaque secte selon sa tradition, est organisé essentiellement en deux vastes recueils. Les sûtra : ce sont les sermons attribués au Bouddha. Ils auraient été récités par Ananda, l'un des plus proches disciples, lors du premier concile, et commencent systématiquement par la formule « ainsi ai-je entendu... » Le vinâya : ce sont les règles monastiques qui, elles aussi, auraient été édictées par le Bouddha lui-même. Ces règles, souvent d'une extrême précision, sont classées logiquement, ce qui n'est pas le cas des sûtra, qui regroupent des œuvres assez diverses. Un troisième recueil, l'abhidharma ou doctrine approfondie, fut introduit un peu plus tard. L'ensemble constitue le Tripitaka, ou « Triple Corbeille », littérature canonique du bouddhisme ancien, et nous est connu de manière fragmentaire. La littérature bouddhique, avec le temps, et l'évolution de la doctrine, s'enrichira abondamment, de multiples ouvrages d'historiographie, de récits édifiants, de traités spéculatifs, de commentaires, de manuels d'iconographie...

Le Mahâyâna

En dépit des efforts de Mahâkâshyapa et de ses successeurs, les premières divisions se manifestèrent rapidement après le Nirvâna. Les spéculations sur différents points de doctrine ne pouvaient que conduire a une floraison d'écoles. Les idées émises au sein de l'une d'entre elles, l'école des Mahâsâmghikâ, née d'un schisme un siècle environ après la mort du Bouddha, allaient contribuer à donner au bouddhisme un tour nouveau, vers le début de l'ère chrétienne. Ses adeptes se nommeront eux-mêmes ceux du Mahâyâna, Grand Véhicule (de salut). Par dérision, les fidèles du bouddhisme ancien se verront qualifier d'adeptes du Hînayâna, Petit Véhicule.

Les origines

Plus qu'une réaction ou une réforme, le Mahâyâna est un dépassement. Ses adeptes se disent les détenteurs de la pensée profonde du Bouddha, communiquée par un enseignement ésotérique à un nombre restreint de disciples choisis. La doctrine originelle n'aurait été qu'un enseignement préparatoire, pour des hommes à la compréhension limitée. Les textes sur lesquels se base le Mahâyâna seraient donc d'une grande ancienneté, mais auraient été cachés, pour être révélés au moment opportun. Les développements déjà lancés par certaines sectes se conjuguent au phénomène de dévotion personnelle qui se manifestait au début de l'ère chrétienne dans la société laïque indienne : l'austère vie monastique perd de son prestige, et l'arhat, que les Mahâsâmghika présentaient déjà comme encore faillible, est détrôné par le nouvel idéal du bodhisattva, qui devient l'objet de la dévotion.

L'idéal du bodhisattva

Le bodhisattva, en tant qu'être promis à l'Éveil, était déjà connu de la tradition ancienne : le Bouddha historique, dans la période antérieure à l'Éveil, Maitreya, bouddha des temps futurs, en étaient. Le bouddhisme ancien, admettant la nature cyclique du temps, concevait aisément que chaque cycle cosmique fût gratifié de la prédication d'un bouddha.

Le Mahâyâna posera le bodhisattva comme l'être idéal qui fait le choix d'opter, non pour un Éveil égoïste et rapide qui le mènerait au Nirvâna, mais pour une longue carrière qui, sur des cycles cosmiques entiers, au travers d'une quantité d'existences successives, lui permettra d'exercer sa compassion pour les êtres. Objets de la dévotion des laïcs, le bodhisattva sera également celui de la spéculation intellectuelle des religieux érudits. Il apparaît que le bodhisattva, dans les existences qu'il traverse, est toujours de sexe masculin[1] de haute condition sociale, qu'il garde le souvenir de ses vies antérieures... Déterminé à sa carrière par un vœu, il pratique les extrêmes des vertus, au nombre de dix : le don, la pratique morale, l'abnégation, l'intelligence, l'énergie, la patience, la vérité, la détermination, la bienveillance, l'imperturbabilité. La capacité qu'a le bodhisattva d'effectuer sur d'autres êtres le transfert des mérites produits par ses propres bonnes actions, introduit dans le Mahâyâna une modification importante de la loi ancienne de maturation des actes, laquelle voulait que chacun ne puisse travailler qu'à son propre salut.

Le bouddhisme de l'Asie du Sud-Est, pourtant de tradition ancienne Theravâda, s'est accommodé de cette possibilité, a priori spécifique du Mahâyâna. Pour la masse des dévots, le bodhisattva fait donc figure de sauveur susceptible d'apporter, par des exploits hors du commun, assistance en toute circonstance, et introduit dans le bouddhisme la notion nouvelle d'intervention extérieure. Le groupe des bodhisattvas, assez restreint, à l'origine, s'enrichira, avec le temps, de personnalités fortes, aux fonctions parfois spécialisées. Ainsi, à la figure omniprésente du Grand Compatissant, Avalokiteshvara, qui rencontre partout dans le monde bouddhique une popularité exceptionnelle, s'ajouteront, par exemple, Manjushri, bodhisattva de la connaissance, ou encore Kshitigarbha, le maître des six conditions, dont le culte se développera essentiellement en Extrême-Orient, dans un contexte funéraire.

Les trois corps de bouddha

La tendance à la spéculation s'étend des bodhisattvas aux bouddhas, affirmant peu à peu leur nature supra-mondaine et transcendante. Ces trois corps sont donc :

– Le corps de la Loi : transcendant, éternel, absolu, il constitue l'essence réelle des bouddhas, et exprime l'identité de leur nature avec l'essence de la doctrine.

– Le corps de jouissance : lui aussi éternel et transcendant, forme glorieuse manifestée aux bodhisattvas, le corps de jouissance est considéré comme le fruit des innombrables bonnes actions accomplies par les bouddhas dans leurs vies antérieures.

– Le corps de manifestation : c'est à ce niveau que le Mahâyâna place les bouddhas historiques, simples fantasmes créés sous apparence humaine, instruments de la prédication des bouddhas transcendants.

Les bouddhas se multiplient donc[2]. C'est à ces nouveaux êtres transcendants, exerçant leur activité dans des terres mythiques où les fidèles espèrent renaître, que la dévotion populaire s'adressera. Leurs noms apparaissent vers le début de l'ère chrétienne, et bientôt, des systèmes de correspondance, avec des couleurs, gestes spécifiques, attributs, orients, monture, vertu... se mettront en place. En Extrême-Orient, Amitâbha, bouddha de la Terre Pure de l'ouest, cristallisera toutes les attentions, et, avec son culte, le bouddhisme devient ce que l'on pourrait appeler une véritable religion de salut.

L'embryon de bouddha

Liée d'une certaine manière à l'idée précédente, se développe également la notion d'universalité de la nature de bouddha : tout être possède en lui le germe de la

---

1. Cette règle souffrira des exceptions, et non des moindres : pour preuve, la transformation, appuyée par les textes, du bodhisattva Avalokiteshvara en une entité féminine dans le monde extrême oriental.
2. A ces êtres transcendants, s'en ajoutent d'autres : bouddhas du passé, déjà connus du bouddhisme ancien, ou encore les 35 bouddhas de confession, très populaires au Tibet, et dont le rôle est de recevoir la confession des fautes.

boddhéité. C'est l'affirmation, dans la théorie, d'une croyance selon laquelle tous les êtres sont voués au salut, et qui sera particulièrement mise en valeur dans le bouddhisme Chan (Zen au Japon).

La vacuité

Si les fidèles laïcs se lancent dans la dévotion, les milieux religieux cèdent, eux, à la tentation des spéculations philosophiques.

Des textes connus sous l'appellation de « Perfections de sagesse[1] » approfondissent la notion de vacuité, connue déjà des écoles anciennes, qui présentaient les choses comme vides de « soi ». Le Mahâyâna, lui, va plus loin, et les considère, non seulement comme vides de « soi », mais vides de nature propre. Ce qui aboutit, non à un nihilisme, reproche souvent fait au bouddhisme, mais à un insubstancialisme : les choses, dépourvues de nature propre, existent néanmoins, en tant que purs phénomènes. Peut-être peut-on trouver là un rapport avec la doctrine, hindoue, de l'universelle illusion, qui apparaît vers la même époque. Dans cette optique, on ne peut atteindre la délivrance qu'en se libérant de l'apparence illusoire des choses : là où il y a dualité, multiplicité, il y a illusion, donc vacuité.

A priori, rien de très nouveau. Mais le Mahâyâna pousse la réflexion très loin. Il reconnaît deux niveaux de vérité : la vérité ordinaire, dite « d'enveloppement », qui admet la supériorité des incomposés, du Nirvâna, par exemple, et la vérité au sens ultime, qui identifie les opposés, le pur et l'impur, l'être et le non-être, le composé et l'incomposé, pour ne reconnaître que l'inconcevable vacuité comme unique essence des choses. Le Nirvâna, incomposé, est alors identique au samsâra, composé, et on comprend dès lors le choix, fait par les bodhisattvas, qui ne recherchent pas ce Nirvâna illusoire.

L'une des écoles les plus importantes du Mahâyâna, celle des Mâdhyamîka, fondée par Nâgârjuna, bâtira, autour de cette notion, un enseignement très poussé.

Un « panthéon » bouddhique ?

Si le nombre de vénérés, bouddha, bodhisattva, dieux de l'hindouisme intégrés de diverses façons, entités féminines même, vers le VIe-VIIe siècle, s'accroît, peut-on parler pour autant de « panthéon », de « divinités » du bouddhisme ? Le mot est, certes, commode, et on ne peut s'empêcher de l'utiliser, sans jamais, toutefois, oublier que la personnalité des membres de ce panthéon n'a d'autre fonction que d'exalter l'enseignement, les vertus de charité et de compassion, et c'est en tant que tels qu'ils reçoivent un culte.

L'art bouddhique

De cette évolution, l'art bouddhique a sa part : c'est, semble-t-il, avec la formation du Mahâyâna qu'apparaît, vers le début de l'ère chrétienne, l'image anthropomorphe du Bouddha, conjointement dans les deux écoles septentrionales du Gandhara et de Mathura[2]. Cette innovation s'explique par le besoin logique d'une image, support de dévotion, plus que par une quelconque « divinisation » du Maître.

---

1. Ces textes, appelés en sanskrit Prajnâpâramitâ Sûtra, ont connu de nombreuses versions, et de multiples commentaires.
2. Le Gandhara, province septentrionale du Pakistan actuel, vit le développement d'une école d'art originale, dite « gréco-bouddhique » en raison des influences occidentales qui s'y manifestent. Mathura, située au sud de Delhi, haut lieu de l'hindouisme comme du bouddhisme, a conservé, au cours des siècles, une riche tradition artistique.

Le bouddhisme tantrique

C'est actuellement au Japon (secte Shingon) et dans le monde himalayen que le bouddhisme dit « ésotérique », pour employer un qualificatif très général, est représenté. Issue de courants apparus très tôt au sein du Mahâyâna, dont elle peut être considérée comme une continuation, cette tendance ne s'est véritablement développée qu'à partir du VIIe siècle, au sein des grandes universités de la vallée du Gange.

Question de terminologie

On entend souvent parler, pour évoquer cette forme de bouddhisme, de tantrisme, ou encore de lamaïsme, pour les pays himalayens. Deux termes à manier avec une certaine prudence. Tantrisme : le mot est basé sur celui de « tantra », terme générique désignant des ouvrages relatifs aux rites et aux pratiques ésotériques. Des tantra ayant été rédigés tant pour l'hindouisme que pour le bouddhisme, le qualificatif tantrique est préférable au mot tantrisme qui prête à confusion. Quant au terme de « lamaïsme », il est commode, mais presque choquant pour ses adeptes, car il présente l'inconvénient de se baser sur le titre de « lama », qui ne s'applique qu'à un nombre restreint de religieux de haut rang, et laisse ainsi entendre que tout moine est un lama, ce qui est loin d'être le cas. On parle aussi de « Véhicule du diamant », ou Vajrayâna, cet objet rituel, le foudre-diamant ou vajra, étant alors le symbole de la vacuité, réalité suprême.

Le ritualisme

C'est l'un des traits dominants du bouddhisme ésotérique. En conséquence, se développe une abondante littérature, consacrée essentiellement à la description d'un panthéon pléthorique, des rites qui s'adressent à lui, et que justifie la doctrine, assez diffuse dans ces textes. Ici encore, une évolution naturelle du bouddhisme favorisait ce développement.

La théorie de la vacuité universelle est approfondie jusque dans ses conséquences les plus extrêmes : en montrant le caractère illusoire du monde, le Mahâyâna, involontairement, en rétablit l'importance au sein du domaine de l'illusion, et minimise, dans un certain sens, la gravité de l'attachement. Tout devient identique, ou équivalent à tout, reflétant la réalité ultime, qui est vacuité. Ainsi, vont se rejoindre bien et mal, pur et impur..., et ce que devait rejeter le fidèle du bouddhisme ancien, l'adepte du bouddhisme tantrique l'utilise, symboliquement, comme preuve de son accès au domaine de la réalité suprême. De là, l'idée d'un affranchissement de toute morale, qui reste limité, toutefois, à certains milieux restreints, et dont, on ne saurait trop le souligner, toute licence est exclue. Car, contrairement à ce que laisserait facilement accroire une certaine littérature occidentale, tous les adeptes du bouddhisme tantrique ne sont pas autorisés à laisser s'exprimer librement leurs plus mauvais instincts : certains pratiquants, rigoureusement sélectionnés, et déjà parvenus à un haut niveau, se livrent, certes, à des actes coupables, au regard de la morale. Mais *mentalement*, exclusivement.

Par la méditation, la création mentale, et selon des processus très strictement codifiés. C'est ici, entre autres, qu'intervient le maître, dont le rôle est capital, pour guider le pratiquant, et éviter abus et débordements dans l'exécution des rites qui impliquent un travail poussé d'ordre psychique. Le lien maître-disciple est, dans le bouddhisme tantrique, particulièrement étroit.

Symboles de l'unité fondamentale

Comme les « plongées » psychiques dans l'impur dont il a été question précédemment, le symbolisme sexuel que développe abondamment l'iconographie du bouddhisme himalayen, a souvent été détourné de sa signification, et a contribué à jeter un certain discrédit sur le Bouddhisme tantrique, souvent qualifié de « déviation ».

Avec l'introduction dans son panthéon, d'une quantité de déesses, à la personnalité parfois aussi inconsistante que leur aspect est brillant, le bouddhisme tantrique exalte l'importance de l'élément féminin qui, dans la tradition ancienne, n'inspirait que méfiance. Tous les éléments complémentaires : vacuité et compassion, sagesse et artifice, intellect et affect... doivent s'unir pour réaliser l'unité suprême. Il était très parlant de représenter symboliquement les deux termes de ces « couples » comme masculin et féminin. Leur union est alors figurée par l'union sexuelle, la béatitude du salut, comparée à la jouissance sexuelle. L'art se plaira à représenter, parfois avec un dynamisme certain, mais souvent avec une grande retenue, les couples divins, composés d'une entité masculine et de sa parèdre féminine. Ce symbolisme se manifeste également par l'emploi de paires d'objets rituels indissociables.

Un panthéon enrichi

Un enrichissement un peu anarchique du panthéon s'opère également, paradoxalement accompagné d'une volonté d'organisation et de classification qui aboutira à la rédaction de nombreux traités iconographiques.

Bouddha et bodhisattva sont ceux du Mahâyâna. Plusieurs écoles, cependant, leur superposent un bouddha suprême, auquel on attribue un « corps de diamant » supérieur au « corps de la Loi ». Il est, selon les cas, nommé Mahâvairocana, Vajrasattva, Vajradhara... Les manifestations de ces grands êtres sont multiples : paisibles, en union avec une parèdre féminine, farouches, complexes... Mais d'autres catégories divines prolifèrent : les Grands Rois, protecteurs des orients, eux aussi hérités du Mahâyâna ; Dharmapâla, ou protecteurs de la doctrine, souvent dieux de l'hindouisme ou divinités locales tibétaines assimilées par le bouddhisme ; ou encore les Yi Dam, divinités tutélaires, dont on attend également la protection en diverses circonstances.

On compte également une foule d'entités qui, pour présenter fréquemment un aspect courroucé, n'en sont pas moins favorables aux adeptes qui s'en servent, et s'identifient à elles par des techniques variées.

Le mandala

Ce concept est sans doute celui qui a fait l'objet des interprétations les plus diverses. Le terme lui-même signifie « cercle », au sens le plus large, et par extension « domaine », « territoire », et désigne tout diagramme centré. On a pu souligner la parenté entre leur organisation spatiale et les schémas cosmographiques développés par plusieurs civilisations. Le corps du yogin peut être considéré comme un véritable mandala. La psychanalyse même, s'y est intéressé. Cependant, les textes ésotériques du bouddhisme tantrique désignent par le mot « mandala », le domaine particulier d'une divinité, domaine qui est situé hors du monde phénoménal, et dont l'ordonnancement est purement mental. Le mandala ne peut donc être considéré comme un microcosme. Un texte[1] précise ainsi que le mandala est connaissance, que son érection est édification de pure conscience, que les deux lignes qui réunissent les

1. Le Sarvarahasyanâma Tantrarâja.

angles du diagramme et se croisent en son centre, sont les symboles de la Loi bouddhique, et de la prise de conscience de la vacuité universelle. Toute divinité peut être l'objet d'un ou plusieurs mandala. Elle siège au centre du diagramme, dans les galeries duquel sont réparties les entités de sa suite. Certains mandala peuvent avoir un but pratique précis : il en est pour obtenir la pluie, une protection particulière... Mais le but fondamental reste la prise de conscience de la vacuité universelle, la dissolution de l'illusion du « soi ».

Les pratiques magiques

L'introduction, dans le bouddhisme tantrique, de pratiques magiques diverses résulte de certaines concessions faites aux besoins populaires. Le religieux devient, pour beaucoup, un véritable thaumaturge, dont on attendra satisfactions matérielles, conjurations de mauvais sorts, bénédictions, exorcismes... Sur cet aspect, ont également été portés des jugements hâtifs et sévères.

L'ésotérisme en Extrême-Orient

Une filiation quasi mythique aurait mené le bouddhisme ésotérique de l'Inde a la Chine, puis au Japon, où le moine Kukai fonda la secte Shingon. Cette doctrine, basée sur deux textes fondamentaux, conçoit l'univers comme étant le bouddha suprême Mahâvairocana. L'homme a oublié l'identité fondamentale de sa nature et de celle du bouddha. Mais en opérant en lui une transmutation, il peut retrouver *dès cette vie*, cette identité. Diverses pratiques, répétition de formules, gestes symboliques, les mûdra, exercices de concentration favorisés par l'utilisation comme supports des deux grands mandala par lesquels le Shingon représente ses enseignements, permettent de progresser vers l'Éveil. Le Shingon a complètement gommé le symbolisme sexuel qui prolifère dans l'iconographie du bouddhisme himalayen. On note également que la pratique du Shingon n'a pas pour but unique de conduire à la bodhéité, mais aussi à des satisfactions immédiates bien matérielles.

Résultant des efforts faits, pendant plusieurs siècles, pour répondre aux aspirations légitimes du plus grand nombre, le bouddhisme tantrique réussit cet exploit, sans aucune rupture avec le message originel, d'offrir à chacun le salut en une seule vie terrestre, en fonction de son degré d'évolution spirituelle, et avec les moyens qui lui sont adaptés. Aux simples dévots, les pratiques pieuses, pèlerinages, dons, récitations de formules... Aux religieux érudits, la spéculation, les rituels complexes, les initiations... Aux grands mystiques, l'ascèse la plus rude, les pratiques extravagantes qui leur permettent, non plus de détruire les passions, comme le prescrivait la tradition ancienne, mais de les transmuer, pour utiliser leur puissance comme force d'accès à l'Éveil. C'est notamment la voie de ceux que l'on appelle « les Grands Accomplis ».

La communauté

Du vivant même du Bouddha, la Communauté comportait deux composantes, étroitement liées par un système d'échange mutuel de services définis : les moines, et les laïcs.

Les moines

Les religieux sont appelés « bhikshu », littéralement « mendiants », car, ne pouvant se livrer à une quelconque activité de production, ils sont tenus de vivre des aumônes faites par les laïcs, à qui, en retour, ils ont le devoir d'enseigner la doctrine. L'âge minimum fixé pour l'entrée dans les ordres est de 7 ans, âge qu'avait atteint le jeune Rahula, fils du Bouddha, lorsqu'il intégra la communauté monastique au sein de laquelle il devait devenir un très respectable religieux, et le saint patron des novices. L'entrée se fait par l'acte de départ : l'aspirant se rase le crâne, revêt le costume jaune des renonçants, et prononce, par trois fois, devant un moine qualifié, la triple formule de prise des refuges : « Je vais au refuge du Bouddha, je vais au refuge du Dharma, je vais au refuge du Samgha » par laquelle religieux et laïcs s'engagent sur la voie du bouddhisme. Commençait alors pour le futur moine un noviciat de durée variable selon ses capacités à assimiler l'enseignement, en fonction du jugement du maître chargé de son éducation, selon son âge, car, en effet, il est possible de recevoir la tonsure à tout moment de la vie, et même pour une courte durée. Cette pratique est courante, de nos jours encore, en Asie du Sud-Est, dans les pays de tradition theravâda : les jeunes gens passent une saison des pluies au moins sous l'habit monastique, avant de commencer leur vie d'adultes, et il n'est pas rare de voir un homme d'âge mûr, même marié, passer quelques temps dans un monastère, où il partage totalement la vie des religieux. Dans le cas d'une entrée tardive, à l'âge adulte, le noviciat était de quatre mois minimum.

L'ordination donnait lieu à une cérémonie : devant la communauté assemblée, le novice recevait de son maître le bol et le vêtement, symboles de la vie monastique, puis, demandait, par trois fois, à recevoir l'ordination. Il était alors soumis à une série de questions, destinées à s'assurer que rien ne s'opposait à son entrée définitive dans les ordres : il convenait de ne pas être atteint de certaines maladies, de ne pas s'être rendu coupable de l'un des cinq crimes majeurs (matricide, parricide, meurtre d'un arhat, blessure d'un bouddha, tentative de schisme) de ne pas être un génie ou un esprit ayant pris forme humaine, ou encore, de ne pas chercher à échapper à des dettes ou à de lourdes responsabilités. La demande d'ordination était alors réitérée, par le maître, cette fois, et la communauté marquait son approbation par le silence. La date et l'heure exactes de la cérémonie étaient alors scrupuleusement enregistrées, car c'est l'ancienneté qui constitue la base de la hiérarchie. L'histoire d'Upâli, homme de basse caste, ancien barbier des princes Shâkya, admis dans les ordres avant les jeunes nobles qu'il avait servis, par le Bouddha lui-même, soucieux d'abaisser l'orgueil de ses parents, est assez parlante à ce sujet[1].

Le nouveau religieux se voit alors adjoindre, et ce pour dix années encore, deux maîtres : l'un chargé de lui enseigner la discipline, et de surveiller sa conduite, l'autre, un précepteur, chargé d'approfondir sa connaissance de la doctrine. S'établissaient, entre maîtres et élèves, des relations proches de celles qui unissaient les étudiants brahmaniques à leur guru.

La vie suit alors un déroulement immuable : lever tôt, toilette, léger repas froid, occupations diverses en fonction de la position dans la hiérarchie : nettoyage du monastère, étude ou enseignement, jusqu'en milieu de matinée, moment choisi pour la mendicité dans les rues du village ou du bourg voisin. La nourriture recueillie, qui sera partagée éventuellement avec les religieux hors d'état de se déplacer, doit être consommée avant midi, et il était, à l'origine, interdit aux moines de faire des réserves. Ce point de discipline se transformera avec la création de communautés, non plus itinérantes, mais installées à demeure dans un monastère auquel les laïcs viendront faire des dons de plus en plus importants. Par la force des choses, alors, seront établies des réserves, avec la nécessité d'employer un intendant laïc pour s'occuper de la gestion de ces biens matériels. Avec le temps, et l'évolution du bouddhisme dans certains pays, ces biens ne seront plus limités, et de loin, aux

---

1. Notons toutefois que le Bouddha ne rejette pas les castes en tant que telles, comme une sorte de champion de l'égalité sociale, mais qu'il les rejette parce qu'illusoires et impermanentes, comme toute chose.

denrées alimentaires, et contribueront, par leur accumulation, à faire des monastères de grandes puissances économiques, voire politiques, ce qui n'ira pas sans leur poser de sérieux problèmes : proscription de 845 en Chine, destruction d'ensembles monastiques entiers au Japon[1]...

La journée du moine se poursuit, en méditation, prédication, étude... Cette vie, rude à maints égards, était toutefois exempte des ascèses excessives prônées par le brahmanisme. L'année s'écoule pour la communauté, au rythme des saisons, et des fêtes : la confession commune, accompagnée d'une lecture des textes, à la fin de chaque demi-mois lunaire ; les ordinations, les fêtes marquant la fin de la saison des pluies et de la retraite imposée aux moines durant cette période (confession, et don des vêtements par les laïcs), triple anniversaire de la naissance, de l'Éveil et du Nirvâna du Bouddha...

Les possessions personnelles des religieux étaient réduites : le vêtement tripartite, et l'aiguille nécessaire à son entretien, bol à aumônes, un rasoir, une ceinture, un filtre à eau, un vêtement de pluie, un chasse-mouches...

Du vivant du Bouddha, et quelques temps encore après sa mort, les religieux menaient une vie errante, et les monastères — la plupart étaient alors des regroupements de huttes installées dans des jardins offerts par de pieux laïcs — étaient peu nombreux et fort éloignés les uns des autres. Cette situation devait se modifier progressivement dès avant le début de l'ère chrétienne, avec l'accroissement de la communauté. Apparurent alors des monastères comportant cellules autour d'une cour quadrangulaire, lieux de culte, bibliothèques, salles d'eau, réserves, réfectoire... Sur ce schéma de base, des transformations multiples s'opéreront, en fonction des conditions climatiques, de l'importance de la communauté, de ses besoins spécifiques...

Les nonnes

Le plus proche disciple du Bouddha, Ananda, se fit l'avocat de Mahâprajâpatî Gautamî, la tante qui avait élevé le Bienheureux après le décès précoce de sa mère, et obtint que les femmes fussent autorisées à se grouper en communautés de nonnes. Il était alors entendu que les femmes n'avaient pas accès au Nirvâna (les textes se contredisent sur ce point, car il apparaît que plusieurs religieuses éminentes ont accédé à la dignité d'arhat) étaient soumises à de nombreuses règles de discipline supplémentaires, ne pouvaient s'installer que sous la tutelle d'un monastère masculin, devaient aux moines l'obéissance la plus absolue, et le plus grand respect... Certains textes, écrits sans doute sous l'impulsion de religieux réfractaires à l'accès des femmes à la vie monastique, n'hésitent pas à placer dans la bouche du Bouddha, des paroles par lesquelles il aurait regretté sa décision, précisant qu'en raison de la présence des nonnes, la durée de vie de la doctrine se trouverait considérablement réduite. Jugement dur, sans doute, et injuste, mais qui permit aux moines, au moment opportun, de justifier les difficultés diverses rencontrées par le bouddhisme. Quoiqu'il en soit, la communauté des nonnes ne semble pas avoir joué un rôle déterminant dans l'histoire du bouddhisme indien. En revanche, dans d'autres pays — la Chine autrefois, où il permit de régler, par le biais de la vie monastique, le problème de cet épouvantail que constitue pour la société chinoise traditionnelle, la femme seule[2], plusieurs pays du sud est asiatique aujourd'hui encore — le bouddhisme devait jouer, pour les femmes (mais pas exclusivement pour elles) un rôle social non négligeable. Nombreuses sont également celles qui, veuves, terminent

---

1. Voir J. Gernet, *Les aspects économiques du bouddhisme dans la société chinoise du Ve au Xe siècle*, BEFEO, vol. XXXIX, 1956.
2. Voir D. Elisseeff, *La femme au temps des empereurs de Chine*, Stock, Laurence Pernoud.

leur vie de façon simple et édifiante, dans le voisinage d'un monastère, se disant nonnes, sans toutefois que rien ne soit officiel.

Les laïcs

Les fidèles laïcs, eux, étaient, sont toujours, des dévots et des dévotes qui, après avoir prononcé la triple formule de prise des refuges, s'engagent à vivre conformément aux cinq préceptes moraux : abstention de meurtre, de vol, de mensonge, de pratiques sexuelles illicites, et attitude mesurée concernant l'usage de boissons enivrantes. Ils ne renoncent pas au monde et à ses satisfactions matérielles, mais comptent, par la pratique d'actes méritoires, obtenir de renaître dans des conditions supérieures. Il n'y a donc pas lieu de s'étonner en entendant un pieux laïc n'avoir d'autre aspiration que celle d'une meilleure renaissance.

Ce schéma de fonctionnement de la communauté est plus de deux fois millénaire. Il reste d'actualité dans le monde bouddhique, tout en ayant connu, au fil des siècles, de multiples accommodements. On notera enfin un dernier point : il est fréquent de lire, ou d'entendre : « le Dalaï Lama, chef religieux des bouddhistes ». Ceci n'est pas exact. Le Dalaï Lama, dont le titre existe depuis le XVIe siècle, quels que soient son charisme et le respect légitime dont il est l'objet de par le monde, n'est le chef spirituel que de l'une des branches du bouddhisme tibétain. A l'échelle mondiale, il n'existe pas d'organisation unique et structurée du bouddhisme comparable à celle de l'église catholique, par exemple.

La diffusion du bouddhisme

> *Ô moines, je suis libéré de tous les liens humains et divins, et vous aussi, vous en êtes libérés. Mettez-vous en route, et allez, pour le bien de beaucoup, pour le bonheur de beaucoup, par compassion pour le monde, pour l'avantage, pour le bien, pour le bonheur des dieux et des hommes. Ne suivez pas à deux le même chemin. Prêchez la Loi, qui est bienfaisante en son début, bienfaisante en son milieu, bienfaisante en sa fin. Prêchez la dans son esprit, et dans sa lettre, exposez, dans la plénitude de sa pureté, la pratique de la vie religieuse. Il y a des êtres qui, de nature, ne sont pas aveuglés par la passion : ceux là se convertiront à la Loi.*

En ces termes, le Bouddha, d'après le Vinâya[1], marque l'élan missionnaire de son enseignement. Autre illustration de cet élan, le dialogue, célèbre, entre le Maître, et Pûrna, un disciple désireux de transmettre la doctrine au peuple violent et cruel des Sronâparânta. L'échange se conclut sur cette phrase : « Va, Pûrna, délivré, délivre ! Arrivé à l'autre rive, fais y arriver les autres ! Consolé, console ! Parvenu au complet Nirvâna, conduis-y les autres. »

C'est ainsi que, du vivant même du Bouddha, s'annonce la vocation du bouddhisme d'être, à travers toute l'Asie, un véritable trait d'union.

Expansion géographique

Du Sri Lanka où elle était arrivée au IIIe siècle avant notre ère, portée par le propre fils du pieux empereur Ashoka, la doctrine, sous sa forme ancienne du Theravâda, devait se propager vers les pays du sud-est asiatique, voire plus loin, atteindre également l'empire chinois par la voie maritime. A l'opposé, la route du nord-ouest, à travers les passes montagneuses du Pakistan et de l'Afghanistan, allait

1. Cité par E. Lamotte in *Histoire du bouddhisme indien, des origines à l'ère Shaka.*

mener Grand et Petit Véhicules à la conquête, pacifique, de l'Asie centrale, et de l'Extrême-Orient. Cependant que des liens se tissaient entre les premières communautés des vallées himalayennes, et les grandes universités des régions gangétiques, aboutissant à la diffusion en Haute Asie, du bouddhisme de tendance ésotérique.

Il serait fastidieux, et hors de propos ici, de narrer par le menu les péripéties de l'implantation du bouddhisme dans chacun des pays concernés. On ne saurait, toutefois, passer sous silence, pour plusieurs raisons, certains développements originaux que la doctrine y a connu. On y trouve, d'une part, l'éclatante démonstration de cette extraordinaire faculté d'adaptation du bouddhisme : ainsi, dans plusieurs pays d'Asie du Sud-Est[1] le Theravâda s'est accommodé du culte de génies locaux, comme les nat de Birmanie, ainsi que de certaines idées du Mahâyâna, comme la notion de transfert de mérites. D'autre part, l'Extrême-Orient a donné naissance à certaines des formes qui fascinent l'occident, le Zen, en particulier.

L'implantation en Chine et au Japon

Le bouddhisme avait atteint la Chine dès le début de l'ère chrétienne, et devait y suivre une route sinueuse, et originale. Aucun des grands principes du bouddhisme ne répondait aux tendances de la pensée chinoise : la doctrine de l'anâtman, non reconnaissance d'un « soi », heurtait les idées relatives à la survie des âmes, et au culte des ancêtres, par exemple.

Dans les premiers temps, les missionnaires bouddhistes se gardèrent bien de choquer, limitant leur prédication à l'enseignement moral, aux doctrines des terres pures des Bouddha transcendants, aux techniques de méditation, laissant de côté les inquiétantes notions d'impermanence et d'anâtman...

Autre difficulté d'importance : la traduction. Les premières manquaient de rigueur, et les emprunts au vocabulaire du taoïsme pour tenter d'exprimer les concepts inconnus de la pensée chinoise, devait mener à une confusion que chacun entretint un temps, y trouvant sans doute avantage. Au IVe siècle, de nouvelles traductions plus rigoureuses mettent fin à l'équivoque, et les controverses, parfois violentes, commencent. Le bouddhisme, néanmoins, avait encore de belles années devant lui, apportant, entre autres, une contribution originale à la sculpture chinoise, ainsi qu'à la peinture, bénéficiant à plusieurs reprises du soutien impérial, avant de connaître, en 845, une proscription qui, bien que d'ordre plus économique que véritablement religieux, devait amorcer son déclin et son amalgame à la religion populaire. En raison de sa souplesse, et aussi par le génie chinois qui se satisfait mal des copies serviles, le bouddhisme, en Chine, est devenu proprement chinois.

C'est ce bouddhisme chinois qui devait atteindre le Japon, à une date oscillant, selon les Histoires officielles du Japon, autour de 530 de l'ère chrétienne. La doctrine, introduite par l'intermédiaire du royaume coréen de Paekche, n'allait pas tarder à subir le processus d'assimilation par lequel tout apport extérieur est, à plus ou moins long terme, japonisé en profondeur. A la cour, les luttes d'influence furent alors sévères entre partisans et adversaires de la nouvelle religion, jusqu'à la victoire, en 587, du puissant clan Soga, tout acquis au bouddhisme, et qui bénéficiait du soutien du prince Shôtoku. Ce dernier, devenu prince régent, devait encourager de toutes ses forces la propagation de la doctrine, et la tradition lui attribue, sans doute abusivement, une importante œuvre de commentateur de textes sacrés. Des l'origine, le bouddhisme japonais, étroitement lié au pouvoir, était considéré comme un appareil magique, destiné à assurer la bonne marche de l'état et la prospérité du pays. Ce caractère, qui ne doit pas pour autant éclipser la valeur spirituelle exceptionnelle de nombreux religieux ni la foi sincère de milliers de dévots, ne peut

1. Le Vietnam, sinisé, a davantage retenu des traditions mahâyâniques.

être négligé et restera valable longtemps dans l'histoire du Japon. Dès le VIIIe siècle, s'opère, entre les Bouddha et les divinités indigènes, un rapprochement qui aboutira, au siècle suivant, sous l'impulsion du bouddhisme ésotérique Shingon, à une véritable assimilation des kami[1] à des « manifestations circonstancielles » des Bouddha. La plupart des grandes tendances du bouddhisme japonais sont issues d'une école très éclectique, l'école Tendai, adaptée d'un enseignement chinois au début du IXe siècle. En effet, à, côté d'une discipline monastique stricte, de l'idée d'un salut accessible *graduellement* par l'étude des textes, la pratique religieuse et la contemplation, le bouddhisme Tendai accordait, dans son panthéon, une place importante au Bouddha Amida, autour duquel devait se cristalliser le Culte de la Terre Pure, et admettait, comme pratique additionnelle l'invocation de son nom. La pratique de la concentration y jouait également un rôle important, qui préfigurait la place capitale de la méditation dans le Zen. Enfin, la place de choix accordée, parmi les textes étudiés, au Sûtra du Lotus, le caractère national de l'enseignement donné, annoncent le bouddhisme de Nichiren.

Le culte de la terre pure et l'amidisme

D'après une théorie assez répandue, le temps, après la disparition du Maître, devait se dérouler en trois phases : la période de « la Loi correcte », d'abord, voyait coexister la doctrine, la pratique et la possibilité d'un Éveil. Au cours de cette phase, quiconque se lançait sur la voie de l'Éveil, accédait au but. La période de « la Loi contrefaite », marquait une première régression par la disparition de l'Éveil. Au cours de la troisième période, enfin, la « décadence de la Loi » est complète, la pratique et l'Éveil disparaissent. Dès le VIe siècle, le monde bouddhique commence à envisager, avec une inquiétude croissante, le début de cette troisième et terrifiante période, que l'on situait vers le milieu du XIe siècle. La voie classique menant à l'Éveil se trouvant coupée, une solution restait envisageable : une foi absolue en le pouvoir salvateur de l'un ou l'autre des grands bouddhas ayant fait ce vœu magnifique d'amener au salut tous ceux qui en manifesteraient le souhait sincère. C'est autour d'Amitâbha, Amida dans les textes japonais, que les systèmes de correspondance mettent en relation avec l'ouest, que cette tendance se développe. Le vœu d'Amitâbha était clair : tout être invoquant son intervention renaîtrait en une terre pure, sur laquelle il régnerait après son accession à l'état de Bouddha, et dans laquelle aucun obstacle n'existerait plus à l'Éveil. Précisant bien que lui-même renoncerait à la bodhéité si ce vœu n'était pas réalisé. C'est dans ce contexte que le bouddhisme devient une véritable religion de salut. Deux autres vénérés importants sont associés au personnage d'Amida : Guan Yin (Kannon des japonais) version extrême orientale du grand bodhisattva compatissant Avalokiteshvara, et Di zang (Jizo au Japon) le maître des six conditions, espoir des défunts dans les enfers. Au Japon, l'angoisse précédant le début de la « Décadence de la Loi » fut particulièrement forte, et les fidèles multiplièrent les manifestations de piété, pèlerinages, invocations répétées du nom du sauveur (l'une des bases de la pratique dans cette branche du bouddhisme), et les artistes rivaliseront d'imagination pour donner de la Terre Pure une vision idyllique, ou encore pour figurer la descente d'Amida venant, en personne, à la tête d'une suite nombreuse, à la rencontre de son dévot défunt, afin de le conduire vers son paradis Ce bouddhisme, qui devait rapidement se subdiviser en plusieurs branches, reste très populaire en Extrême-Orient.

---

1. Les kami sont les entités divines du Shinto, la religion nationale japonaise. Notons que cette expression Shinto — la Voie des Dieux, n'avait lieu d'être que lorsque les croyances indigènes se sont trouvées en concurrence avec une nouvelle doctrine importée : la Voie des Bouddha.

Le Zen

Comme d'autres écoles, le Zen soutient que tout être a en lui la nature de bouddha. Mais, à la différence de l'Amidisme, qui prône un abandon complet au sauveur, le Zen insiste sur le travail personnel, comme unique moyen de réaliser la bodhéité. Le vocable Zen, issu du chinois Chan, est souvent donné pour une simple traduction du sanskrit Dhyana-méditation. Rien, toutefois, ne permet de donner au Zen une origine indienne directe, et il semble bien plutôt une forme très spécifiquement extrême orientale du bouddhisme, née d'une intime fusion de l'intellect et de la méditation indienne, et du mysticisme taoïste, et de la conception chinoise de l'homme partie intégrante de la nature. Au Japon, où le terrain intellectuel était pourtant favorable, il fallut au Chan, attendre le XIIIe siècle pour connaître une réelle existence en tant qu'école distincte. Deux traditions principales coexistèrent rapidement, toutes deux importées, puis adaptées. L'école Rinzai conçoit l'Éveil comme une réalisation instantanée, et le but est poursuivi par des moyens parfois surprenants : les koan, questions abruptes, destinées à plonger l'esprit du pratiquant dans un état favorable à la venue de l'Éveil ; coups, cris soudains dans le silence de la méditation, susceptibles de provoquer le choc libérateur... Bien qu'affirmant représenter une « transmission spéciale en dehors des Écritures », l'école Rinzai n'en néglige pas pour autant l'écrit, et ses monastères joueront un rôle considérable dans la propagation au Japon, des lettres chinoises, et de l'art venu du continent.

Établie d'abord à Kamakura, l'école bénéficia rapidement de la protection du pouvoir militaire des shogun, et l'alliance avec la classe guerrière, séduite par le caractère pratique et positif du Zen, ainsi que par sa discipline rigoureuse, devait lui assurer un succès durable.

Peu après, toujours en provenance de Chine, parvint au Japon une autre tradition : l'école Sôto, de l'Éveil silencieux. L'accent y est mis sur la méditation en position assise : c'est le zazen connu des occidentaux. Son fondateur prônait une approche plus graduelle de l'Éveil, et rendit une certaine importance aux occupations de la vie quotidienne, au travers desquelles la méditation pouvait parfaitement être pratiquée. Opposé aux rituels et aux conventions, il n'accepta jamais de compromis, et fut suivi en cela par ses successeurs. Le Zen apporta à l'esthétique japonaise une contribution inestimable : influence d'une architecture venue du continent, développement de nouvelles écoles de peinture, avec notamment l'introduction de la technique chinoise du lavis d'encre monochrome, nouveaux style de calligraphie, esthétique du thé...

La doctrine de Nichiren

Dernière transformation significative du bouddhisme au Japon, la doctrine de Nichiren, toujours très vivace de nos jours, reste fortement marquée par la personnalité de son fondateur. Issu d'un milieu modeste, ordonné à l'âge de 15 ans, le jeune Nichiren traversa une violente crise spirituelle qui l'amena à étudier, pendant près de dix ans, les diverses variantes du bouddhisme japonais, persuadé qu'il était, que les maux dont souffrait alors son pays étaient la conséquence d'une décadence des sectes. C'est en 1253 qu'il proclame sa nouvelle doctrine, basée de manière exclusive sur le « Sûtra du Lotus de la Bonne Loi ». Influencé malgré lui par certaines idées qu'il combattait et qualifiait de superstitions, Nichiren fit du titre japonais de cet ouvrage, Myôhôrenge Kyô, une véritable formule magique dont il prônait la répétition régulière. C'était là le premier des Trois Mystères, bases de son enseignement, les deux autres étant le mandala du Lotus, centré sur une calligraphie de ce même titre, et le foyer du rayonnement universel de la doctrine du Lotus.

Nichiren s'était déclaré, dans un vœu, « gardien du Japon », *son* pays, qu'il voyait comme une plate-forme d'expansion universelle du bouddhisme. Son école se démarque donc par un nationalisme fort, et par un rejet net de toute autre croyance, considérée comme hérétique ou infidèle. Comportement qui suscite, de la part des autres branches du bouddhisme qui font de la tolérance une de leurs valeurs majeures, une certaine méfiance. Le zèle prosélyte dont font preuve de nombreux adeptes[1] peut s'expliquer en partie par la certitude qui est la leur, qu'il y a, dans les temps de décadence que nous traversons, urgence absolue à prêcher et répandre les valeurs enseignées dans le Sûtra du Lotus. Dès la disparition de Nichiren, des divergences se font jour sur l'interprétation à donner de sa doctrine, et l'école éclate en branches multiples. Le renouveau nichirenite est l'un des phénomènes religieux remarquables du Japon contemporain.

Actualité du bouddhisme

Bouddhisme « savant » et bouddhisme « populaire »

Dans le monde actuel, comme autrefois dans l'Inde de ses débuts, le bouddhisme peut être lu et vécu à différents niveaux, et il existe un fossé entre un bouddhisme que l'on pourrait qualifier de « savant », connu d'un petit nombre de religieux érudits et de chercheurs, qui ont accès aux textes et sont à même de les comprendre, et le bouddhisme tel qu'il est vécu quotidiennement par la plupart des fidèles, de nombreux moines compris. Qu'ils vivent et pratiquent librement dans leur pays d'origine, ou qu'ils trouvent dans un bouddhisme exilé un refuge, la grande majorité des bouddhistes ignorent, sinon l'existence, en tous cas le sens, de la plupart des concepts philosophiques qui sous-tendent le bouddhisme. Ainsi, la confusion est fréquente dans les esprits, entre l'acte lui-même, et son fruit, sa conséquence, dans une lecture courante de la notion de maturation des actes. Ce qui a permis, et permet encore d'envisager l'utilisation du bouddhisme dans une perspective politique : en effet, la position élevée d'un dirigeant ne peut qu'être le fruit de mérites accumulés au cours des existences antérieures. Au niveau social, richesse et position sociale font, de même, figure de conséquences d'un « bon karma ». Et, réciproquement, tout notable considérera comme un devoir — et un moyen de gagner de nouveaux mérites — de participer, par des dons généreux, à la vie des communautés monastiques, et au déroulement des cérémonies. Ceci reste en partie vrai au sein des communautés reconstituées en France[2].

Ainsi, le samsâra est-il envisagé comme une véritable réincarnation, la réincarnation d'une âme, difficilement compatible, pourtant, avec l'idée du « non-soi ». Le Nirvâna est alors conçu comme un véritable paradis, juste récompense des vertueux. Ainsi, la notion de péché est elle bien ancrée dans les esprits, bien que délicate à envisager dans une perspective bouddhique, puisque ce n'est pas de la récompense ou du châtiment d'un Juge suprême que dépendent bonne et mauvaise destinés.

En fait, au niveau populaire, le bouddhisme est souvent vécu comme un appareil magico-religieux garantissant protection, réussite matérielle... Ce qui favorise un florissant commerce de reliques, de formules dites magiques, la pratique de la divination par des religieux, l'espoir de pouvoir intervenir, de ce monde vers

1. Qui présentent fréquemment la doctrine de Nichiren comme la seule héritière véritable de l'enseignement originel du Bouddha historique.
2. Voir, par exemple, pour la communauté lao : C. Choron-Baix, *Espace social et exil. Les réseaux de sociabilité des lao en France* in *Habitat et habitation d'Asie du Sud-Est continentale : pratiques et représentations de l'espace*, Paris, L'Harmattan, 1992.

l'autre, pour améliorer le sort des défunts... Et ce, dans l'ensemble du monde bouddhique, les pays de tradition theravâda n'étant pas de reste. Il ne nous appartient pas de juger cet aspect du bouddhisme. Certains le rejettent, ou du moins, comme un pieux laïc dont j'eus récemment l'occasion d'entendre les regrets, souhaitent que soit rétablie, dans les pagodes, une certaine hiérarchie des valeurs : laisser la place à la méditation, à la spiritualité, au Bouddha, et placer ailleurs le panthéon syncrétique mêlant culte des ancêtres, taoïsme, religion populaire, pratiques divinatoires, et superstitions diverses.

Les exemples ne manquent pas, dans l'histoire du bouddhisme, d'expériences de retour à une plus grande pureté de la pratique. La tolérance, qualité fondamentale du bouddhisme, son extraordinaire faculté d'adaptation, ont créé, précisément, cet enchevêtrement de croyances, s'exprimant par des rites diversifiés. Les prières[1], processions, interventions de religieux lors de mariages, cérémonies funéraires, le culte des reliques n'ont rien de commun avec l'enseignement délivré par le Bouddha. Mais l'on peut considérer que ces pratiques sont utiles, voire nécessaire à la progression de certains, en fonction de leur niveau, et sont, à ce titre, tout aussi respectables.

Renouveau contemporain du bouddhisme indien

Le bouddhisme avait quasiment disparu de l'Inde vers le XIIIe siècle, du fait d'un déclin interne, conjugué au coup fatal des invasions musulmanes. C'est à la fin du XIXe siècle qu'il devait y connaître un renouveau auquel Ceylan n'était pas étranger. En 1892, en effet, c'est un religieux cinghalais, Anagarika Dharmapala (1864-1933) qui crée la société MahaBodhi, pour réaliser l'union des bouddhistes du monde, et rendre à Bodh Gaya, tombé en ruine, son statut de lieu saint. L'artisan, en Inde, de la réintroduction du bouddhisme sous forme d'un mouvement de masse, fut une personnalité intéressante et charismatique, pourtant éclipsée auprès des occidentaux, par celle de Gandhi. Bhimrao Ramji Ambedkar (1891-1956), né dans une caste d'intouchables du Maharashtra, put, grâce à un heureux concours de circonstances, poursuivre des études supérieures aux États-Unis, puis en Angleterre. De retour en Inde, il fit figure, à partir des années 30 — époque à laquelle il aurait déjà manifesté un intérêt intellectuel pour le bouddhisme — de porte-parole de beaucoup d'intouchables. Plus catégorique que Gandhi, Ambedkar voulait détruire le système des castes, cause, selon lui, de tous les maux, et non se contenter d'améliorer au sein même de ce système, le statut des intouchables. En ce sens, il s'inscrivait bien dans l'esprit du bouddhisme moderne des pays d'Asie méridionale, très lié aux questions sociales et politiques. Ministre de la justice dans le premier gouvernement indépendant, et l'un des pères de la Constitution, Ambedkar, qui avait annoncé dès 1935 son intention de se convertir, opte officiellement pour le bouddhisme en 1950, et appelle les intouchables à la suivre. Le nouveau bouddhisme indien devient alors une grande force de la vie socio-politique. Malheureusement, Ambedkar meurt en décembre 1956 sans laisser derrière lui de chef charismatique, et ses fidèles, du fait du manque de religieux confirmés, de structures d'enseignement, de la nécessité d'établir rapidement de nouvelles conventions, se trouvent confrontés à d'importantes difficultés. Convertis, ils perdent également, de ce fait, les droits accordés dans l'Inde nouvellement indépendante, aux castes annexes. Ce qui ne devait pas les empêcher de faire d'Ambedkar le quatrième refuge de leur bouddhisme... Quoiqu'il en soit, l'Inde reste à jamais la patrie du bouddhisme. L'art que le bouddhisme y a inspiré fait, pour les indiens de toutes confessions, partie

1. L'utilisation du vocable « prière », commode, est, en fait, une projection, car on ne « prie » pas véritablement le Bouddha : on lui « rend hommage », et on l'évoque à la troisième personne.

intégrante de leur patrimoine culturel. Les lieux saints accueillent chaque année, par milliers, des pèlerins du monde entier. Et l'hospitalité indienne permet au bouddhisme tibétain de survivre en exil, autour de la figure sereine du XIVe Dalaï-Lama qui s'est fixé à Dharamsala.

La place nous est ici comptée, et il serait laborieux d'étudier, de manière détaillée, la situation du bouddhisme pays par pays. Que l'on sache seulement que l'ensemble de l'Asie touchée historiquement par la doctrine y est toujours attachée, à des degrés divers de pratique, d'accommodements avec des modes de pensée locaux, voire de nouveaux cultes arrivés postérieurement, et également avec les conditions politiques, et les exigences du monde moderne. Cette adaptation contemporaine d'une pensée plus de deux fois millénaire est l'un des phénomènes religieux les plus intéressants de notre temps. Car le bouddhisme, après avoir été le trait d'union de l'Asie, serait-il en passe de jouer un jour ce rôle à l'échelle de la planète ?

En France

La place du bouddhisme dans notre pays a été brièvement évoquée, par les chiffres, en introduction à ce chapitre. L'Union des Bouddhistes de France donne 600 000 pratiquants, dont 150 000 Français de souche. Chiffres impressionnants, mais qu'il convient de nuancer. Le ministère de l'Intérieur évalue la présence bouddhiste à 350 000 personnes environ. Il est, en fait, très difficile d'obtenir des chiffres fiables, pour plusieurs raisons : il n'existe pas de « baptême » bouddhique, et pas de prise en compte officielle, écrite, de l'adhésion, qui faciliterait les statistiques ; pas de structure organisée, non plus, qui permettrait de trouver un interlocuteur unique, et représentatif de l'ensemble des bouddhistes. Enfin, la confusion dans les esprits occidentaux, fait que, fréquemment, quiconque pratique le yoga, la méditation zen, fait un cours séjour d'information dans un centre tibétain, est aussitôt considéré comme bouddhiste. Plusieurs sources, bouddhistes ou non, s'accordent à reconnaître que les vrais convertis seraient, en fait, moins de 10 000.

En France, le bouddhisme présente deux facettes : il est à la fois un mode de pensée, une philosophie qui séduit un nombre croissant d'autochtones, désemparés par la crise spirituelle, idéologique, sociale, que traverse le monde moderne, et une religion importée pour répondre aux besoins de réfugiés, non moins désemparés, mais souvent pour d'autres raisons. Une prééminence marquée des centres tibétains et japonais sur les « pagodes[1] » pour la plupart d'obédience theravâda, établies par et pour les réfugiés originaires d'Asie du Sud-Est apparaît. L'implantation de « monastères tibétains », ainsi que des centres japonais, remonte au début des années 70. Les premiers, parmi lesquels on note une nette prédominance de l'école Kagyupa, semblent attirer une « clientèle » essentiellement française. Les réfugiés tibétains ne les fréquentent, semble-t-il, que très occasionnellement. Ce qui n'exclut nullement l'existence de liens étroits entre ces centres et les monastères tibétains établis en Inde depuis 1959. De même, si les centres Zen sont régulièrement visités, certains d'entre eux du moins, par des maîtres japonais, ils attirent, en priorité, un public occidental qui y recherche souvent, avant tout, une technique de bien-être, sans pour autant désirer aller au-delà. Des pratiquants, de religion chrétienne, disent y trouver un moyen d'approfondir leur foi. Car ils sont, en France, quelques milliers, moines compris, à avoir introduit la méditation de type zazen, au sein de leur recherche

1. Notons au passage, que le terme « pagode » ne devrait, théoriquement, s'appliquer qu'à la tour à étages, héritière de la fonction de reliquaire du stûpa, caractéristique de l'architecture bouddhique extrême orientale. Le mot est toutefois fréquemment utilisé pour désigner, en général, l'ensemble monastère-lieu de culte en Asie du Sud-Est et en Extrême-Orient.

chrétienne[1]. Le père Bernard Rérolle, mariste qui pratique le Zen depuis une trentaine d'années, le définit comme « le silence du corps et de l'esprit » qui permet de « renouveler la prière. »

En revanche, la création de « pagodes » à usage des réfugiés vietnamiens (de tendance mahâyâna) khmers et lao (de tendance theravâda) s'est faite selon un tout autre cheminement : ces centres ont été, avant tout, établis pour ces réfugiés, par eux, et remplissent des fonctions multiples : lieu de culte et de méditation, certes, mais aussi, et serait-on tenté de dire, surtout, lieu de sauvegarde des héritages culturels menacés d'une identité en danger. La « pagode », en milieu immigré, devient une véritable maison communautaire. Ces centres s'ouvrent maintenant, de plus en plus, aux visiteurs occidentaux. Nombre d'entre eux ne cherchent rien d'autre qu'un dépaysement facile, mais d'autres souhaitent, culturellement ou spirituellement, approfondir leur intérêt. Mais on commence à constater, au sein de la deuxième génération, un étonnant phénomène de « redécouverte du bouddhisme » par des voies détournées : un certain nombre de jeunes, de famille vietnamienne, khmère ou lao, délaissent le bouddhisme « populaire » vécu et pratiqué par leurs parents, au profit d'un bouddhisme plus philosophique rencontré dans l'étude personnelle, ou sur les bancs d'une université, optent pour le Zen, ou le bouddhisme tibétain, et réagissent ainsi en occidentaux[2].

Le bouddhisme reste, à l'heure actuelle, un phénomène religieux qui s'installe *en* France. Or, on l'a vu, au cours de l'histoire, après une première phase d'acclimatation, le bouddhisme s'intègre pleinement au paysage religieux du pays qui le reçoit. Les différents faits témoignant d'une reconnaissance officielle du bouddhisme en tant que culte dans notre pays, le nombre croissant de centres à même d'assurer la continuité de l'enseignement et de la pratique, les travaux de traduction en cours, la formation, essentielle pour l'adaptation de la doctrine à son nouveau milieu, de maîtres d'origine française, constitueraient, selon Dennis Gira[3] les indices d'une transformation susceptible de nous mener d'un bouddhisme *en* France, à un bouddhisme *français*.

« ... on peut dire qu'il est tout à fait possible que les enseignements essentiels s'ancrent dans la culture occidentale, et qu'il existera un jour un bouddhisme occidental, » disait encore le Dalaï-Lama. N'oublions pas, toutefois, que cette transformation prit partout, des siècles. Pour l'heure, l'acceptation, la compréhension, et même un enrichissement mutuel se dessinent. C'est déjà très bien.

Merci au professeur Jean Naudou, qui a bien voulu relire ce texte, et nous faire profiter de ses précieux conseils.

---

1. « Ces chrétiens qui pratiquent le Zen » in *Actualités Religieuses dans le Monde*, Hors Série n° 2, octobre 1993.
2. In *Comprendre le bouddhisme*, Éd. du Centurion, 1992, p. 186. La présence bouddhiste en France.
3. *Comprendre le bouddhisme*, *op. cit.*

Vue générale du stûpa III,
Sâncî, Inde central.

Héritier du tumulus funéraire, le stûpa conjugue les fonctions de commémoration et de reliquaire. Le temps, et les traditions artistiques de chacun des pays touchés par le bouddhisme, lui feront subir de multiples transformations, de forme mais également de signification, mais le stûpa demeure l'édifice en lequel les bouddhistes du monde entier se reconnaisssent.

Bouddha représenté debout.

L'image du Bouddha, apparue dans les premières décennies de l'ère chrétienne, s'unifie et se codifie, en Inde, sous le règne des souverains Gupta. Le geste de mise en mouvement de la Roue de la Loi, la scène figurée au registre inférieur — une roue entourée d'auditeurs et de deux gazelles — font référence au premier sermon délivré par le Bouddha historique dans le parc aux Gazelles de Sârnâth, non loin de Bénarès.

Cette image illustre, de manière légèrement différente selon les écoles et les artistes, les douze termes de la chaîne de production conditionnée.

Au centre : trois animaux figurant : le coq rouge — la haine ; le serpent vert — le désir ; le porc noir — l'ignorance. Ce sont les trois poissons qui constituent la force motrice du cycle du Samsâra.

Le deuxième cercle représente le mouvement cyclique entraînant les êtres, d'un côté vers des états supérieurs, de l'autre vers des états inférieurs.

Le troisième cercle est celui des six destinées : dieux, hommes, asura, esprits affamés, animaux, créatures des enfers.

Le cercle extérieur représente la Loi de production en dépendance, chacun des douze symboles, ou scènes, figurent l'un des maillons de la chaîne :

Un aveugle ➢ l'ignorance
Un potier ➢ le façonnement
Un singe jouant avec une pêche ➢ goûter le bien et le mal
Deux hommes dans un bateau ➢ la personnalité
Six maisons vides ➢ les six sens
Un couple enlacé ➢ le contact
Un homme aveuglé par des flèches ➢ sensations de plaisir et de douleur
Un homme en train de boire ➢ la soif
Un singe attrapant un fruit ➢ l'appropriation
Une femme enceinte ➢ le devenir
Un accouchement ➢ la naissance
Un cadavre ➢ la détérioration, la souffrance

La Roue de la vie.

Glossaire

L'hindouisme et le bouddhisme sont liés de très près au continent indien, à sa langue et à sa culture. Ils utilisent souvent les mêmes mots. D'où la possibilité d'établir un glossaire commun. Certains mots sont propres à l'hindouisme (H) ou au bouddhisme (B).

A

Abhidharma (B)	« doctrine approfondie ». L'une des trois composantes du canon bouddhique.
Agni (H)	dieu Feu ; sous différentes formes, le feu sacrificiel notamment. Mot apparenté au latin « ignis ».
Anâtman (B)	« non-soi » : théorie par laquelle le bouddhisme explique qu'il n'est pas possible de reconnaître l'existence du « soi » personnel et permanent.
Arhat (B)	« méritant ». Sont ainsi appelés les religieux — en particulier les disciples du Bouddha historique — délivrés vivants. L'arhat est l'idéal du bouddhisme ancien.
Arya (H)	« pur » ou « noble », du clan âryen ; se dit aussi des Quatre Nobles Vérités du bouddhisme.
Asana (H)	pose, assise ou non, codifiée dans le yoga.
Ashrama (H)	(ashram) effort spirituel ; se dit aussi bien des lieux que des étapes de la vie.
Atman (H)	le « Soi », dans l'individu ou le cosmos (l'âme individuelle ou universelle).
Avatâra (H)	« descente », se dit des différentes manifestations de Vishnou dans l'humanité pour la sauver.

B

Bhagavad-Gîtâ (H)	« Chant du Bienheureux », le plus célèbre des traités spirituels de l'hindouisme.
Bhâgavata Purâna (H)	un des grands textes de l'hindouisme.
Bhakti (H)	dévotion, attitude religieuse mettant au premier plan la personne du dieu et celle du fidèle.
Bhikshu (B)	« mendiant », on désigne ainsi les moines bouddhistes, tenus à la mendicité pour leur subsistance.
Bodhisattva (B)	« être promis à l'Éveil ». Être de pure compassion, qui ne peut rétrograder dans le cycle des existences, mais renonce à sa propre libération pour sauver l'ensemble des créatures.
Bouddha (B)	« Éveillé », terme désignant d'abord Shâkyamuni, bouddha historique, puis terme générique appliqué à tout être ayant atteint la Libération parfaite.
Brahmâ (H)	à l'origine, dieu védique personnifiant la parole sacrée ou Brahman. Devient dans la mythologie plus tardive le Créateur à chaque kalpa.
Brahman (H)	mot de genre neutre désignant la parole sacrée, ou l'Absolu d'essence verbale, la Parole.
Brâhmana (H)	traité, commentaire de la parole sacrée.
Brâhmane (H)	homme appartenant à la première des quatre castes, et de ce fait, chargé de la parole sacrée.
Brahmanisme (H)	doctrine des brâhmanes, hindouisme.

C

Cakra (H)	roue, arme tranchante circulaire, attribut de Vishnou.
Caste (H)	mot d'origine portugaise, pour désigner soit une jâti, soit un varna.
Chan (jap. zen) (B)	branche extrême orientale du bouddhisme, proposant une approche plus intuitive de l'Éveil.

D

Dalaï-Lama (B)	titre d'origine mongole, attribué depuis le XVIe siècle au chef spirituel de la branche Gelugspa du bouddhisme tibétain.
Darshana (H)	« vues », système philosophique.
Deva (H)	dieu masculin.
Devî (H)	déesse, divinité féminine.
Dharma	l'Ordre éternel et naturel des choses.
Dharma (H) + (B)	la Loi, l'Enseignement.
Dhyâna (B)	généralement traduit par « méditation », ce terme désigne, plus subtilement, l'état de recueillement achevé par une méditation élevée.
Dukkha (B)	au sens premier « douleur » physique ou morale ; recouvre également les notions de changement, d'impermanence, d'état conditionné. C'est l'objet de la première des Quatre Vérités saintes.

H

Hatha yoga (H)	yoga mettant l'accent sur les âsana.
Hînayâna (B)	« Petit Véhicule » (de salut). Expression dépréciative, créée au début de l'ère chrétienne, à la formation du Mahâyâna, Grand Véhicule, pour désigner les adeptes de la tradition ancienne.
Hindu (H)	habitant du Sindh ; terme étendu à tous les habitants de l'Inde non musulmane par les musulmans.
Hindouisme (H)	hindouism : mot forgé sur « hindu », dans la littérature scientifique en langue anglaise au XIXe siècle.

I

Indra (H)	dieu védique de l'orage et de la guerre, à la tête des tribus âryennes.
Ishtâ devatâ (H)	divinité choisie par dévotion.

J

Jâti (H)	« famille », fondée sur le métier ; les jâti sont les véritables castes de la société indienne.

K

Kalpa (H)	ère cosmique.
Karma (H) + (B)	acte ayant une répercussion sur le devenir d'un individu. Le bouddhisme insiste sur le fait que l'acte est intentionnel, et cherche à éviter la confusion entre l'acte lui-même et sa conséquence.
Koân (B)	question en forme d'énigme, dont le caractère paradoxal permet à l'adepte du Zen de s'abstraire d'un univers mental dualiste.
Krishna (H)	un des avatâra de Vishnou.
Kshatriya (H)	guerrier, homme de la seconde caste.

L

Lama (B) — titre désignant le maître spirituel dans le bouddhisme tibétain.

Linga (H) — symbole de l'énergie créatrice de Shiva.

M

Mahâbhârata (H) — « Grande (guerre) des Bhârata ». Grande épopée indienne.

Mahâsamghika (B) — école du Grand Véhicule ayant beaucoup développé la réflexion sur la notion de vacuité.

Mahâyâna (B) — « Grand Véhicule », né en Inde vers le début de l'ère chrétienne, cet aspect du bouddhisme se fonde sur l'idéal du bodhisattva, met l'accent sur la notion de compassion et promet l'Éveil également aux laïcs, et non aux seuls religieux.

Mandala (B) — diagramme centré et orienté, caractéristique du bouddhisme tantrique qui l'utilise comme support de méditation.

N

Nat (B) — génie des croyances autochtones de Birmanie. Faute de supplanter leur culte, le bouddhisme les a assimilés.

Nirvâna (B) — littéralement « extinction ». Désigne le passage du monde illusoire à celui de la Réalité Absolue, Vacuité, qui entraîne la libération définitive du cycle des renaissances.

P

Pâli (B) — langue utilisée par la littérature bouddhique de la tradition ancienne.

Parinirvâna (B) — « nirvâna parfait », désigne l'extinction du Bouddha historique.

Prajâpati (H) — le Seigneur des créatures vivantes.

R

Râja yoga (H) — yoga royal, mettant l'accent sur la connaissance et la méditation.

Râmayâna (H) — « l'épopée de Râma » l'une des deux grandes épopées hindoues.

S

Sâdhu (H) — ascète libre de toutes attaches, homme pieux.

Samgha (B) — la communauté bouddhique dans son ensemble, religieux et laïcs.

Samkâlpa (B) — rappelle que tout acte est précédé d'un processus mental d'intention.

Samsâra (H) + (B) — « errance », cycle des naissances et des morts.

Samskâra (H) — rite perfectif hindou.

Sanâtana Dharma (H) — Loi éternelle et permanente des choses.

Sannyâsin (H) — renonçant hindou.

Shakti (H) — énergie d'origine divine, personnifiée dans l'épouse des dieux.

Shâkyamuni (B) — « l'ascète du clan des Shâkya » : désigne le futur Bouddha historique, qui appartenait au clan des Shâkya, lors de son renoncement au monde.

Shiva (H) — grand dieu de l'hindouisme.

Shoudra (H) — « ceux qui servent », homme de la quatrième caste.

Shramana (B) « qui fait des efforts » : terme générique désignant les ascètes et renonçants qui, par les méthodes et les idées les plus variées, cherchent réponse à diverses questions fondamentales.

Siddhârtha (H) + (B) « celui qui a atteint son but », selon les auteurs, nom personnel ou l'un des titres du Bouddha historique.

Shraddhâ (H) « confiance née de la conviction » ; souvent traduit de manière inexacte, mais plus adaptée à l'esprit occidental par «foi » (qui ne s'applique pas à l'enseignement du bouddhisme originel).

Stûpa (B) tumulus reliquaire, véritable symbole architectural du bouddhisme.

Sûtra (B) « fil », texte censé rapporter les sermons du Bouddha historique, par la bouche de ses plus proches disciples.

T

Tanhâ (B) « ardent désir » de plaisir des sens, mais aussi d'existence tout autant que de non-existence , ce qui produit le re-devenir. C'est la cause de « dukkha » dans la deuxième Vérité sainte.

Tantra (H) « trame » et par extension « traité ». Textes regroupant théories spéculatives, et descriptions de rituels ésotériques, tant dans la littérature religieuse hindoue que bouddhique.

Theravâda (B) branche la plus représentative du bouddhisme ancien.

Tripitaka (B) « Triple corbeille », cette expression désigne les trois composantes du canon bouddhique.

U

Upanâyana (H) cérémonie d'initiation, un samskâra.

Upanishad (H) court traité spirituel védique.

V

Vaishya (H) homme de la troisième caste, marchand, agriculteur ou éleveur.

Vajrayâna (B) « véhicule de diamant », l'un des courants du bouddhisme tantrique.

Varna (H) « couleur », caste ou classe : les quatre varna constituent un cadre du système idéologique des castes.

Vâyu (H) le dieu vent.

Veda (H) « Savoir », l'ensemble de la littérature religieuse ancienne de l'hindouisme.

Vedânta (H) « terme du Veda » : la partie la plus récente du Veda, c'est-à-dire les Upanishad, et la philosophie qui en découle.

Vinâya (B) discipline. Désigne également les textes traitant de ce sujet.

Vishnou (H) grand dieu hindou, le Protecteur.

Y

Yâma (H) dieu de la mort.

Yoga (H) voie spirituelle permettant la discipline des énergies physiques et mentales.

Yoni (H) matrice.

Yuga (H) période cosmique.

Postface

Faute de pouvoir conclure dans un domaine aussi vaste et difficile, il convient plutôt de préciser les conditions de l'ouverture d'un débat. Notre ambition est de montrer comment se nouent la question religieuse et les soucis de notre temps, sur le plan moral essentiellement, dans une société telle que la nôtre. Notre point de vue n'exprime évidemment pas une sorte de « synthèse » du travail de chacun dans cet ouvrage et procède d'une culture « occidentale », trop étroitement sans doute. C'est une approche possible parmi d'autres.

Chacun a donc bien voulu se prêter à cet exercice de donner l'essentiel de ces cinq grandes traditions religieuses. On voit bien que leurs différences sont telles que toute idée de fusion ou de réunion est absurde. Il semble y avoir un écart essentiel entre les monothéismes d'un côté et bouddhisme et hindouisme de l'autre, mais la proximité des filles d'Abraham rend jalouses des religions qui ont été si souvent rivales dans l'Histoire, sans parler de leurs rivalités internes. Trouver un espace de débats est cependant possible et souhaitable. Ce dialogue n'est pas tant à nouer entre les différentes religions qu'entre les croyants ou pratiquants de ces différentes religions, sans parler du dialogue nécessaire avec ceux qui ne s'en remettent à aucune religion. Voyons la démarche que nous suivrons. Qu'y a-t-il de commun entre les religions pour qu'on puisse les nommer ainsi ? En quel sens la philosophie se rapproche-t-elle des religions et en quel sens en diffère-t-elle, en quel sens est-elle nécessaire si l'on ne peut rester dans le cadre de ses croyances ou convictions personnelles ? Non point que ce cadre soit un cadre étroit, mais parce qu'il ne se situe pas sur le plan de ce qui est publiquement partageable. Nous ferons ensuite trois brèves études portant sur trois grands auteurs : Pascal, Rousseau et Kant. Nous espérons montrer ainsi comment pensée religieuse et pensée philosophique se sont confrontées et fécondées, comment la question morale rend cette rencontre inévitable.

Le sentiment et l'attitude religieux

Une histoire bouddhiste raconte qu'il est préférable de rencontrer quelqu'un qui soigne vos blessures sans mots dire plutôt qu'un savant qui vous les décrira et expliquera votre mal sans gestes faire. Quel que soit le contenu théorique parfois extraordinairement élaboré des religions, elles sont sans doute des *orthopraxies* avant d'être des orthodoxies. Toutes n'insistent pas sur la notion de péché ou de faute, ni de la même manière, mais toutes se proposent de corriger ou, en tous les cas, de régler la conduite humaine. Toutes ne se font pas une idée universaliste de leur mission ni de la même manière, mais toutes souhaitent, sinon se propager, au moins se maintenir et entretenir l'ardeur et la fidélité de leurs adeptes.

Une fois qu'une théorie scientifique est acceptée par la communauté scientifique, le fait qu'elle soit plus ou moins connue n'a strictement aucune importance. Le fait de connaître ou non les lois de la gravitation universelle n'a strictement aucune incidence sur ces mêmes lois. Qu'une petite minorité les connaisse seulement ne change rien à leur vérité scientifique (sinon peut-être du point de vue de la récente sociologie de la communauté scientifique). Qu'une religion ne soit plus pratiquée par personne ou presque et cette religion disparaît pour n'exister que dans les livres d'Histoire et de Science des religions. Toutes les religions pensent bien que leur Vérité existe sans elles et que, pour simplifier, Dieu n'est pas une création humaine, mais il est vital pour elles que les hommes reconnaissent cette Vérité. Il nous semble que toutes les religions partagent au moins cette conviction que plus grand est le nombre de leurs pratiquants respectifs et mieux cela vaut. Plus exactement, puisque toutes sont loin d'être prosélytiques, toutes tiennent à la dévotion de leurs fidèles.

Il s'agit toujours de revenir à quelque vérité première ou d'aller à quelque vérité dernière, de comprendre ses erreurs, ses fautes et ses errements, la raison de son malheur enfin et les moyens de son bonheur. Vous êtes malheureux n'est-ce pas ? « Voilà ce qu'il faut croire », peut-être, mais surtout, « voilà ce qu'il faut faire ! » Quant à celui qui se prétendrait naturellement heureux, on peut toujours douter de sa sincérité et lui faire remarquer ensuite qu'il cherche certainement à être plus heureux encore ! A vrai dire les choses se passent rarement comme cela sinon peut-être dans le cadre de l'individualisme religieux moderne où chacun est en « recherche ». L'ordre habituel des choses est plutôt : « voilà ce qu'il faut faire, sinon tu seras malheureux », mieux encore : « voilà ce qui se fait » et de discussion point. Il nous semble donc qu'on peut insister sur la préoccupation pratique ou morale de toutes les religions en même temps qu'elles entendent se prévaloir d'un certain ordre des choses. Non pas un ordre qui serait celui de la nature dont certaines religions ont sans doute encouragé le bouleversement, mais au moins un ordre humain dans la manière de naître, de procréer et de mourir.

Tentons de comprendre ce qui a pu faire éclore le sentiment religieux au cœur de la nature humaine. Il semble immémorial ou en tous les cas fort lointain, l'existence de sépultures, la trace de rituels funéraires en sont sans doute les témoins (les spécialistes situent ces premières traces vers -70 000 ans).

Nous réfléchirons, non en archéologues ou en historiens, mais en philosophes. On dit souvent que l'homme sait qu'il va mourir parce qu'il est conscient, peut-être faudrait-il dire qu'il ne fait l'expérience de la conscience, en tant qu'elle est la fulgurance de « l'ici et maintenant », que parce qu'il vient d'ailleurs et d'avant le temps et qu'il part ailleurs et après le temps. Mystère banal et inévitablement oublié : nous n'avons pas toujours été là et nous ne serons pas toujours là. Naître et mourir. Nos sens et notre raison nous ouvrent la dimension horizontale du monde et de nous-mêmes, c'est-à-dire celle de nos actions. Actions d'autant plus prenantes et hâtives que nous nous sentons pris dans la dimension verticale qui nous fit surgir (c'est-à-dire exister au sens véritable du terme) et nous fera disparaître.

La victoire et la gloire du bipède conscient ne le sont que sur le fond de sa fragilité essentielle de mortel. Le poisson est *de* la mer et ne se sent ni ne se sait *dans* la mer (à l'objection classique : « qu'en savez-vous ? », nous répondons que pour l'instant au moins, il ne nous l'a jamais dit). Seul un « dieu tombé » peut se « souvenir des cieux » et donc se sentir, *a contrario*, sur la terre. Il fallait peut-être un « extra-terrestre », si l'on peut dire, pour se sentir terrien. Pourquoi y a-t-il quelque chose et non pas plutôt rien ? Premier étonnement qui mettra étrangement des millénaires avant d'être formulé sous la forme d'une question que Leibniz déclarera la première de toutes. Non pas première chronologiquement bien sûr (dans la vie de l'espèce et de l'individu) mais logiquement, en importance et dignité. Ce premier étonnement, Kant le qualifierait peut-être de sublime parce que suscité par ce qui est absolument grand. L'univers ne présente pas de limites visibles et était, de mémoire d'homme, toujours déjà là : infini dans l'espace et dans le temps, pour la connaissance humaine au moins. Le sentiment de l'être fut sans doute le sentiment de notre *peu d'être* par rapport à lui et l'on comprend aisément que la nature, au sens de ce qui est sans l'homme et non au sens étroitement « écologique », fut la première figure du divin. Sentiment écrasant du fini qui tend nécessairement vers le néant face à l'infini et qui est consubstantiel au sentiment religieux quel qu'il soit et dont Pascal a témoigné célèbrement (Alain suggérait avec humour que les frayeurs que lui inspirait le ciel sans limites, venaient sans doute du fait qu'il prenait froid à sa fenêtre !). Sentiment écrasé aussi et sans doute par la religion même, toute préoccupée à dissoudre et calmer par le rite et l'habitude cela même qui la fit naître. L'attitude religieuse est antérieure à toute philosophie comme le monde, antérieur à l'homme, commande le respect et exige de l'homme qu'il mette toute son énergie à ne pas le changer. Gilson parlait de la vertu de religion comme sentiment d'une dette dont on ne peut pas s'acquitter car l'on rend toujours avec ce qui nous a été primitivement donné. L'esprit de religion est donc l'esprit de tradition et de fascination à l'égard de ce qui est. Les sociétés dites « primitives » (elles le sont au sens où elles sont bien premières mais non culturellement débiles) dépensent des trésors d'intelligence rituelle afin que tout continue d'être comme au temps mythique des origines, les relations de l'homme et de son milieu comme celles des hommes entre eux. La préoccupation de ce qui se passe après la mort ; les rites funéraires — qui, dit-on, accompagnent toujours les sociétés humaines — le culte des ancêtres comme le respect des anciens, témoignent peut-être du sentiment de la présence d'un passé inatteignable (comme les morts sont là, mais invisibles) mais qui ne passe pas et qui s'exprime dans une nature où tout a un esprit comme sa face qui est cachée, mais qui ne peut être tout à fait ailleurs.

Le sentiment religieux primitif est bien le sentiment de l'être (la stupeur devant le fait que quelque chose soit, ou que le monde existe) mais qui exige qu'on ne s'y abandonne pas et de faire ceci ou cela afin que rien ne soit bouleversé. L'attitude religieuse consiste toujours à donner à l'homme une discipline et à littéralement *l'occuper* afin qu'il ne pense surtout pas *trop*. Il est vrai que la conviction de l'existence d'une dimension surnaturelle *donne* à penser et même à penser au-delà, mais cela n'est vrai qu'après avoir reçu et admis le message religieux. Elle est toujours entre le pôle mystique où l'individu s'abîme et le rite où la communauté se retrouve. Attitude antiphilosophique si l'on veut, mais qui fait preuve d'une certaine sagesse !

La philosophie

Voyons donc la philosophie. Elle est pensée. Mais toute pensée n'est pas philosophie et il n'y a pas d'activité humaine qui ne pense pas à sa façon. La philosophie qui est effectivement née quelque part et à un moment donné, porte un nom grec qui ne connaît de traduction dans aucune langue du monde. C'est donc la forme pensante de ce qui s'est passé en Grèce, il y a environ 2 500 ans et qui semble être l'apparition de la figure humaine « telle qu'en elle-même », entrant pour la première fois dans ses limites propres. La pensée de l'être est *la* pensée humaine ou la forme essentiellement *humaine* de la pensée (quand les philosophes parlent de la « pensée de l'être », le mot « être » ne désigne pas l'être humain mais le verbe « être » substantive). Il est incontestable que la pensée que l'on qualifie un peu péjorativement de *pré*-socratique fût le lieu de l'émergence de l'être, ou mieux, l'émergence de l'être comme question à un moment de l'histoire de l'humanité, engendrant la philosophie comme forme nouvelle et peut-être éternelle de la pensée. Ceux qui demandent « qu'est-ce que la philosophie ? » ont la réponse dans leur question, puisque c'est le « qu'est-ce que c'est ? » qui est la marque de la philosophie. Non pas seulement « qu'est-ce que c'est que ceci ou cela ? », mais un « qu'est-ce que c'est ? » que l'on applique au tout des choses.

Tendu entre les deux quiétudes de l'ignorance de son ignorance et du savoir de son savoir, Socrate — donc l'homme — sachant qu'il ne sait rien, c'est-à-dire conscient de lui-même par rapport au tout, commence à prendre la force de s'interroger et d'interroger les autres. Les penseurs avant lui furent assurément physiciens (à condition de comprendre que la « physis » veut dire autre chose que ce que nous entendons aujourd'hui par physique) et essayaient de penser l'épanouissement de la « nature » sur son seul plan et sans recours à quelque influence surnaturelle ou théologique. N'oublions pas cependant (quel que soit le mérite de l'immense effort de Nietzsche d'abord et de Heidegger ensuite) qu'il ne nous reste d'eux que peu de fragments et qu'Héraclite était déjà nommé de son vivant « l'obscur » !

Le premier philosophe *déclaré* et pour ainsi dire « en acte » dans la cité (et la chose est importante comme le disait saint Augustin de la foi) reste à nos yeux Socrate. Philosophe qui déclarait ne pas se soucier des astres et des phénomènes célestes mais de la seule question de la justice dans la cité. Il avait sans doute tort de ne pas en savoir plus mais il avait sans doute raison de vouloir savoir mieux pourquoi l'oracle avait dit de lui qu'il était le plus sage d'entre les hommes. Il n'était pas seulement accusé de corrompre la jeunesse mais aussi d'impiété. La chose est intéressante, d'autant plus que Socrate s'était toujours acquitté scrupuleusement de tous ses devoirs de citoyen : aussi bien quand il fallut faire la guerre que pour porter des offrandes ou dire des prières. Voilà le scandale : il n'obéissait pas aux lois parce qu'elles étaient justes mais parce qu'elles étaient lois. Son attitude respectueuse et distante à l'égard des croyances de la cité troublait plus que celle d'un mécréant ordinaire. L'insistance de son ironie (questionnement) trahissait le peu de satiété que ces croyances peuvent donner à un homme en quête de vérité. Cela est sans doute toujours vrai dans les relations de la vérité et de la politique et il ne faut pas oublier que le gouvernement de l'Athènes de l'époque était bien démocratique et non du tout férocement tyrannique (et tout le monde souhaitait un arrangement moyennant l'arrêt par Socrate de son « dérangement » philosophique). « Ce juif de Socrate » disait Nietzsche à propos de ce vilain petit canard de la Grèce. On croit souvent à tort que, sous prétexte que la philosophie est grecque d'origine, les grecs étaient tous philosophes. La philosophie exprime peut-être une sorte d'apogée mais aussi un déclin et une crise. Platon était d'autant plus agressif à l'égard des sophistes que l'athénien moyen (ou tout simplement traditionnel !) les confondait ! Tous des bavards et de dangereux douteurs au lieu que la jeunesse a besoin de certitudes et de croyances !

Il n'y a pas de philosophe s'il ne s'élève pas d'une manière ou d'une autre, un jour ou l'autre, contre l'autorité, la commodité et la coutume (et à condition que cela ne soit pas bien-sûr une fin en soi !). A vrai dire Socrate ne cherche même pas à provoquer mais il oppose une résistance absolue s'il lui faut abandonner au nom de l'ordre social et des croyances, ce que sa conscience lui indique comme étant ce qui est juste. C'est là sans doute l'acte inaugural et existentiel de la philosophie, clôs et confirmé par une mort sans broncher et « en conformité avec sa doctrine ». Plutôt que dans des formules belles et énigmatiques sur le fait que les choses sont ce qu'elles sont ou que le fleuve ne cesse de couler et bien qu'elles préparent la philosophie et témoignent de la première lueur de la pensée de l'être.

Qu'est-ce donc que Socrate refuse d'abandonner et sans quoi, selon lui, la vie ne mérite pas d'être vécue ? C'est le laisser-être de l'homme (rien avoir avec le laisser-aller !), c'est-à-dire accepter d'aller jusqu'au bout de la forme interrogative de la pensée : se poser toutes les questions et jusqu'au *fond* de chaque question (si possible !). Telle est la réquisition de l'être qui appelle l'homme, de telle sorte que les interrogations humaines sont plutôt des réponses à sa question initiale. Il suffit de s'ouvrir à la pensée pour que *se posent* à nous une multitude de questions. On comprend que l'humanité et les individus aient peur d'eux-mêmes, sentant la possibilité de l'abîme. Kant stigmatisait les dogmatiques et les sceptiques et, on l'oublie trop souvent, les *indifférents* aussi. C'est-à-dire ceux qui n'obtenant pas de réponses maniables et donnant immédiatement un pouvoir, se détournent du souci métaphysique : refoulement intellectuel et spirituel typique !

La philosophie est le fondement de tout humanisme parce qu'elle est l'expérience de la pensée à hauteur d'homme et la *condition* de son épanouissement à partir de sa situation paradoxale entre ignorance et savoir. C'est en ce sens qu'elle est essentiellement rationnelle et en tous les cas rationalisante à défaut de devoir être rationaliste. La philosophie comme pensée ouverte qui répond à l'ouverture de l'être ne peut pas ne pas engendrer la tentative naturelle et légitime de vouloir refermer cet horizon par ce que l'on appellera plus tard la métaphysique, pour finir ensuite sous la forme squelettique de trois questions : Dieu existe-t-il, suis-je libre, l'âme est-elle immortelle ? Sans parler de la science, issue aussi de la philosophie par une maturation plus longue et qui s'étonne de se retrouver aujourd'hui devant de graves difficultés pour accomplir son programme matérialiste. Il faut toujours suivre la raison tout en se souvenant qu'on ne voit pas bien quelle pourrait être la raison de la raison et que la philosophie est amour *d'abord* et raison *ensuite*, c'est-à-dire que la raison ne peut jamais être première.

Philosophie et religion

Le point où religion et philosophie sont donc sœurs, c'est l'humanité de l'homme qui est la source où elles puisent toutes deux. Nature humaine étrange qui se soustrait à la nature, conscience de son néant comme de son ignorance mais qui se transforme en énergie dynamique et en savoir. La philosophie est essentiellement religieuse en ce sens que la pensée humaine n'est pas son propre fondement puisqu'elle est la recherche même d'un fondement, elle garde l'être mais ne le fait pas. Elle aussi doit *recevoir*. Elle est essentiellement antireligieuse en ce sens qu'elle doit inlassablement déboucher l'horizon de l'être que les habitudes religieuses ont tendance à vouloir reboucher, même si ces habitudes peuvent être bénéfiques (rassurez-vous, *nous* avons les *bonnes* réponses à *toutes* les questions, il est donc inutile que *vous* vous les posiez *vraiment*).

Même si la foi religieuse n'a aucunement besoin de justification philosophique et se situe sur un tout autre plan, nous pensons qu'il est tout à fait salutaire que les croyants en fassent, ne serait-ce que parce que — si l'on pense que Dieu est créateur — notre raison ne peut être entièrement mauvaise. Le croyant n'est pas, d'autre part, dans un bain constant de confiance et de certitude surnaturelles ! De l'autre côté, peut-on couper les ponts avec tout sentiment religieux, peut-on concevoir une morale simplement humaine et rationnelle ? Quel statut moral peut-on donner à la raison en tant que telle ? Le point de contact et de confrontation inévitable entre la philosophie et les religions est la morale car elle est le domaine pratique dans lequel les religions entendent toujours intervenir. La morale c'est notamment la question de savoir comment il faut se comporter vis à vis des autres, or la question de savoir comment les religions ou les adeptes des différentes religions peuvent vivre ensemble n'en n'est pas une autre.

La question morale : d'où vient la méchanceté humaine ?

Une petite précision sémantique s'impose. Les termes de « morale » et d'« éthique » se chevauchent en permanence et n'ont pas toujours le même sens selon les auteurs. On peut prendre « morale » dans son sens le plus lâche de « mœurs », en ce sens il y a un nombre de morales possibles à peu près infini. On peut parler de morale dès l'instant où l'on distingue ce qui est permis et ce qui ne l'est pas, que l'on trace une frontière au-delà de laquelle il y a transgression. N'importe quelle activité a sa morale en ce sens là et l'on pourrait presque dire que la pétanque a sa morale particulière ! Chacun sait la relativité empirique de la morale puisqu'on constate qu'il y a autant de morales que de climats et d'époques. Le terme d'éthique prend tout de suite une signification plus élevée pour devenir la science du bien, la recherche raisonnée de ce qui est bien et de ce qui est mal. Si le philosophe Spinoza par exemple appelle son œuvre majeure « L'éthique », c'est peut-être parce que la philosophie, dans son ensemble, peut être considérée comme l'éthique. Comment distinguer en effet la recherche de la vérité de la recherche du bien ? Mais il s'agit bien d'une recherche ou d'un amour et qui ne peuvent prétendre avoir sur cette question une certitude absolue (chez Kant c'est une exigence de la raison pratique et non une connaissance de la raison théorique). C'est sans doute là que la morale, qui s'écrirait bien volontiers Morale, entend affirmer qu'elle sait assurément distinguer le bien du mal et les trois grandes religions révélées pensent avoir reçu dans leur Révélation même, les éléments de cette morale qui, à l'instar de l'éthique vise l'universalité et mieux, *l'atteint*.

Nous avons évoqué en introduction les prophéties de Nietzsche, essayons donc de tracer quelques directions de recherche pour y voir un peu plus clair. Plutôt que de se demander ce qui est le souverain bien et ce qu'il faut penser et faire pour s'en approcher ou ne pas le quitter, il vaut mieux partir de ce qui est malheureusement beaucoup plus évident : le mal. Ce qui est évident n'est pas nécessairement facile à comprendre, surtout s'il s'agit d'en comprendre l'origine, sans quoi on ne peut rester qu'impuissant face à lui. La méchanceté humaine est un fait permanent. Pourquoi ? Nietzsche avait même cette boutade : le singe est un animal encore beaucoup trop débonnaire pour que l'homme puisse en descendre ! Nous envisagerons l'éclairage que donnent trois grands auteurs sur cette question : Pascal, Rousseau et Kant.

Pascal

C'est un penseur qui nous est particulièrement précieux à cause de son originalité. On peut difficilement concevoir un esprit plus religieux que lui, mais en même temps cela ne permet pas de comprendre tout à fait la nature de l'œuvre qu'il nous a laissée. Est-il philosophe, homme d'Église, mystique, théologien ? Rien de tout cela à vrai dire ou plutôt tout cela, mais à sa façon. Une chose est sûre, il fut un scientifique (mathématicien et physicien) et un écrivain, et non des moindres ! L'œuvre principale qu'il nous a laissée, les « Pensées », est une apologie inachevée de la religion chrétienne. C'est donc un apologiste. Voilà qui est important pour nous. Il est bien évident que l'apologie du christianisme contre toute autre religion, n'est pas précisément ce qui retient notre attention ici ! Ce qui la retient au contraire, c'est le fait qu'il n'écrit pas du tout pour un petit cénacle de religieux initiés mais surtout pour les incroyants ou les athées qu'il appelle « pyrrhoniens », du nom d'un philosophe réputé pour douter de tout et en rester là. S'il est philosophe c'est pour se moquer de la philosophie et la retourner contre elle-même. S'il est mystique, il se garde bien d'en parler comme en témoigne le fameux billet que l'on a retrouvé dans son manteau après sa mort où il avait consigné « sa nuit de feu » où le « Dieu d'Abraham, Dieu d'Isaac, Dieu de Jacob, non des philosophes et des savants » l'avait touché. On ne voit pas très bien en effet pourquoi être religieux en l'absence de toute expérience mystique, fût-elle diffuse, mais elle reste essentiellement intime et personnelle. C'est donc avec les armes de la raison et les ressources du style que Pascal entend entrer dans le débat et nous convaincre : c'est en ce sens qu'il retient toute notre attention. La doctrine du péché originel est peut-être le meilleur exemple du point de contact entre le rationnel et l'irrationnel. Elle est pour Pascal une obscurité *éclairante*, cette transmission va contre notre raison et pourtant elle est, si l'on peut dire, rationalisante et la seule à rendre compte des contrariétés de notre condition.

« Chose étonnante, cependant, que le mystère le plus éloigné de notre connaissance, qui est celui de la transmission du péché, soit une chose sans laquelle nous ne pouvons avoir aucune connaissance de nous-mêmes !... Certainement rien ne nous heurte plus rudement que cette doctrine ; et cependant ! sans ce mystère, le plus incompréhensible de tous, nous sommes incompréhensibles à nous-mêmes... de sorte que l'homme est plus inconcevable sans ce mystère que ce mystère n'est inconcevable à l'homme... ce n'est pas par les superbes agitations de la raison, mais par la simple soumission de la raison, que nous pouvons véritablement nous connaître[1]. »

L'homme n'a ni la vérité ni la félicité, mais il en a gardé la marque qui désigne la place de Dieu dont il s'est détourné Sa nature inquiète faite de mouvements incessants est le signe de cette contrariété essentielle.

C'est dans une lettre adressée à Monsieur et Madame Périer du 17 octobre 1651 que Pascal expose le plus clairement le pouvoir explicatif de la doctrine du péché originel :

« Dieu a créé l'homme avec deux amours, l'un pour Dieu, l'autre pour soi-même ; mais avec cette loi, que l'amour pour Dieu serait infini, c'est-à-dire sans aucune autre fin que Dieu même, et que l'amour pour soi-même serait fini et rapportant à Dieu. L'homme en cet état non seulement s'aimait sans péché, mais ne pouvait pas ne point s'aimer sans péché. Depuis, le péché étant arrivé, l'homme a perdu le premier de ces amours ; et l'amour pour soi-même étant resté seul dans cette grande âme capable d'un amour infini, cet amour-propre s'est étendu et débordé dans le vide que l'amour de Dieu a quitté ; et ainsi il s'est aimé seul, et toutes choses pour soi, c'est-à-dire infiniment. Voilà l'origine de l'amour-propre. Il était naturel à Adam, et juste en son innocence ; mais il est devenu et criminel et immodéré, ensuite de son péché. »

L'âme humaine aurait été littéralement creusée, élargie aux dimensions infinies d'un amour infini pour un être infini mais aussi par l'amour infini de Dieu pour sa créature (dont curieusement Pascal ne parle pas très clairement puisque « l'amour de Dieu » peut être entendu en deux sens). L'homme s'étant détourné de Dieu par le péché, il en reste sa capacité d'accueil en lui. L'amour-propre doué de l'infini par l'âme ainsi façonnée n'a plus qu'à chercher à se combler d'une infinité d'amours finis et décevants, faute de pouvoir trouver la paix de s'être détourné du seul véritable objet d'amour. Tout amour est donc en lui-même, dans son principe, sacré et divin car il est à l'origine suscité par le créateur au sein de sa créature, par l'infini au sein du fini. Cet état de création est lui-même dû à un acte d'amour d'un Dieu sortant de soi dans sa création (la matière) et prenant le risque de la liberté et de l'esprit donnés dans sa créature (l'homme). Le péché étant venu (c'est-à-dire l'acte d'indépendance), l'amour ne cesse d'être profané, c'est-à-dire décentré : véritable révolution copernicienne de l'égocentrisme à la place du théocentrisme. Voilà donc ce moi dont on cherche l'essence : il aime et erre sans repos, privé de sa provenance et de sa patrie, mais pour être aimé lui-même, pour être aimé pour lui-même. « Aime moi pour moi ! » Mais voilà, tout le monde le dit ou le pense, d'où le malentendu habituel et universel de l'amour humain et l'étrange marché des qualités auquel il donne lieu. Pascal aura cette formule glaçante : « On n'aime donc jamais personne mais seulement des qualités. » (frag. 323). Le seul amour qui ne soit pas perverti selon lui est l'amour pour Dieu comme réponse à Son Amour. Amour qui ne peut nous être enseigné que par la révélation et dans l'Église. Comment pourrions-nous être capables de quelque chose de bon par nous-mêmes ? Comment pourrions-nous

1. Pascal, *Les Pensées*, Livre de Poche, frag. 434.

discerner ce qui est juste, compte tenu des égarements d'une raison qui ne peut saisir les vérités ultimes que seule la charité nous découvre ?

Qui a commencé ? Bonne vieille question des parents aux enfants qui se disputent. Question qui vaut aussi pour des communautés entières ou des États ! A vrai dire on ne pose guère la question sachant bien que la réponse donne lieu à une nouvelle dispute. Qui peut rendre compte de l'éternel retour des conflits ? Cette question très embrouillée est en même temps très claire et d'une banalité que le livre de la « Genèse » nous fait comprendre. Caïn précède Abel, voilà tout. Caïn est plus fort parce que plus âgé, l'existence de son frère porte atteinte à son amour-propre, au sens où Pascal nous l'explique. Origine plus que mystérieuse et plus que banale du plus humain de tous les sentiments : la jalousie. Caïn n'est pas plus méchant qu'Abel, mais il est en situation de méchanceté vis à vis de lui. La justice tend au général et l'égocentrisme au particulier. La justice est de partager mais le premier veut tout garder et le second tout conquérir. La primauté de la force rejoint donc le caractère originel du péché. Adam et Eve en mangeant du fruit défendu ne commettent qu'une légère désobéissance et ne sont nullement animés par l'intention de faire le mal. Il accomplissent néanmoins une sorte de conversion qui porte en elle l'escalade ou la chute vers la violence comme conséquence de l'insatisfaction foncière de l'amour-propre ne pouvant et ne voulant pas reconnaître l'origine de son état.

Dans ces conditions, puisqu'on ne peut jamais faire régner le ciel sur la terre et une juste concorde entre les hommes ; comment, au moins éviter trop d'injustice et une discorde permanente ? « Car enfin, si l'homme n'avait jamais été corrompu, il jouirait dans son innocence et de la vérité et de la félicité avec assurance ; et si l'homme n'avait jamais été que corrompu, il n'aurait aucune idée ni de la vérité ni de la béatitude. » (Frag. 434). Il en va de même pour la justice : l'homme n'aime pas tant la justice qu'il ne hait l'injustice dont il se croit toujours plus ou moins la victime, mais c'est bien là que se trouve sa préoccupation fondamentale.

Le fragment 298 nous guidera sur le point de vue pascalien :

> « Justice, force. Il est juste que ce qui est juste soit suivi, il est nécessaire que ce qui est le plus fort soit suivi. La justice sans la force est impuissante ; la force sans la justice est tyrannique. La justice sans force est contredite, parce qu'il y a toujours des méchants ; la force sans la justice es accusée. Il faut donc mettre ensemble la justice et la force ; et pour cela faire que ce qui est juste soit fort, ou que ce qui est fort soit juste. »

Justice et force ont besoin l'une de l'autre, voyons leurs qualités respectives : la justice n'est pas forte et c'est là sa faiblesse mais nul ne peut faire durablement taire l'accusation contre la force tyrannique et c'est là sa force. La force est forte et c'est là sa force, mais nulle force ne dure d'elle-même et ne change de lieu ou de mains et c'est là sa faiblesse. « La justice sans force est contredite, parce qu'il y a toujours des méchants. » L'affirmation peut sembler rapide, péremptoire et mal fondée en raison. On pense naturellement à l'objecteur de conscience et à la question qu'il pose. Si être moral, c'est agir de telle sorte que la règle de son action puisse être érigée en règle universelle, alors l'attitude qui consiste à ne pas prendre les armes est évidemment la bonne. Ah ! si tout le monde faisait comme toi ! Justement répond l'objecteur, il n'y aurait plus de guerre ! Mais n'y a-t-il pas un vice de forme dans la démarche ? La question est : faut-il, oui ou non, prendre les armes ? Pour répondre non, l'objecteur assure que c'est le seul moyen de rompre le cercle vicieux et que, si tout le monde s'en convainc, c'est la fin de la violence. Voilà justement le point délicat : pour prouver qu'il a raison, l'objecteur a besoin que tout le monde soit d'accord avec lui et veuille bien aller dans son sens. Il peut bien exhorter mais ne peut rien prouver. Inversement, celui qui répond oui, ne peut pas justifier rationnellement (dans la perspective de l'exigence morale pure) que l'on doive prendre les armes mais, malheureusement sans doute, il n'a nul mal à nous en convaincre néanmoins. Pourquoi ? Tout simplement parce que si l'on pose la question, c'est qu'il y a un problème et qu'il y a en face de vous des gens qui ont pris les armes. L'objecteur de conscience a raison en un certain sens, mais il a tort du fait même de sa propre existence. S'il objecte quelque chose, s'il nie et s'il refuse ; c'est qu'il a devant lui la réalité de la méchanceté.

C'est l'éternelle question de savoir qui a commencé. Mais le fait est, cela a commencé. Et si l'objecteur accuse ceux qui veulent prendre les armes pour se défendre (et tous disent cela) d'attiser et de reconduire le mal, il est bien « en mal » d'expliquer comment les choses ont bien pu commencer au tout début. Il pense pouvoir réformer la nature humaine en lui ôtant l'idée maligne qu'elle est mauvaise, mais si elle est bonne, pourquoi diable aurait-elle pu devenir mauvaise un jour ou en avoir eu l'idée ? Devant de telles impasses, nous retrouvons le tour de pensée pascalien déjà rencontré : seules les vérités révélées nous éclairent en fin de compte. On ne prouve pas le péché originel, mais cette hypothèse est la seule qui soit à la mesure de la permanence des conflits.

Que faire ?

> « La justice est sujette à dispute, la force est très reconnaissable et sans dispute. Ainsi on n'a pas pu donner la force à la justice, parce que la force a contredit la justice et a dit que c'était elle qui était juste. Et ainsi ne pouvant faire que ce qui est juste fût fort, on a fait que ce qui est fort fût juste. » (Frag. 298).

Il faudrait donc, faute de mieux, justifier la force établie, afin de la rendre moins tyrannique et plus stable.

C'est la fameuse apologie de la coutume. Elle est la force pacifiée, la force oubliée, c'est l'habitude devenue seconde nature. Les choses sont ce qu'elles sont parce qu'elles ont toujours été ainsi, ou du moins c'est ainsi qu'elles apparaissent ou qu'on les présente. La coutume c'est la morale au sens de « mœurs ». D'où les célèbres formules du fragment 294 : si la justice était connue,

> « ... on la verrait plantée par tous les États du monde et dans tous les temps, au lieu qu'on ne voit rien de juste ou d'injuste qui ne change de qualité en changeant de climat. Trois degrés d'élévation au pôle renversent toute la jurisprudence, un méridien décide de la vérité ; en peu d'années de possession les lois fondamentales changent ; le droit a ces époques, l'entrée de Saturne au Lion nous marque l'origine d'un tel crime. Plaisante justice qu'une rivière borne ! Vérité au deçà des Pyrénées, erreur au delà. »

La coutume n'est pas rationnelle mais avec le temps elle est devenue raisonnable, en ce sens qu'elle vient de la force qui cherchera naturellement la justice afin d'établir la paix qui est ce qu'il y a de plus souhaitable. Toute justice, au contraire, qui se prétend telle et qui veut renverser la coutume établie, cherchera naturellement la force et conduira à la guerre civile qui est le plus grand de tous les maux.

Une grande difficulté survient néanmoins : est-il politiquement possible de justifier la coutume par la force ? Justement pas ! Puisque « la force sans la justice est accusée » et que seul le sentiment ou la croyance en ce que la coutume présente est bien la justice peut apaiser le sentiment d'injustice à l'égard de soi (ou de sa classe sociale, etc.) qui est toujours présent au fond du cœur humain.

> « La coutume fait toute l'équité, par cette seule raison qu'elle est reçue ; c'est le fondement mystique de son autorité. Qui la ramène à son principe l'anéantit[1]. »

---

1. Pascal, *Les Pensées*, Livre de Poche, frag. 294.

Que la coutume ne vaille que parce qu'elle est coutume, il faut le penser mais il ne faut surtout pas le dire ! Voilà donc la difficulté. L'habile doit donc penser comme le peuple — avec « une pensée de derrière » — contre le demi-habile qui incite à des révoltes dont le peuple finit toujours par faire les frais. Il faut cacher le commencement, c'est-à-dire l'usurpation introduite autrefois sans raison : il faut obéir aux lois non parce qu'elles sont justes mais parce qu'elles sont lois. Formalisme et conformisme donc.

Pascal vivant au temps de la monarchie est donc un partisan de la monarchie qui est en place. Le mal à craindre d'un mauvais roi parvenu au pouvoir par la naissance est moindre que celui engendré par les intrigues perpétuelles de ceux qui s'estiment les mieux placés pour le remplacer, car il faudra passer son temps à les départager. Le problème du conformisme est cependant le fait qu'il ne puisse pas vraiment rendre compte d'un mouvement historique. Prenons une image : le 13 juillet 1789 Pascal aurait été conservateur, le 14 indécis et le 15 plutôt du côté du changement. Il faut appliquer formellement le formalisme, indépendamment de toute conception particulière de la justice et des institutions politiques ! Une aristocratie décadente ne désire plus la justice et la paix mais désire, au contraire, maintenir ses positions de force par son injustice.

Quels enseignements tirer de cette petite étude pascalienne ? Tout d'abord que la doctrine religieuse du péché originel inacceptable pour la raison, est cependant la seule qui puisse, non pas expliquer, mais au moins rendre intelligible l'étrange nature humaine qui désire toujours la justice et ne va que de conflits en conflits. Ce qui est très fort : insister impitoyablement sur le fait que la justice ne peut jamais être tout à fait de ce monde et toujours liée à la force. Toutes les protestations n'y font rien : il y a toujours des maîtres et pires sont ceux qui annoncent leur disparition. La modernité aurait mieux fait de lire Pascal plus souvent, au lieu de sacrifier à l'idole de la Révolution. Ce qui est moins fort : ne pas pouvoir penser un progrès historique. Cela vient peut-être du fait qu'au lieu du seul concept de justice, nous sommes maintenant habitués à nettement distinguer le droit (contrainte extérieure de l'État) et la morale (exigence intérieure) et donc à concevoir un progrès légal (ou des actions conformes au droit) qui ne peut être confondu avec un progrès moral où la coercition n'a aucune part. Il nous semble cependant que Pascal fait preuve d'une modernité et d'une insolence rare en décrivant le pouvoir et la justice comme une véritable mise en scène visant à frapper l'imagination pour mieux convaincre et tromper. Il sonne le glas de toute conception immanente de la justice, justifie l'illusion du peuple mais la *révèle* comme une illusion. Les grands eux-mêmes la partagent : ils se croient grands de nature et que la « bonne naissance est un avantage effectif », alors qu'il leur dit qu'elle n'est que de commodité et de convention.

Malgré leurs ferments incontestables de sagesse intemporelle on ne peut se contenter d'une apologie de la soumission et de l'obéissance. On ne peut indéfiniment imposer un ordre établi car comme le dit Pascal lui-même, « tout branle avec le temps ». Quelle fut la solution du XVIIIe siècle qui nous a donné la « Déclaration des droits de l'Homme et du Citoyen » ? C'est Rousseau qui cette fois-ci nous servira de guide.

Rousseau

Il convient tout d'abord de se défaire de cette idée qui consiste à voir Rousseau comme un doux rêveur légèrement imbécile au point qu'il aurait cru que l'homme fût naturellement bon et que toute sa corruption vint de la société. On confond souvent la pensée d'un auteur difficile avec la caricature commode qu'ont pu en faire ses adversaires. Cela arrange finalement tout le monde et épargne bien de la peine ! Tout dépend de ce qu'il faut entendre par « nature ».

Rousseau est un de ceux qui dépeint l'homme social, c'est-à-dire celui qui existe, avec les teintes les plus noires. Il écrit : « L'homme Sauvage quand il a dîné, est en paix avec toute la Nature, et l'ami de tous ses semblables. S'agit-il quelquefois de disputer son repas[1] ? ... comme l'orgueil ne se mêle pas du combat, il se termine par quelque coups de poing ; le vainqueur mange, le vaincu va chercher fortune, et tout est pacifié : mais chez l'homme en société ce sont bien d'autres affaires ; il s'agit premièrement de pourvoir au nécessaire, et puis au superflu ; ensuite viennent les délices, et puis les immenses richesses, et puis des sujets, et puis des esclaves ; il n'a pas un moment de relâche... de sorte qu'après de longues prospérités, après avoir englouti bien des trésors et désolé bien des hommes, mon héros finira par tout égorger jusqu'à ce qu'il soit l'unique maître de tout l'univers. » Il est difficile d'être plus explicite ! Toute la question est de savoir ce qu'est exactement ce fameux sauvage.

Notons au passage que l'expression « bon sauvage » n'est pas celle qui convient à moins qu'elle ne veuille dire « sain », puisque le sauvage n'est ni bon ni méchant mais plutôt moralement neutre.

> « Il paraît d'abord que les hommes dans cet état n'ayant entre eux aucune sorte de relation morale, ni de devoirs connus, ne pouvaient être ni bons ni méchants et n'avaient ni vices ni vertus...[2] »

Mais quel est ce fameux « État de Nature » ? Nature ne veut pas dire dans ce cas ce qui est *empiriquement*, mais ce qui est *essentiellement* et qui revient finalement à la notion théologique du même nom par opposition à « l'état de péché ». Autrement dit tous les malentendus viennent du fait que « nature » peut vouloir dire une chose et son contraire. La Nature est ce que Dieu a fait, la nature est ce dans quoi l'homme est tombé. A la fin de sa préface du « Discours » Rousseau est assez explicite : « Apprends ce que la divinité a voulu que tu sois, et quelle est ta place dans le monde humain ». Il faut donc apprendre à devenir ou redevenir ce que nous sommes en profondeur. Tant que l'on aura pas compris que Rousseau est un penseur fondamentalement religieux on se méprendra sur la signification de ses thèses. Comprendre la Nature perdue de l'homme est nécessaire pour qui veut trouver et établir les normes selon lesquelles il doit se comporter. Il n'a jamais cru en une quelconque réalité historique de cet État de Nature, même si les nécessités littéraires de son évocation peuvent parfois le faire croire. Quant à l'idée qu'il puisse être devant nous et qu'il faille « revenir à la nature », elle est encore plus absurde et Rousseau le dit fort bien :

> « Quoi donc ? Faut-il détruire les sociétés, anéantir le tien et le mien, et retourner vivre dans les forêts avec les ours ? Conséquence à la manière de mes adversaires, que j'aime autant prévenir que de leur laisser la honte de la tirer[3]. »

Quel est donc cet homme essentiel, c'est-à-dire cet homme à venir qu'un nouveau contrat social prépare en réunissant les conditions de sa reconnaissance ? Ce nouvel homme comme cette nouvelle société (ceux qui émergent avec la Déclaration de 1789) ne sont envisageables, paradoxalement, que s'ils sont pensés comme ayant toujours existés. Dans la préface du « Discours » Rousseau nous dit :

> « Méditant sur les premières et plus simples opérations de l'Ame humaine, j'y crois apercevoir deux principes antérieurs à la raison, dont l'un nous intéresse ardemment à notre bien être et à la conservation de nous-mêmes, et l'autre nous inspire une répugnance naturelle à voir périr ou souffrir tout être sensible et principalement nos semblables. »

---

1. Note 9 du *Discours sur l'origine et les fondements de l'inégalité parmi les hommes* de J.-J. Rousseau, La Pléiade.
2. J.-J. Rousseau, *op. cit.* p. 152.
3. J.-J. Rousseau, *op. cit.* note 9, p. 207.

Amour de soi et pitié naturelle sont donc ce qui donne la première et sentimentale définition de l'homme. La souffrance, la sienne ou celle d'un autre incommode notre sauvage. Mais il y a plus, et Rousseau ne peut se contenter de ces deux seuls sentiments pour caractériser l'homme. La liberté est ce qui fait la différence essentielle entre les animaux et nous.

> « La nature commande à tout animal, et la Bête obéit. L'homme éprouve la même impression, mais il se reconnaît libre d'acquiescer, ou de résister ; et c'est surtout dans la conscience de cette liberté que se montre la spiritualité de son âme[1]. » Bénédiction de la liberté donc, mais malédiction aussi car « L'esprit déprave les sens et la volonté parle encore quand la Nature se tait[2] ».

Nous retrouvons notre philosophe dans la plus pure tradition judéo-chrétienne qui voit le péché comme une corruption de la chair (la vie saine et sainte au paradis) par l'esprit (goûter au fruit de l'arbre de la connaissance du bien et du mal) et non pas l'inverse comme on le croit souvent. C'est cette liberté qui va jeter l'homme hors de la Règle de la Nature, c'est-à-dire hors de Dieu, et qui engendrera tout à la fois ses vices et ses vertus, manifestant sa chute *répétée* comme sa continuelle *perfectibilité*. Le sauvage est niais (au sens étymologique : qui n'est pas sorti du nid !) et débonnaire, le civilisé est excellent et pervers.

Reste l'éternelle question du commencement, du glissement fatal. Examinons la version qu'en donne Rousseau. Comment est-on passé de l'amour de soi à l'amour-propre ? La première comparaison eut lieu selon lui avec l'animal et, dominant sur lui par son ingéniosité, « c'est ainsi que le premier regard qu'il porta sur lui-même, y produisit le premier mouvement d'orgueil[3] ». Orgueil de son espèce par rapport aux autres, suivrait bientôt celui de l'individu par rapport à ses semblables. Les premières sociétés organisant les premières fêtes, organisent aussi la comparaison des uns avec les autres, l'amour devient un amour de préférence.

> « De ces premières préférences naquirent d'un côté la vanité et le mépris, de l'autre la honte et l'envie... c'est ainsi que chacun punissant le mépris qu'on lui avait témoigné d'une manière proportionnée au cas qu'il faisait de lui-même, les vengeances devinrent terribles, les hommes sanguinaires et cruels. »

On pourrait ajouter etc. etc.

Pour juger de la pertinence de la pensée de Rousseau il faut en revenir à l'idée qu'il se fait de son sauvage. La pitié dont il peut faire preuve n'est guère éloigné de l'amour de soi et il semble surtout préoccupé de sa tranquille solitude et de son auto-suffisance ; il est, tout compte fait, par son absence de méchanceté comme de charité, fort *peu* humain ! Ou alors, il faut bien lui donner la liberté et la raison et on ne voit guère, en ce cas, comment il pourrait se concevoir comme Rousseau le fait. La question qui nous semble décisive est celle du statut et du rôle de la raison dans la nature humaine et il nous semble que Rousseau est équivoque sur ce point. Quant il parle de la conservation de soi et de la pitié comme « principes antérieurs à la raison », on ne sait guère s'il accorde ou non la raison à son sauvage. Il dit d'autre part :

> « L'amour de soi-même est un sentiment naturel qui porte tout animal à veiller à sa propre conservation et qui, dirigé dans l'homme par la raison et modifié par la pitié, produit l'humanité et la vertu[4]. »

---

1. J.-J. Rousseau, *Discours sur l'origine et les fondements de l'inégalité parmi les hommes*, La Pléiade, p. 141.
2. J.-J. Rousseau, *op. cit.* p. 141.
3. J.-J. Rousseau, *op. cit.* p. 166.
4. J.-J. Rousseau, *op. cit.* note 15, p 219.

> « C'est la raison qui engendre l'amour propre, et c'est la réflexion qui le fortifie ; c'est elle qui replie l'homme sur lui-même ; c'est elle qui le sépare de tout ce qui le gêne et l'afflige[1]. »

Quelle est donc cette raison qui engendre la vertu comme le vice ?

Quant il voit dans la domination de l'homme sur l'animal à cause de son « ingéniosité », la cause de son premier mouvement d'orgueil, il est bien obligé de considérer la raison comme faisant partie de la nature originelle de l'homme alors même qu'elle ne peut pas ne pas entraîner la perte de son innocence morale puisqu'elle lui donne un sentiment de supériorité vis à vis de la nature ! Ce sentiment est généralement justifié et exalté sur le plan moral, sans voir assez bien qu'il entraîne l'homme à le ressentir vis à vis de ses semblables. On aurait envie de dire que Rousseau est trop théologien ou pas assez ! Trop théologien parce que son État de Nature est parfaitement fictif ainsi que son sauvage, pas assez parce qu'un Pascal dirait plutôt que c'est l'orgueil et l'amour propre, comme cause et conséquence du péché originel, qui engendre la raison et non l'inverse ! En adoptant ce point de vue religieux, la raison serait comme le signe de notre provenance divine, sa trace, mais aussi fatalement le signe de la rupture et de la perte de cette origine. Il remarquable que dans le livre de la Genèse, Adam et Eve, sitôt le fruit défendu croqué, se virent nus ! C'est-à-dire virent la différence, se comparèrent, raisonnèrent sans doute ! On oublie le texte surprenant de ce passage trop célèbre sans doute. Le serpent tentateur dit à Eve que s'ils mangent du fruit leurs yeux s'ouvriront et qu'ils seront comme des dieux, connaissant le bien et le mal. L'Écriture dément-elle le serpent sur ce point ? Il ment plutôt en lui disant qu'ils ne mourront point. Mais laissons de côté le lien qui peut exister entre le péché et la mort qui ne peut nous occuper ici. Il est rare de considérer comme une catastrophe d'avoir les yeux ouverts et de savoir discerner le bien du mal ! On y voit plutôt la marque de la dignité humaine ! Comme si, irrésistiblement, c'était le mal qui devait être choisi. Non pas par ignorance ou négligence, mais en connaissance de cause justement ! La métaphore de la vision n'est certainement pas due au hasard : voir c'est comprendre, se représenter, pouvoir se tenir à distance des choses, prévoir et dominer d'une certaine façon. Quand je vois, je considère un objet qui n'est pas moi, la séparation s'installe entre celui qui voit et ce qui est vu. C'est la perception qui fait tout à la fois émerger le monde et le moi, c'est la naissance qui provoque la prise de conscience. C'est parce que l'homme quitte l'unité primordiale et fusionnelle qu'il se découvre lui-même dans la différence et la résistance de tout ce qui n'est pas lui. Voilà sans doute ce qui l'oblige à raisonner, c'est-à-dire à distinguer. Il est remarquable que la vie d'Adam et Eve au paradis ne soit absolument pas décrite, comme si justement il ne pouvait rien s'y passer, comme s'ils n'*existaient* pas vraiment encore. A peine le récit de la création d'Eve est-il fait que l'on passe à celui de la chute, comme si justement l'expérience de la différence et donc du manque ne pouvait se faire qu'après la désobéissance. Adam et Eve semblent ne s'être connus, dans tous les sens du terme, qu'en dehors du paradis terrestre. La raison est la faculté de percevoir des proportions, des rapports, de calculer, elle est comparaison, perception du même et de l'autre. On comprend mieux pourquoi la pensée bouddhiste, d'une manière générale, se méfie des recherches rationnelles car elles procèdent de ce qu'elle veut justement abolir : la division permanente, la dichotomie entre le moi et le tout. La raison est bien la marque de la dignité métaphysique de l'homme, c'est elle qui lui impose ce type de questions qui vont au-delà de toute expérience possible, sur l'origine du monde et la finalité de l'homme. Il faut donc la cultiver pour cela et un auteur comme Pascal, si intelligent et si peu intellectualiste, répétera toujours que c'est la pensée qui fait la dignité de

1. J.-J. Rousseau, *Discours sur l'origine et les fondements de l'inégalité parmi les hommes*, La Pléiade, p. 156.

l'homme. Mais comment pourrait-elle donner ce qu'elle vise, une vérité absolument une, en remontant son propre cours jusqu'à ne plus pouvoir distinguer ? Souci et difficulté communs à tous les philosophes.

Rousseau manque, nous semble-t-il, la radicalité du mal et son sauvage manque de vérité. Il n'en reste pas moins que toute théorie de la perversion ou de la corruption de la nature humaine suppose une droiture initiale, *ontologique* sinon *chronologique*. Le sauvage, peu convaincant à tout point de vue, laisse quand même penser ou rêver à sa possibilité dans le cœur de chacun et surtout, c'est là toute la nouveauté de Rousseau, à un ordre politique qui permettrait l'épanouissement des bonnes tendances qu'il y a en chacun des membres de l'humanité. Si les conclusions de Pascal sur la nécessaire soumission à la coutume, compte tenu de l'errance humaine ne manquent pas de sagesse, elles ont quelque chose de désespérant et ne permettent guère de projeter un avenir au moins *meilleur*. Rousseau en forçant le trait sur ce qu'il y a de sain dans la nature humaine, ne préparait-il point la notion même de « droits de l'Homme », sans oublier bien-sûr les devoirs du Citoyen qui en sont inséparables. L'innocence originelle étant perdue, la liberté ne peut se retrouver (mais en fait elle se construit) que par un effort supplémentaire de pensée et une édification légale. La liberté de l'homme — être social — est plutôt dans le respect de la loi qu'il s'est prescrite — expression de la volonté générale et comme telle soumise à un débat permanent — que dans l'illusion qu'il peut faire ce qu'il veut dans la nature. La modernité morale et politique — comment séparer les deux, en effet ? — est dans la distinction de l'État et de la société civile, dans le retournement du Droit contre celui qui le met en œuvre, à savoir l'État. L'État doit protéger l'individu contre les abus de l'État, il y a une dimension en l'homme, inaliénable et sacré, dont le respect est la justification du nouveau contrat social.

Kant

Kant, grand lecteur de Rousseau, est le philosophe célèbre pour avoir voulu définir universellement la morale selon la seule raison. Nous suggérerons brièvement que la distinction entre raison et religion n'est pas si aisée en la matière, en lisant Kant lui-même et en faisant attention aux mots qu'il emploie. Il est aussi et c'est là son grand mérite selon nous, celui qui permet peut-être de penser ensemble, la radicalité d'un penchant pour le mal et la persistance d'une tendance vers le bien au sein de la nature humaine.

> « La question est de savoir si l'homme par nature est *bon* ou *mauvais*, ou si, par nature, il peut être l'un ou l'autre selon la main qui l'a façonné. Dans ce cas, l'espèce elle-même n'aurait pas de caractère. Mais il y a là une contradiction ; car un être doué d'une faculté de raison pratique, et de la conscience que sa volonté est libre (cet être est une personne) se voit dans cette conscience même, au milieu des représentations les plus obscures soumis à la loi du devoir et affecté du sentiment (qu'on appelle le sentiment moral) qu'il est objet ou instrument de la justice et de l'injustice. Tel est le caractère *intelligible* de l'humanité en général, et dans cette mesure l'homme, selon ses dispositions innées, est *bon* par nature. Pourtant l'expérience montre un actif désir de l'illicite, bien qu'on sache que c'est illicite, c'est-à-dire un désir du mal ; penchant qui s'éveille infailliblement aussitôt que l'homme commence à faire usage de sa liberté : pour cette raison, on peut considérer ce penchant comme inné ; ainsi l'homme à cause de son caractère *sensible* peut être considéré comme méchant par nature si on parle du *caractère de l'espèce* ; car on peut considérer que sa destination naturelle consiste dans le progrès continu vers le mieux[1]. »

1. E. Kant, *Anthropologie du point de vue pragmatique*, Vrin, p. 163-164.

La position de Kant sur cette question tient donc à la *double* nature qu'il prête à l'homme, intelligible et sensible. L'homme nouménal, c'est-à-dire tel qu'on peut le penser et l'homme phénoménal, tel qu'il apparaît. Rien ne serait plus faux néanmoins de réduire sa pensée à un dualisme rapide sur le plan métaphysique et à un manichéisme sur le plan moral. Il n'y a pas face à face un homme bon et spirituel et un homme mauvais et matériel, dans une sorte de similitude des forces, bien que de signes contraires. Kant parle bien d'un actif désir de transgression en toute connaissance de cause. Ce désir du mal ne peut se comprendre que parce que l'homme est libre, il est inné ou radical à cause de l'usage qu'il fait immanquablement de sa liberté. C'est ce que *l'expérience* montre : difficile de contredire Kant sur ce point ! Kant ne prétend pas expliquer comment ni pourquoi les choses se passent ainsi, mais elles se passent ainsi. C'est alors le rôle de l'Écriture d'exprimer dans un récit *historique* ce que la raison ne peut s'expliquer. En effet c'est ce que Kant est obligé d'admettre dans son essai « La religion dans les limites de la simple raison[1] » : l'origine du mal dans la nature humaine peut être considérée soit comme origine rationnelle (son existence), soit comme origine temporelle (la cause de son accomplissement). Si le mal n'est pas commis librement, il n'y a qu'aveuglement et ignorance et on ne peut parler de mal. S'il est commis librement, on ne peut lui trouver de cause dans le temps puisque se serait le ramener à un événement de la nature dont on ne pourrait pas rendre l'homme responsable et coupable. Quant à son origine rationnelle, elle est incompréhensible sinon comme une séduction, un glissement infinitésimal qui déporte la volonté en dehors de sa bonne droiture ontologique. Si la liberté est ce qui n'a pas de cause — pour lui donner la définition la plus essentielle — et si c'est sur ce point que Dieu a créé l'homme à son image, peut-être que la créature ne pouvait littéralement *sentir* sa liberté qu'en transgressant le commandement du créateur, et de ce fait même, prendre conscience de son existence propre. Si ces choses-là se comprennent fort mal sur le plan rationnel, elles se comprennent fort bien sur le plan affectif. Les parents veulent le bien de leurs enfants, mais leur bien ne pourra être que dans l'autonomie de leur propre volonté qui ne peut advenir sans *rupture*.

Voilà qui nous fait comprendre pourquoi Kant répugne à répondre à la question de savoir si l'homme est bon ou mauvais par nature.

> « Il n'est ni l'un ni l'autre, car l'homme par nature n'est pas du tout un être moral ; il ne devient un être moral que lorsque sa raison s'élève jusqu'aux concepts du devoir et de la loi[2]. »

L'homme ne peut être moral que dans l'exercice de sa *liberté*, il ne peut tout au plus que *devenir* bon, c'est-à-dire meilleur, compte tenu du fait qu'il risque en permanence de devenir méchant. Sans excuses dans le mal, nous sommes non sans mérites dans le bien : rançon d'un être libre *et* faible. Henri Birault, méditant la pensée de Kant écrit : « Ainsi, la volonté humaine n'est pas naturellement bonne mais naturellement destinée à être bonne, ce qui signifie qu'elle a par nature, depuis l'origine et pour toujours, de quoi se faire elle-même librement bonne[3]. » *Toujours* perverti, l'homme n'est jamais *foncièrement* corrompu. Il y a des actes diaboliques, aucun homme ne peut être le diable, si tant est qu'il puisse être une entité en soi. Empiriquement, les recherches psychologiques semblent montrer d'ailleurs que le pire des criminels est un individu qui a été blessé d'une manière ou d'une autre, dans son enfance le plus souvent. Kant ne se laisse donc pas aller à flirter avec la tentation, que Rousseau n'a pas toujours su repousser, d'imaginer un bon sauvage ; mais il

1. E. Kant, *La Religion dans les limites de la simple raison*, Vrin, p. 60 à 66.
2. E. Kant, *Réflexions sur l'éducation*, Vrin, p. 141.
3. H. Birault, *Heidegger et l'expérience de la pensée*, Gallimard, p. 98.

parie néanmoins sur la tendance au bien face au mal radical et exige, pour notre espèce au moins, un progrès que Pascal nous refusait.

La morale Kantienne est-elle religieuse ? Certes non dans l'esprit de Kant, puisqu'elle n'est pour lui que l'exigence de la Raison que nous trouvons en nous. La question n'est sans doute pas nouvelle, mais mérite toujours qu'on la reprenne : pourquoi attacher tant de prix à cet appel, n'y a-t-il pas là quelque dévotion religieuse à la fois cachée et inévitable ? Comment ne pas citer le passage célèbre de la « Critique de la raison pratique » qui chante le devoir :

> « Devoir ! nom sublime et grand, toi qui ne renfermes rien en toi d'agréable, rien qui implique insinuation, mais qui réclames la soumission, qui cependant ne menaces de rien de ce qui éveille dans l'âme une aversion naturelle et épouvante, pour mettre en mouvement la volonté, mais poses simplement une loi qui trouve d'elle-même accès dans l'âme et qui cependant gagne elle-même malgré nous la vénération (sinon toujours l'obéissance), devant laquelle se taisent tous les penchants, quoiqu'ils agissent contre elles en secret ; quelle origine est digne de toi, et où trouverait-on la racine de ta noble tige, qui repousse fièrement toute parenté avec les penchants, racine dont il faut faire dériver, comme de son origine, la condition indispensable de la seule valeur que les hommes peuvent se donner à eux-mêmes[1] ? »

Cette loi morale, posée par le sentiment du devoir et qui inspire le respect, Kant la formule de la manière suivante : « Agis de telle sorte que la maxime de ta volonté puisse toujours valoir en même temps comme principe d'une législation universelle ». Ce qui, savamment dit, rejoins cette morale, qu'on oserait dire intuitive, de ne pas faire à autrui ce que l'on n'aimerait pas qu'il nous fasse. Si je suis contraint à agir de la sorte par la force, ce n'est plus affaire de morale mais de police. Qu'est-ce donc, alors, qui m'y pousse ? Toute la dignité de ce sentiment tient dans cette réponse : *rien* ! Sentiment libre, parce que je n'obéis à la voix de ma conscience que par pure liberté. On pourra opposer à l'infini des arguments faisant valoir la réalité sociale, les contraintes psychologiques etc., ils énonceront toujours des vérités mais qui ne sont pas sur le même plan. Le devoir n'est en rien menaçant, il n'est en rien séduisant. Il est comme vide de tout pathos, de toute affectivité. Il est littéralement in-sensible. Mieux vaut sans doute une morale froide aux élans du cœur dont on ne sait jamais très bien où ils vont ! Cœur qui sent Dieu selon Pascal, mais « plein d'ordures » aussi, toujours selon lui. Ce n'est pas à nos modernes psychanalystes que nous apprendrons l'ambivalence des sentiments, la part d'ombre qu'ils charrient avec eux. Mais voilà toute la question : qu'est-ce qu'un sentiment insensible, comment le plan métaphysique peut-il rencontrer le plan physique ?

Kant parle avec un lyrisme étrange et un accent pathétique de ce qui n'est que pure rationalité pratique universelle, ou devrait l'être en tous cas. Ne parle-t-il point de vénération ? Il prétend ne voir dans la religion qu'un soutien, compte tenu de notre faiblesse et qui révèle ainsi notre misère. Ne devrait-il point admettre, dans la tournure d'esprit pascalienne, que la religion fait notre grandeur dans la reconnaissance même de notre misère ?

Bergson remarque en effet : « De ce qu'on aura constaté le caractère rationnel de la conduite morale, il ne suivra pas que la morale ait son origine ou même son fondement dans la pure raison[2]. » Kant a peut-être surévalué le respect de ce qui est logique et négligé passion et intérêt en prenant sa *propre nature* comme modèle : éternelle difficulté de toute prétention à l'universalité. Kant ne reconnaît-il pas lui-même que l'origine de la méchanceté est rationnellement incompréhensible, de

---

1. E. Kant, *Critique de la raison pratique*, PUF, p. 91.
2. H. Bergson, *Les deux sources de la morale et de la religion*, PUF, p. 86.

même qu'il ne peut s'empêcher de prendre des accents religieux pour parler de ce qui, toujours, peut la corriger ? Dans sa lettre à Lavater du 28 avril 1775, qui fait voir qu'il avait déjà formé les conceptions qu'il n'exposera systématiquement que vingt ans plus tard, Kant condamne l'indiscrète curiosité de connaître la manière dont Dieu veut accomplir son œuvre, c'est-à-dire la tendance mystique à vouloir communiquer avec lui et prétendre qu'on en est capable par d'autre voies que l'austère, longue et pénible recherche rationnelle de la sagesse accompagnée de la plus pure sincérité. Il n'en reconnaît pas moins que compte tenu de :

> « ... la sainteté de sa loi et la méchanceté insurmontable de notre cœur, il faut nécessairement que Dieu dans la profondeur de ses conseils ait caché quelque complément à notre insuffisance, en quoi nous pouvons avoir humblement confiance, pourvu que nous fassions tout ce qui est en notre pouvoir pour n'en être pas indignes...[1] »

Œuvre formidable que celle de Kant, qui recèle l'essence d'une modernité qui est encore la nôtre et qui — c'est notre point de vue — par-delà les deux derniers siècles, tient encore les enjeux de celui qui vient. Fascinante pensée qui commence par le formidable « j'ai limité le savoir pour faire une place à la foi » et qui finit par la perspective d'une « Religion dans les limites de la simple raison ». Qui ruine aussi bien les prétentions à la certitude de la métaphysique et de la théologie que celles de la science à la sagesse. Qui ne prêche que la foi et ne nous donne pour tâche que la raison.

Bilan

Comment pourrait-on fonder une morale sur la seule foi ? Que répondre à celui qui se contente de dire qu'il ne la partage pas ? Comment fonder une morale sur les seules traditions, fussent-elles considérées comme la Révélation la plus haute ? Que répondre à celui qui se contente de montrer qu'il en a d'autres ?

La raison donc, la philosophie, l'éthique ? Il nous semble que la faiblesse de cette autre attitude vient de ce qu'elle n'arrive pas à rendre compte par ses propres moyens de ce qu'elle prétend combattre et qu'elle ne peut non plus faire aimer ce qu'elle prétend poursuivre. On n'explique pas le mal et on ne commande pas l'amour.

Et Nietzsche de rire, sans doute, de son rire dionysien, il avait sans doute raison de prédire une longue suite d'effondrements à la suite de ce qu'il appelait « la mort de Dieu » ! Penser que sans Dieu tout soit permis, ne prive pas tout le monde d'allégresse. Que « tout soit permis », permet peut-être de belles perspectives. Vingtième siècle, siècle des esthètes et des monstres. L'homme, libéré de Dieu et de toute croyance peut enfin devenir créateur, vient le temps du surhomme. Toute morale n'est plus impossible, au contraire, une infinité de morales sont possibles, toutes n'exprimant que des volontés de puissance particulières. C'est le règne de la « personnalité », non plus du tout au sens de liberté vis à vis de la nature, mais au sens de l'originalité, de l'individualité comme nécessités naturelles. Ce que Nietzsche reproche fondamentalement à tout universalisme moral, c'est sa vulgarité. Morale aristocratique plus « misosophique » que philosophique.

Une philosophie du devoir est-elle nécessairement un asservissement des êtres d'exception ? Si l'homme est un être de devoir, c'est peut-être parce que pour lui, être, c'est *devoir être*. Une philosophie du devoir est aussi une philosophie de la liberté et de *l'avenir*. L'homme n'est pas libre au sens où il serait purement et simplement autonome, il l'est parce qu'il peut le devenir en se donnant lui-même ses propres lois

1. E. Kant, *Lettres sur la morale et la religion*, Aubier, p. 25.

qui sont morales. C'est justement parce que ces lois ne sont pas purement arbitraires, qu'il échappe à la tyrannie première de la nature et à celle du caprice humain. Dieu a peut-être désiré l'homme pour que celui-ci le réalise, la création continue. Non seulement Dieu ne contraint pas l'homme à son propre désir, mais semble même nous dire au travers du récit de la chute, que celui-ci ne peut le retrouver qu'en le fuyant d'abord. Tous coupables et tous pardonnés : formidable libération auprès de laquelle les philosophies de la libération de l'homme par lui-même et donc de l'inculpation de l'homme par l'homme, nous semblent être de sournoises prisons.

Toutes les religions enseignent l'humilité face à ce qu'on ne peut que recevoir. Par cette raison seule, comment pourrait-on donner et encore moins imposer ce qui n'est ni en notre possession, ni en notre pouvoir. Ce qui ne veut pas dire qu'il n'y a rien à dire ni à faire non plus. Maurice Clavel à qui quelqu'un rappelait que Dieu seul parle bien de Dieu, après un moment de silence, répondit qu'il « déblayait autour »... Montrer les insuffisances de la raison ou le caractère éclairant de doctrines religieuses n'a jamais prouvé quoique ce soit en faveur de telle ou telle religion, cela peut disposer à...

La tradition est donnée. L'esprit soumis et superstitieux l'adopte superficiellement. L'esprit critique la rejette. L'esprit de foi et de recherche la retrouve pour atteindre ce qu'il ne trouve pas chez l'esprit critique.

Pluralité des coutumes, respect universel des droits de chacun, recherche spirituelle de tous. En route...

Ph. G.

Bibliographie

Note sur la notion de laïcité

BAUBÉROT J. (sous la direction de), *Religions et la laïcité dans l'Europe des Douze*, Syros, Paris.

Introduction

CLASTRES P., *La Société contre l'État*, Éd. de Minuit, Paris.
FREUD S., *Métapsychologie*, coll. « Idées », Gallimard, Paris.
GAUCHET M., *Le Désenchantement du monde*, Gallimard, Paris, 1985.
MALRAUX A., *La Métamorphose des dieux*, Le surnaturel, Gallimard, Paris.
MARX K., *Critique de la philosophie du droit de Hegel*, Aubier, Paris.
NIETZSCHE F., *Gai Savoir*, coll. « Idées », Gallimard, Paris.

Le judaïsme

AMADO E. et HALPERIN J., *La Conscience juive – données et débats*, PUF, Paris, 1963, 440 pages.
BAECK L., *L'Essence du judaïsme*, PUF, Paris, 1993, 371 pages.
BUBER M., *Judaïsme*, Gallimard, Paris, 186 pages.
CHOURAQUI A., *Histoire du judaïsme*, « Que sais-je ? », PUF, Paris, 1959.
EPSTEIN I., *Le Judaïsme*, Petite Bibliothèque Payot, Paris.
FLEG E., *Anthologie juive*, Sulliver, Paris, 715 pages.
Le Chant nouveau, Albin Michel, Paris, 1972, 258 pages.
HESCHEL A., *Dieu en quête de l'homme. Philosophie du judaïsme*, Seuil, Paris, 1968.
LEVINAS E., *Difficile Liberté*, coll. « Présence du judaïsme », Albin Michel, Paris, 1976, 379 pages.
NÉHER A., *Moïse et la vocation juive*, coll. « Maîtres spirituels », Seuil, Paris, 1960, 190 pages.

Le christianisme

AUBERT J.-M., MEHL R., YANNARAS C., *Évangile et morale*, Mame, Paris, 1972.
BIRMELE A., *Le Salut en Jésus-Christ dans les dialogues œcuméniques*, Cerf, Paris, 1986.
DODD C.-H., *Le Fondateur du christianisme*, Seuil, Paris, 1972.
DORE J. (sous la direction de), *Dictionnaire de théologie chrétienne, (Les grands thèmes de la foi)*, Desclée, Paris, 1979.
KASPER W., *La Foi au défi*, Nouvelle Cité, Paris, 1989.
LEMAITRE N., QUINSON M.-Th., SOT V., *Dictionnaire culturel du christianisme*, Cerf, Nathan, Paris, 1994.
LUBAC H. de, *La Foi chrétienne*, Aubier, Paris, 1969.
MANARANCHE A., *Le Monothéisme chrétien*, Cerf, Paris, 1985.
L'Existence chrétienne, Seuil, Paris, 1973.
PANNENBERG W., *La Foi des apôtres*, Cerf, Paris, 1974.
POUPARD P. (sous la direction de), *Dictionnaire des religions*, PUF, Paris, 1993, 2 vol., 3e éd.
RATZINGER J., *Foi chrétienne hier et aujourd'hui*, Mame, Paris, 1969.
Le Nouveau Peuple de Dieu, Aubier, Paris, 1971.
Conseil œcuménique des Églises (Foi et Constitution), *Confesser la foi commune*, Cerf, Paris, 1993.

L'Église catholique et l'Église orthodoxe

AUBERT R., KNOWLES M.-D., ROGIER L.-J. (sous la direction de), *Nouvelle Histoire de l'Église*, en 5 volumes, Seuil, Paris, 1963-1975.
BALTHASAR H. U. von, *Catholique*, Fayard (Communio), Paris, 1976.
BOUGAKOV S., *L'Orthodoxie*, L'Age d'homme, Lausanne, 1980.
CAMELOT P.-Th., MARAVAL P., *Les Conciles œcuméniques (le premier millénaire)*, Bibliothèque d'histoire du christianisme n° 15, Desclée, Paris, 1988.
CLÉMENT O., *L'Église orthodoxe*, « Que sais-je ? », PUF, Paris, 1991, 4e éd.
CONGAR Y., *Église catholique et France moderne*, Hachette, Paris, 1978.
DESSEAUX J.-E., *Dialogues théologiques et accords œcuméniques*, Cerf, Paris, 1982.
DUROSELLE J.-B., Mayeur J.-M., *Histoire du catholicisme*, « Que sais-je ? », PUF, Paris, 1993.
EVDOKIMOV P., *L'Orthodoxie*, Desclée de Brouwer, Paris, 1979.
L'Art de l'icône, théologie de la beauté, Desclée de Brouwer, Paris, 1970.
GIRAULT R., *L'œcuménisme, où vont les Églises ?*, Le Centurion, Paris, 1983.
Construire l'Église une, Desclée de Brouwer, Paris, 1990.
LOSSKY V., *Théologie mystique de l'Église d'Orient*, Aubier, Paris, 1977.
LUBAC H. de, *Catholicisme*, Cerf, Paris, 1952, 5e éd.
Méditation sur l'Église, Aubier, Paris, 1953.
MAYEUR J.-M., PIETRI Ch.(†) et L., VAUCHEZ A., VENARD M. (sous la direction de), *Histoire du christianisme*, 14 volumes dont 6 parus depuis 1990, Desclée, Paris.
MEYENDORFF J., *L'Église orthodoxe hier et aujourd'hui*, Seuil, Paris, 1960.
Initiation à la théologie byzantine, Cerf, Paris, 1975.
POUPARD P., *La Foi catholique*, « Que sais-je ? », PUF, Paris, 1993.
TAVARD G., *L'Œcuménisme*, « Que sais-je ? », PUF, Paris, 1994.
TILLARD J.-M.-R., *Église d'Églises, L'Ecclésiologie de communion*, Cerf, Paris, 1987.

La Réforme protestante

BAUBÉROT J., *Le Retour des huguenots*, Cerf, Paris, 1985.
BAUBÉROT J., *Histoire des protestants*, coll. « Que sais-je ? », PUF, Paris, 1993, n° 427, 3e éd.
BAUBÉROT J. et WILLAIME J. P., *Le Protestantisme*, coll. « Le monde de... », M. A. Éditions, Paris, 1987.
DELUMEAU J., *Naissance et affirmation de la Réforme*, PUF, Paris, 1991.
GARRISSON J., *L'Homme protestant*, Éditions Complexes, Paris, 1986.
GOUNELLE A., *Protestantisme*, Publisud, Paris, 1993.
FUCHS E., *L'Éthique protestante*, Labor et Fides, Les Bergers et les Mages, Genève, 1990.
MELH R., *La Théologie protestante*, coll. « Que sais-je ? », PUF, Paris, 1983, n° 230, 3e éd.

L'hindouisme

BIARDEAU M., *L'Hindouisme, anthropologie d'une civilisation*, Seghers.
DELIÈGE R., *Le Système des castes*, « Que sais-je ? », PUF, Paris.
Dans la coll. « Maîtres Spirituels », Seuil, Paris :
ÉLIADE M., *Patanjali et le yoga.*
MARTIN-DUBOST P., *Çankara et le Vedânta.*
ESNOUL A. M., *Râmahuja et la mystique vishnouite.*
LEMAÎTRE S., *Râmakrishna et la vitalité de l'hindouisme.*
LASSIER S., *Gandhi et la non-violence.*
DUMONT L., *La Civilisation indienne et nous*, Promo et Colin.
DUPUIS J., *L'Inde et ses populations*, Seuil, Paris.

LACOMBE O. et ESNOUL A.-M., *La Bhagavad Gîtâ*, coll. Points « Série Sagesses », Seuil, Paris.
PUCHEPADAN J., *L'Inde*, coll. « Espace Temps », Mignard.
RENOU L., *L'Hindouisme*, « Que sais-je ? », PUF, Paris.

Le bouddhisme

Article « Bouddhisme » dans *Encyclopœdia Universalis*.
BAREAU A., *Le Bouddha*, Seghers, Paris, 1962.
Le Bouddhisme indien, coll. « Les religions de l'Inde », Payot, Paris, 1966.
BECHERT H. et GOMBRICH R., *Le Monde du bouddhisme*, Bordas, Paris, 1984.
BERVAL R. de, *Présence du bouddhisme*, Gallimard, Paris, 1987.
BOISSELIER J., *Le Bouddha*, Découvertes Gallimard, Paris, 1993.
CONZE E., *Le Bouddhisme dans son essence et son développement*, Oxford, 1951.
GIRA D., *Comprendre le bouddhisme* , Le Centurion, Paris, 1992.
LAMOTTE E., *Histoire du bouddhisme indien des origines à l'ère Shaka*, Louvain, Bibliothèque du Museon, vol. XVII, 1958.
NAUDOU J., *Le Bouddha*, Somogy, 1973.
RAHULA W., *L'Enseignement du Bouddha*, Seuil, Paris, 1961.

Postface

BERGSON H., *Les deux sources de la morale et de la religion*, PUF, Paris.
BIRAULT H., *Heidegger et l'expérience de la pensée*, Gallimard, Paris.
KANT E., *Anthropologie du point de vue pragmatique*, Vrin, Paris.
KANT E., *Lettres sur la morale et la religion*, Aubier, Paris.
KANT E., *Réflexions sur l'éducation*, Vrin, Paris.
KANT E., *Critique de la raison pratique*, PUF, Paris.
KANT E., *La Religion dans les limites de la simple raison*, Vrin, Paris.
PASCAL, *Les Pensées*, Livre de Poche, Paris, éd. Brunschvicg.
ROUSSEAU J.-J., *Discours sur l'origine et les fondements de l'inégalité parmi les hommes*, La Pléiade.

N.B. Pour tous les articles, on trouvera des indications bibliographiques précieuses dans :
DELUMEAU Jean (sous la direction de), *Le Fait religieux*, Fayard, Paris, 1993.
MALHERBE Michel, *Les Religions de l'humanité*, Critérion, Paris.

Les auteurs

Soheib Bencheikh el Hocine a obtenu une maîtrise en Théologie islamique (Sciences islamiques, Alger), une licence Spéciale islamologie (Université Libre de Bruxelles) et un DEA en Histoire de la Philosophie (Sorbonne, Paris I). Il a également suivi une formation à la da'wa (prédication) al Azhar (le Caire). Il a enseigné dans divers établissements à Paris, Lille et Bruxelles. Actuellement, il achève la rédaction d'une thèse (Sorbonne, Paris), thème : *L'islam et la laïcité, étude doctrinale sur la communauté musulmane en France.*

Claude Bressolette, ancien aumônier du lycée Janson de Sailly et ancien curé de Saint-Honoré d'Eylau, est prêtre depuis 1963. Diplômé d'Études Supérieures en Lettres classiques, il est aussi docteur en Histoire (Sorbonne, Paris IV) et docteur en Théologie (Institut Catholique, Paris). Il est actuellement Doyen de l'Institut Catholique de Paris où il est également professeur.

Véronique Crombé, ancienne élève de l'École du Louvre, est titulaire d'un DEA en Études indiennes (Université de Paris III) et d'une maîtrise en Histoire de l'Art et Archéologie (Université de Lille III). Elle a également obtenu une licence de Chinois (Institut National des Langues et Civilisation Orientales). Elle est conférencière des Musées Nationaux depuis 1987.

Michel Delahoutre, licencié en Lettres et docteur en Études indiennes, a enseigné l'hindouisme à l'Institut Catholique de Paris et y a été directeur de l'Institut de Science et de Théologie des Religions.

Brice Deymié est titulaire d'une maîtrise de Théologie (Institut Protestant de Théologie), et d'une maîtrise de Chinois (Institut National des Langues et Civilisation Orientales). Il est depuis 1993, pasteur de l'Église réformée de France à Versailles.

Philippe Gaudin est professeur en classes préparatoires HEC à Paris et enseigne la philosophie à l'Institut National des Jeunes Aveugles. Il est titulaire d'un DESS en Ethnométhodologie et d'un DEA en Philosophie.

Colette Kessler, certifiée en Mathémathiques générales et en Langues sémitiques anciennes (Sorbonne), est aussi diplômée de l'Institut d'Études Hébraïques de Paris. Elle est enseignante en judaïsme au Talmud-Tora de l'Union Libérale Israélite de Paris à partir de 1950, y est responsable du Talmud-Tora de 1960 à 1977 et assistante du rabbin de cette communauté pendant toute cette période. Elle est également vice-présidente de l'Union Mondiale du Judaïsme progressif.

Robert Munnich est polytechnicien, ingénieur général de l'armement et président de la Synagogue de la rue Chasseloup-Laubat à Paris.

Aubin Imprimeur
LIGUGÉ, POITIERS

IMPRESSION – FINITION
Achevé d'imprimer en janvier 1995
N° d'impression L 48367
Dépôt légal janvier 1995
Imprimé en France